中国工程院院士学术成长资料采集工程
工程院院士传记丛书

护女性生殖健康
碧莲传

杨海燕 陈琦 ◎著

1923年	1949年	1956年	1965年	1978年	1989年	1994年	2020年
出生于上海	毕业于上海圣约翰大学	留学莫斯科谢切诺夫第一医学院	开始口服避孕药减量研究	参与筹建北京计划生育科学研究所	担任国家计划生育委员会科学技术研究所所长	当选中国工程院院士	逝世于北京

老科学家学术成长资料采集工程
中国工程院院士传记丛书

守护女性生殖健康
肖碧莲传

杨海燕　陈琦 ◎ 著

中国科学技术出版社
湖南科学技术出版社

图书在版编目（CIP）数据

守护女性生殖健康：肖碧莲传/杨海燕，陈琦著. -- 北京：中国科学技术出版社，2021.10

（老科学家学术成长资料采集工程丛书. 中国工程院院士传记丛书）

ISBN 978-7-5046-9144-6

Ⅰ. ①守… Ⅱ. ①杨… ②陈… Ⅲ. ①肖碧莲（1923—2020）—传记　Ⅳ. ① K826.2

中国版本图书馆 CIP 数据核字（2021）第 157354 号

责任编辑	何红哲
责任校对	张晓莉
责任印制	李晓霖
版式设计	中文天地

出　　版	中国科学技术出版社　湖南科学技术出版社
发　　行	中国科学技术出版社有限公司发行部
地　　址	北京市海淀区中关村南大街 16 号
邮　　编	100081
发行电话	010-62173865
传　　真	010-62173081
网　　址	http://www.cspbooks.com.cn

开　　本	787mm×1092mm　1/16
字　　数	260 千字
印　　张	16.25
彩　　插	2
版　　次	2021 年 10 月第 1 版
印　　次	2021 年 10 月第 1 次印刷
印　　刷	北京顶佳世纪印刷有限公司
书　　号	ISBN 978-7-5046-9144-6 / K·305
定　　价	98.00 元

（凡购买本社图书，如有缺页、倒页、脱页者，本社发行部负责调换）

老科学家学术成长资料采集工程
领导小组专家委员会

主 任：韩启德
委 员：（以姓氏拼音为序）
　　　　陈佳洱　方　新　傅志寰　李静海　刘　旭
　　　　齐　让　王礼恒　徐延豪　赵沁平

老科学家学术成长资料采集工程
丛书组织机构

特邀顾问（以姓氏拼音为序）
　　　　樊洪业　方　新　谢克昌

编委会
主 编：老科学家学术成长资料采集工程领导小组办公室
编 委：（以姓氏拼音为序）
　　　　定宜庄　董庆九　郭　哲　胡化凯　胡宗刚
　　　　刘晓堪　吕瑞花　潘晓山　秦德继　阮　草
　　　　申金升　王扬宗　熊卫民　姚　力　张大庆
　　　　张　剑　张　藜　周德进

编委会办公室
主 任：孟令耘　杨志宏　石　磊
副主任：许　慧　胡艳红
成 员：（以姓氏拼音为序）
　　　　高文静　韩　颖　李　梅　林澧波　刘如溪
　　　　罗兴波　马　丽　王传超　余　君　张佳静

老科学家学术成长资料采集工程简介

老科学家学术成长资料采集工程（以下简称"采集工程"）是根据国务院领导同志的指示精神，由国家科教领导小组于2010年正式启动，中国科协牵头，联合中组部、教育部、科技部、工信部、财政部、文化部、国资委、解放军总政治部、中国科学院、中国工程院、国家自然科学基金委员会等11部委共同实施的一项抢救性工程，旨在通过实物采集、口述访谈、录音录像等方法，把反映老科学家学术成长历程的关键事件、重要节点、师承关系等各方面的资料保存下来，为深入研究科技人才成长规律，宣传优秀科技人物提供第一手资料和原始素材。

采集工程是一项开创性工作。为确保采集工作规范科学，启动之初即成立了由中国科协主要领导任组长、12个部委分管领导任成员的领导小组，负责采集工程的宏观指导和重要政策措施制定，同时成立领导小组专家委员会负责采集原则确定、采集名单审定和学术咨询，委托科学史学者承担学术指导与组织工作，建立专门的馆藏基地确保采集资料的永久性收藏和提供使用，并研究制定了《采集工作流程》《采集工作规范》等一系列基础文件，作为采集人员的工作指南。截至2021年8月，采集工程已启动592位科学家的学术成长资料采集项目，获得实物原件资料132922件、数字化资料318092件、视频资料443783分钟、音频资料527093分钟，具有重要的史料价值。

采集工程的成果目前主要有三种体现形式，一是建设"中国科学家博物馆网络版"，提供学术研究和弘扬科学精神、宣传科学家之用；二是编辑制作科学家专题资料片系列，以视频形式播出；三是研究撰写客观反映老科学家学术成长经历的研究报告，以学术传记的形式，与中国科学院、中国工程院联合出版。随着采集工程的不断拓展和深入，将有更多形式的采集成果问世，为社会公众了解老科学家的感人事迹，探索科技人才成长规律，研究中国科技事业的发展历程提供客观翔实的史料支撑。

总序一

中国科学技术协会主席　韩启德

　　老科学家是共和国建设的重要参与者，也是新中国科技发展历史的亲历者和见证者，他们的学术成长历程生动反映了近现代中国科技事业与科技教育的进展，本身就是新中国科技发展历史的重要组成部分。针对近年来老科学家相继辞世、学术成长资料大量散失的突出问题，中国科协于2009年向国务院提出抢救老科学家学术成长资料的建议，受到国务院领导同志的高度重视和充分肯定，并明确责成中国科协牵头，联合相关部门共同组织实施。根据国务院批复的《老科学家学术成长资料采集工程实施方案》，中国科协联合中组部、教育部、科技部、工业和信息化部、财政部、文化部、国资委、解放军总政治部、中国科学院、中国工程院、国家自然科学基金委员会等11部委共同组成领导小组，从2010年开始组织实施老科学家学术成长资料采集工程。

　　老科学家学术成长资料采集是一项系统工程，通过文献与口述资料的搜集和整理、录音录像、实物采集等形式，把反映老科学家求学历程、师承关系、科研活动、学术成就等学术成长中关键节点和重要事件的口述资料、实物资料和音像资料完整系统地保存下来，对于充实新中国科技发展的历史文献，理清我国科技界学术传承脉络，探索我国科技发展规律和科技人才成长规律，弘扬我国科技工作者求真务实、无私奉献的精神，在全社会营造爱科学、学科学、用科学的良好氛围，是一件很有意义的事情。采集工程把重点放在年龄在 80 岁以上、学术成长经历丰富的两院院士，以及虽然不是两院院士、但在我国科技事业发展中作出突出贡献的老科技工作者，充分体现了党和国家对老科学家的关心和爱护。

自 2010 年启动实施以来，采集工程以对历史负责、对国家负责、对科技事业负责的精神，开展了一系列工作，获得大量反映老科学家学术成长历程的文字资料、实物资料和音视频资料，其中有一些资料具有很高的史料价值和学术价值，弥足珍贵。

以传记丛书的形式把采集工程的成果展现给社会公众，是采集工程的目标之一，也是社会各界的共同期待。在我看来，这些传记丛书大都是在充分挖掘档案和书信等各种文献资料、与口述访谈相互印证校核、严密考证的基础之上形成的，内中还有许多很有价值的照片、手稿影印件等珍贵图片，基本做到了图文并茂，语言生动，既体现了历史的鲜活，又立体化地刻画了人物，较好地实现了真实性、专业性、可读性的有机统一。通过这套传记丛书，学者能够获得更加丰富扎实的文献依据，公众能够更加系统深入地了解老一辈科学家的成就、贡献、经历和品格，青少年可以更真实地了解科学家、了解科技活动，进而充分激发对科学家职业的浓厚兴趣。

借此机会，向所有接受采集的老科学家及其亲属朋友，向参与采集工程的工作人员和单位，表示衷心感谢。真诚希望这套丛书能够得到学术界的认可和读者的喜爱，希望采集工程能够得到更广泛的关注和支持。我期待并相信，随着时间的流逝，采集工程的成果将以更加丰富多样的形式呈现给社会公众，采集工程的意义也将越来越彰显于天下。

是为序。

总序二

中国科学院院长 白春礼

由国家科教领导小组直接启动，中国科学技术协会和中国科学院等12个部门和单位共同组织实施的老科学家学术成长资料采集工程，是国务院交办的一项重要任务，也是中国科技界的一件大事。值此采集工程传记丛书出版之际，我向采集工程的顺利实施表示热烈祝贺，向参与采集工程的老科学家和工作人员表示衷心感谢！

按照国务院批准实施的《老科学家学术成长资料采集工程实施方案》，开展这一工作的主要目的就是要通过录音录像、实物采集等多种方式，把反映老科学家学术成长历史的重要资料保存下来，丰富新中国科技发展的历史资料，推动形成新中国的学术传统，激发科技工作者的创新热情和创造活力，在全社会营造爱科学、学科学、用科学的良好氛围。通过实施采集工程，系统搜集、整理反映这些老科学家学术成长历程的关键事件、重要节点、学术传承关系等的各类文献、实物和音视频资料，并结合不同时期的社会发展和国际相关学科领域的发展背景加以梳理和研究，不仅有利于深入了解新中国科学发展的进程特别是老科学家所在学科的发展脉络，而且有利于发现老科学家成长成才中的关键人物、关键事件、关键因素，探索和把握高层次人才培养规律和创新人才成长规律，更有利于理清我国科技界学术传承脉络，深入了解我国科学传统的形成过程，在全社会范围内宣传弘扬老科学家的科学思想、卓越贡献和高尚品质，推动社会主义科学文化和创新文化建设。从这个意义上说，采集工程不仅是一项文化工程，更是一项严肃认真的学术建设工作。

中国科学院是科技事业的国家队，也是凝聚和团结广大院士的大家庭。早在1955年，中国科学院选举产生了第一批学部委员，1993年国务院决定中国科学院学部委员改称中国科学院院士。半个多世纪以来，从学部委员到院士，经历了一个艰难的制度化进程，在我国科学事业发展史上书写了浓墨重彩的一笔。在目前已接受采集的老科学家中，有很大一部分即是上个世纪80、90年代当选的中国科学院学部委员、院士，其中既有学科领域的奠基人和开拓者，也有作出过重大科学成就的著名科学家，更有毕生在专门学科领域默默耕耘的一流学者。作为声誉卓著的学术带头人，他们以发展科技、服务国家、造福人民为己任，求真务实、开拓创新，为我国经济建设、社会发展、科技进步和国家安全作出了重要贡献；作为杰出的科学教育家，他们着力培养、大力提携青年人才，在弘扬科学精神、倡树科学理念方面书写了可歌可泣的光辉篇章。他们的学术成就和成长经历既是新中国科技发展的一个缩影，也是国家和社会的宝贵财富。通过采集工程为老科学家树碑立传，不仅对老科学家们的成就和贡献是一份肯定和安慰，也使我们多年的夙愿得偿！

鲁迅说过，"跨过那站着的前人"。过去的辉煌历史是老一辈科学家铸就的，新的历史篇章需要我们来谱写。衷心希望广大科技工作者能够通过"采集工程"的这套老科学家传记丛书和院士丛书等类似著作，深入具体地了解和学习老一辈科学家学术成长历程中的感人事迹和优秀品质；继承和弘扬老一辈科学家求真务实、勇于创新的科学精神，不畏艰险、勇攀高峰的探索精神，团结协作、淡泊名利的团队精神，报效祖国、服务社会的奉献精神，在推动科技发展和创新型国家建设的广阔道路上取得更辉煌的成绩。

总序三

中国工程院院长　周　济

　　由中国科协联合相关部门共同组织实施的老科学家学术成长资料采集工程，是一项经国务院批准开展的弘扬老一辈科技专家崇高精神、加强科学道德建设的重要工作，也是我国科技界的共同责任。中国工程院作为采集工程领导小组的成员单位，能够直接参与此项工作，深感责任重大、意义非凡。

　　在新的历史时期，科学技术作为第一生产力，已经日益成为经济社会发展的主要驱动力。科技工作者作为先进生产力的开拓者和先进文化的传播者，在推动科学技术进步和科技事业发展方面发挥着关键的决定的作用。

　　新中国成立以来，特别是改革开放30多年来，我们国家的工程科技取得了伟大的历史性成就，为祖国的现代化事业作出了巨大的历史性贡献。两弹一星、三峡工程、高速铁路、载人航天、杂交水稻、载人深潜、超级计算机……一项项重大工程为社会主义事业的蓬勃发展和祖国富强书写了浓墨重彩的篇章。

　　这些伟大的重大工程成就，凝聚和倾注了以钱学森、朱光亚、周光召、侯祥麟、袁隆平等为代表的一代又一代科技专家们的心血和智慧。他们克服重重困难，攻克无数技术难关，潜心开展科技研究，致力推动创新发展，为实现我国工程科技水平大幅提升和国家综合实力显著增强作出了杰出贡献。他们热爱祖国，忠于人民，自觉把个人事业融入到国家建设大局之中，为实现国家富强而不断奋斗；他们求真务实，勇于创新，用科技为中华民族的伟大复兴铸就了辉煌；他们治学严谨，鞠躬尽瘁，具有崇高的科学精神和科学道德，是我们后代学习的楷模。科学家们的一生是一本珍贵的教科书，他们坚定的理想信念和淡泊名利的崇高品格是中华民族自强不息精神的宝贵财富，永远值得后人铭记和敬仰。

通过实施采集工程，把反映老科学家学术成长经历的重要文字资料、实物资料和音像资料保存下来，把他们卓越的技术成就和可贵的精神品质记录下来，并编辑出版他们的学术传记，对于进一步宣传他们为我国科技发展和民族进步作出的不朽功勋，引导青年科技工作者学习继承他们的可贵精神和优秀品质，不断攀登世界科技高峰，推动在全社会弘扬科学精神，营造爱科学、讲科学、学科学、用科学的良好氛围，无疑有着十分重要的意义。

中国工程院是我国工程科技界的最高荣誉性、咨询性学术机构，集中了一大批成就卓著、德高望重的老科技专家。以各种形式把他们的学术成长经历留存下来，为后人提供启迪，为社会提供借鉴，为共和国的科技发展留下一份珍贵资料。这是我们的愿望和责任，也是科技界和全社会的共同期待。

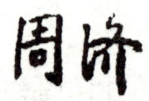

周济

20世纪80年代肖碧莲访问瑞典期间留影
（王蕾提供）

采集小组在肖碧莲家中访谈
（左起：刘庆、肖碧莲、杨海燕。2013年1月10日，陈琦摄影）

采集小组在肖碧莲早期同事张德玮家中访谈
（左起：杨海燕、王德华、张德玮、陈琦。2013年1月21日，陈珍晴摄影）

序　怀念我的导师

有幸为肖碧莲院士的传记作序，是我莫大的荣耀。我自己不敢妄称是肖老师的学生，因为从严格意义上讲，我并不是肖老师的"注册"硕士生，但在实际工作中，我却是与肖老师相处时间最长的。从专业知识、治学态度、为人处世等各方面，肖老师是给予我指导最多、影响最大的前辈，是我最尊重、最亲切的事业和人生导师。

1978年10月，肖老师受命于计划生育国策的需要，从出生、读书、工作、生活了五十余年的上海调职北京，参与创建北京计划生育科研所，即现在的国家卫生健康委科学技术研究所。我也在当年考入中国医学科学院基础医学研究所，成为恢复研究生培养的第一届硕士生，也是我国首届计划生育专业的硕士生，而北京计划生育科研所就是以中国医学科学院基础医学研究所的计划生育研究室为依托建立起来的。无论是肖老师担任北京计划生育科研所的生殖内分泌研究室主任、副所长、所长、名誉所长、"世界卫生组织人类生殖研究合作中心"主任，还是1994年被推选为首届中国工程院院士，她在所里都只有两个称谓，老一辈同道叫她肖大夫，我们年轻一辈称她肖老师。

古人云，学高为人师。肖老师的学高，不仅表现在知识渊博、基础扎实、治学严谨、持续学习，更令我们敬佩的是她不断创新的思维。在20

世纪60年代末期研发短效口服避孕药时，肖老师的研发团队大胆地将国外产品雌孕激素的剂量减少了一半甚至四分之三，在保证避孕效果的前提下，不仅明显降低了口服避孕药的不良反应，更重要的是提高了用药的安全性，这一惠及中国妇女的成果比国际上要早七八年。在20世纪80年代，对于国际上用于人工流产的米非司酮，肖老师更是从避孕为主的角度，创新性地提出将米非司酮用于黄体期避孕、紧急避孕和催经止孕，形成前置于人工流产的三道防线，并通过临床研究证实了其可行性。肖老师团队很早就对辅助生育技术加以探索，在国内也属先行者。从科研的角度，肖老师特别关注避孕和不孕不育所具有的共同的生殖生理学问题。正如肖老师所说，"探索人类生殖的奥秘是节育技术的基础"。肖老师的创新思维还与中国的国情紧密相连，根据我国宫内节育器使用非常普遍、妇女对宫内节育器有很好可接受性的特点，她领导我们女性临床研究室和生殖内分泌研究室开展将含铜宫内节育器用于紧急避孕的临床研究，不仅几乎全部有效，还同时落实了长效避孕措施，取得非常好的效果，令国际瞩目。

肖老师以"科学研究是计划生育的保证"为使命，本着对国家负责、对人民负责的态度教学生、带队伍、做课题，严谨治学，一丝不苟。无论是基础研究，还是临床试验、流行病调查，从课题设计到论文撰写，她都全程参与，亲力亲为。让我最佩服的是肖老师对查阅文献的执着，不用说课题立项，就连我们在临床试验中遇到个案问题向她请教，她都先以丰富的临床经验给予解答，几天后再把她查到的最新进展告诉我们。她善于倾听课题实施人员的意见和建议，理解具体工作中的实际困难，对于临床研究中观察对象接收和随访进度，她从来不下硬指标和限期完成的命令，防止研究人员迫于压力编造数据。对于任何存在偏见或不实结果的研究报告，肖老师都会质疑并向主管部门反映，避免造成对计划生育工作的误导，危害群众的健康。

肖老师精力充沛，八十多岁还活跃在生殖医学和妇产科学领域的国际舞台上，以她如母语般娴熟的英语和独特的人格魅力，把中国的计划生育科研工作宣传给国外。

肖老师的离世，使我痛失导师，更是医学界和科学界的巨大损失。幸有此书，记录了肖老师学习的历程、事业的贡献，展现了肖老师高尚的情怀和远大的格局。这本书的出版是对老一辈医学专家和科研工作者科学精神和工作态度的传递，期待一代又一代的年轻人能够继承并发扬这种精神和态度，做人民健康的守护者，做锐意创新的科研工作者。

吴尚纯[①]
2021年4月

---

① 国家卫生健康委科学技术研究所研究员。

代序一　风格·典范·力量[1]

1957—1962年我在上海第二医学院（今上海交通大学医学院）求学，在认识肖碧莲老师之前，她的名字就已经在我的脑海中留下了深刻的印象。因为常常到图书馆借阅图书，我发现，在新到的中英文医学书籍背后的借书卡上总有她的名字，而且经常是第一个。肖碧莲老师的英文很好，能够直接阅读最前沿的英文文献，我们年轻学生都很崇拜她。人们都说她天资聪慧，但我认为她取得成功的重要因素是勤奋过人。

遗憾的是我没有直接在肖碧莲老师的教导下学习医学课程。1988年我担任上海第二医科大学校长时，肖碧莲老师已经调至北京。虽然我没有和她直接共事过，但一直了解并关心她的工作。众所周知，她是一位资深的妇产科医生，有精湛的医术和高尚的医德。但从一个整天埋头临床第一线的妇产科医师成长为一个站在国际前沿的生殖内分泌专家，这个转变离不开她对学术探讨的好奇心和善于捕捉学科前沿的敏锐眼光。她从临床医学的需求出发，然后回到基础医学理论研究，运用实验室研究的最新成果去解决临床实际问题，这其实就是现在大力提倡的转化医学的一个典型范例。20世纪60年代初她在国内率先建立了生殖激素的化学测定方法，80年代初又率先建立生殖激素的放射免疫测定方法。更难能可贵的是，她

---

[1] 本文曾发表于《中国科学报》印刻栏目（2016年4月11日8版），略有修改。

通过大量的实验室研究和流行病学调查率先建立了中国女性生殖生理基线数据，这些都为我国生殖医学的研究奠定了重要基础。与此同时，肖碧莲老师在女性避孕药的研究中也始终走在国内外的学术前沿。她在上海仁济医院率先开展减量口服避孕药研究，后来又在北京主持全国紧急避孕药研究，填补了国内空白，真正惠及了万千女性。更值得一提的是她高瞻远瞩、紧随国际前沿，在国内不失时机地促进从计划生育向生殖健康的理念转变。

1995—2001年，我赴世界卫生组织担任主管亚太地区生殖健康研究与培训的医学官员，与肖碧莲老师有了更多直接的交往。在世界卫生组织召开的各种学术会议上，她常常是发言最积极的一位专家，勇于提出自己的独特见解。在会上，她热心介绍中国的情况，所以大家都把她当成了解中国相关领域进展的"活字典"。她每次去日内瓦开会，都请我帮她找一个离世界卫生组织较近并带厨房的旅馆，用她的话来说这样"既省经费又省时间"。开会之余她总是利用一切机会和国际专家切磋交流，而且经常泡在图书馆里查阅文献，并把省下来的钱用来买书籍、实验用品和仪器带回国。她经常和我讨论如何把北京计划生育科学研究所（简称北京计划生育科研所）里的年轻人送出去进修，以尽快形成学术梯队。

20世纪70年代的科研条件十分简陋，进行口服避孕药研究时要经常骑车下乡到老百姓家分发药物，还要收集尿液，肖碧莲老师都是亲力亲为，始终站在第一线。"文化大革命"刚结束时她已年过半百，但仍干劲十足，亲自到西双版纳去调查有避孕节育作用的中草药，跋山涉水，不辞辛劳。后来条件改善了，她坚持公私分明，尽量少用单位的公车，总是骑着一辆旧脚踏车上下班，戏称"这样自由"。

肖碧莲老师是一位学术渊博的医学家，一位勇于探索的先行者，但她同时又是一位平易近人的"普通人"。在实验室，她严肃认真、一丝不苟，但在日常生活中又可亲可近，有一种特殊的人格魅力。她酷爱音乐，会弹钢琴；喜欢运动，擅长游泳和滑冰。有一次她请北京协和医院的葛秦生教授以及我和夫人到家里做客，做了一桌菜招待我们。她不愧是一个能上能下的长者，既可以格调高雅，阳春白雪，也可以俯下身子，苦干实干。

肖碧莲老师博学、勤奋、敏锐，有远见、有格局、爱憎分明、廉洁奉公。在我看来，她熟练掌握了3个P语言：第一个是Professional language（专业语言），她术业有专攻，成绩卓著，在国际和国内学术界享有盛誉；第二个是Political language（政治语言），她与政府决策部门和国际组织都能顺畅沟通，努力为学科谋发展、开拓新的机会；第三个是Public language（公众语言），她善于和老百姓交流，了解公众需求、增进公众福祉。

肖碧莲院士不愧是一位高居学术前沿并全面发展的卓越科学家，她永远是我们后辈学习的榜样和效法的楷模！

王一飞[①]

2016年4月

---

① 原上海第二医科大学校长。

代序二　待碧莲盛放，我们一起回家[1]

亲爱的妈妈：

　　转眼间您离开我们已有半年，甚是想念。您生日那天，我带了很多每年生日宴上都有的东西去看您，想必您会喜欢。就像小时候您在医院值班，无论多晚多累，您骑车路过广东路、淮海路时，都会给我们带一饭盒的乔家栅、哈尔滨或杏花楼的糕点。

　　2020年是艰难的一年，我们不但失去了您，也遭受着新冠肺炎疫情带来的巨大威胁。在这场人类劫难面前，我再次深深感受到医者的伟大，是医者从死神手中夺回了千百万人的生命。疫情使然，经过几个月的周折，妹妹终于在您离开的那天凌晨落地祖国。虽然遗憾没能见上最后一面，但定是感觉到她回家，您才放心地走了。

　　小时候跟您在上海仁济医院实验室的情景，至今仍历历在目——那一瓶瓶的标本、一罐罐的试剂是你们为科学呕心沥血的象征。而您作为实验室负责人经常加班加点，于是我们也成了实验室的常客。那时您给我留下了深刻印象：科学是严谨的，出不得一丝一毫的差错，科学研究是一步一个脚印，从无捷径可走。记得当你们从农村回来，谈到为农村妇女切除肿

---

[1] 本文曾发表于《光明日报》（2020年12月28日第10版，略有修改）。

瘤、解除病痛之时的欣慰，我由衷体会到"医者仁心"，没有你们的努力，就没有人类的健康。

家里依然保存着您当年留苏时期的手稿，在20世纪50年代内分泌学刚刚兴起时，您就选择远赴苏联啃下"硬骨头"，看着用俄语写的密密麻麻的手稿和测定数据，我深知当年在如此恶劣条件下展开科学研究的难度，可您依然乐观面对，坚毅地一往直前。

斗转星移，半个多世纪之后，依然是在仁济医院，在您的孙女即将临盆之际，您也不愿过多打扰别人，即使这里的妇产科室里有很多您当年的学生和同事。您嘱咐家人一定要挂号，按流程检查，千万不要搞特殊。在您曾孙女小泽菲出生那晚，近90高龄的您就坐在产房外走廊彻夜等待，直到被路过的值班医生认出，试探问到："您是肖碧莲院士吧？"您才被请进医生值班室稍事休息。我们都明白，您是害怕给医院科室和大夫们添麻烦。

您一生爱美爱乐，世人只知您医术精湛，却鲜有人知您也是裁剪巧手。儿女、孙女们的第一件连衣裙、旗袍都是您亲手缝制。记得妹妹去比利时留学，临行前您做了红绿两面的被套，让中国传统的吉祥幸运，40年来一直伴随着她；您少年时最大的梦想是成为著名的音乐家，后来虽因医学院功课繁重放弃，但爱乐之梦从未泯灭。您教了孙女、外孙女钢琴第一课，每周一次骑自行车带她们去学钢琴，甚至每天盯着两个人练琴，等她们做完功课睡着后，才开始坐在电脑前写文章，直到凌晨。

上个月，您的孙女王蕾和外孙女谢薇联手在上海音乐厅举办了音乐会——"建筑是凝固的音乐，音乐是流动的建筑"，她们的音乐会能在您姐夫范文照设计的顶级音乐殿堂里举办，也算是给您多年的教育和培养一个满意的答卷吧。

自从调到北京计划生育科研所后，您便把她们二人接到了身边，从幼儿园到中学，倾注了除工作以外的全部心血。所里的人跟我说："肖老师总是那么严肃，只有看见那两个小家伙才会露出笑容。"那时您已经是北京计划生育科研所所长，身兼数职，每日工作极忙，但依然亲自带她们去学琴学画，考级比赛，出国游历学习。甚至在她们出国读大学后，还帮她们修改英语作业，希望她们将来不负期望，成为像您一样对国家和人民有用的人。您的医术仁德造福了亿万女性，以身作则的教养也成就了后代，这都是我们努力的方向。

您最喜欢温和的气候和阳光、鲜花，我们懂您最后的心愿是回上海老家，所以也看好了一个常年阳光明媚、开满鲜花的地方，待来年碧莲盛放之际，我们一起回家。

您的女儿

王　颖
2020 年 12 月

目 录

老科学家学术成长资料采集工程简介

总序一 ·· 韩启德

总序二 ·· 白春礼

总序三 ·· 周　济

序　怀念我的导师 ·· 吴尚纯

代序一　风格·典范·力量 ·· 王一飞

代序二　待碧莲盛放，我们一起回家 ························· 王　颖

导　言 ·· 1

| 第一章 | 成长的原点 ·· 7

　　"资本家"的后代 ·· 8

| | 在大上海接受女子教育 | 9 |
| | 抗战时期的热忱少年 | 13 |

第二章 | 求学圣约翰 … 16

	光与真理	16
	圣约翰医学生	19
	"功夫"之外	24
	年轻的地下党员	25
	毕业选择	28
	一个"约大"家族	30

第三章 | 留学苏联 … 34

	事业与家庭的起步	35
	受到严格审查	37
	"八九点钟的太阳"	41
	生理周期机能的研究	43
	初涉内分泌测定	49

第四章 | 投身生殖内分泌学 … 52

	老仁济新征程	53
	聚焦内分泌测定	55
	计划生育政策的出台	57
	妇产科的科研骨干	63
	自上而下的科研安排	66
	首个计划生育研究室	71

第五章 | 口服避孕药减量研究 … 74

| | 口服避孕药的诞生 | 75 |

首要步骤是药物仿制 ·············· 78
　　毒理和药理实验进展迅速 ·········· 83
　　率先开展临床研究 ················ 86
　　非常时期的减量 ·················· 90

第六章 | 等待科学之春 ·············· 99

　　未曾止步 ························ 100
　　拓展研究方向 ···················· 103
　　上海作为研发中心 ················ 107
　　等待春天 ························ 111

第七章 | 在京城白手起家 ············ 117

　　寄居基础所 ······················ 118
　　转战大钟寺 ······················ 125
　　倾心为后学 ······················ 130
　　安家大慧寺 ······················ 133

第八章 | 从计划生育到生殖健康 ······ 139

　　"生殖健康"新概念 ··············· 140
　　月之另面——辅助生殖研究 ········ 141
　　关注生殖伦理问题 ················ 144
　　构建生殖健康大学科 ·············· 147
　　开展紧急避孕研究 ················ 149

第九章 | 世界舞台上的科学大使 ······ 158

　　出访与国际任职 ·················· 159
　　引入与传播 ······················ 165

对有争议研究说"不" ……………………………………… 168
　　促进中国与世界的了解与互通 …………………………… 170

结　语 …………………………………………………………… 179

附录一　肖碧莲年表 …………………………………………… 186

附录二　肖碧莲主要论著目录 ………………………………… 209

参考文献 ………………………………………………………… 218

后　记 …………………………………………………………… 227

图片目录

图 1-1　20 世纪 20 年代肖碧莲家庭成员合影 ············· 8
图 1-2　20 世纪 30 年代少年时期的肖碧莲 ··············· 12
图 2-1　20 世纪 40 年代肖碧莲与同学在圣约翰大学合影 ······· 19
图 2-2　肖碧莲 1946 年理学士中文证书 ················· 22
图 2-3　肖碧莲 1946 年理学士英文证书 ················· 22
图 2-4　1949 年肖荣炜、叶嘉馥夫妇合影 ················ 30
图 2-5　20 世纪 50 年代肖荣炜做外科手术留影 ············ 31
图 3-1　20 世纪 50 年代肖碧莲与母亲、儿子王冀平、女儿王颖合影 ······ 36
图 3-2　1956 年北京俄语学院师生合影 ················· 39
图 3-3　肖碧莲 1956—1959 年留苏期间所绘图表 ··········· 47
图 3-4　1960 年出版的《生理周期机能的生理学和病理学》封面 ······ 48
图 3-5　肖碧莲 1956—1959 年留苏期间与同学合影 ·········· 50
图 3-6　肖碧莲 1956—1959 年留苏期间与丈夫王亦洲合影 ······· 51
图 4-1　20 世纪 50 年代的郭泉清 ····················· 55
图 4-2　《为申请建立妇产科实验室事》首页 ············· 64
图 4-3　《关于建立计划生育实验室的批示由》首页 ········· 72
图 5-1　1969 年口服避孕片使用说明剂量修改 ············· 96
图 6-1　《避孕药科研参考资料》1972 年创刊号目录 ········· 108
图 6-2　20 世纪 70 年代的口服避孕药纸型片 ············· 110
图 6-3　1977 年上海市重大科学技术成果奖奖状 ··········· 113
图 6-4　1978 年全国重大科技成果奖奖状 ··············· 114
图 6-5　20 世纪 70 年代肖碧莲与同事在仁济医院合影 ········ 115
图 7-1　1979 年 5 月联合国人口活动基金代表团与国务院人口小组合影 ······ 120

图 7-2	1980 年肖碧莲、雷海鹏与世界卫生组织顾问小组合影	123
图 7-3	1980 年首届放射免疫测定技术学习班合影	123
图 7-4	1980 年国际生育调节新进展学术讨论会代表合影	124
图 7-5	1985 年大钟寺旅馆外景	125
图 7-6	1981 年生殖内分泌研究室研讨会	126
图 7-7	20 世纪 80 年代世界卫生组织人类生殖研究特别规划署顾问迪克斯法鲁西参观位于大钟寺的实验室	128
图 7-8	20 世纪 80 年代卡罗林斯卡医学院西慷教授参观位于大钟寺的实验室	128
图 7-9	1982 年 4 月 9 日全国女性生殖生理学习班结业留念	129
图 7-10	1984 年 5 月非同位素免疫测定法学习班合影	130
图 7-11	1980 年施少清、迪克斯法鲁西、王恩育在卡罗林斯卡医学院的生殖内分泌实验室合影	131
图 7-12	1987 年卵巢生理基础研究学习班合影	136
图 7-13	1988 年联合国人口基金执行主任萨迪克访问国家计生委科研所	136
图 7-14	2005 年第五届生殖内分泌国际会议	137
图 7-15	1989 年肖碧莲与国家计生委科研所荣誉顾问迪克斯法鲁西、森纳娜亚卡合影	138
图 8-1	1991 年国际不育症讲习班授课现场	143
图 8-2	1992 年免疫测定及诱导排卵学习班授课现场	144
图 8-3	1996 年紧急避孕与着床研究国际研讨会现场	152
图 8-4	20 世纪 90 年代肖碧莲参加免费咨询活动	153
图 8-5	"米非司酮用于紧急避孕、黄体期避孕及催经的研究"荣获 2003 年度中华医学科技奖一等奖	156
图 9-1	1977 年世界卫生组织西太平洋地区生育调节新进展讨论会参会报告	160
图 9-2	2003 年《展望》中英文版	167
图 9-3	1994 年朝鲜研究者在国家卫生健康委科学技术研究所进修时留影	168
图 9-4	1997 年肖碧莲给国家计生委科技司和外事司负责人的信首页	170

导 言

传主简介

肖碧莲（1923—2020）院士是著名的生殖内分泌学家，中国生殖健康领域的学科带头人之一，国家卫生健康委科学技术研究所的创始人之一。

肖碧莲于 1923 年出生于上海一个生意人家庭，祖籍广东省中山市。从 1930 年入读培坤小学至 1942 年工部局女子中学高中毕业，一直在女子学校受教育。1942 年，被美国圣公会在上海创办的圣约翰大学录取，1949 年获颁医学博士学位。其姐肖曙英（原名肖玉莲）、兄肖荣炜、嫂叶嘉馥、大姐夫范文照、外甥范政皆为该校校友。圣约翰大学的"广博之自由教育"、全英文授课、美式医学生培养制度，促使其成长为一个钟情学术、志向高远、克己坦直、生命丰富之医学专业人才。校园不是象牙塔，在战火纷飞、时局动荡中，肖碧莲在哥哥姐姐的影响下于 1945 年加入了中国共产党。

1949 年 7 月，肖碧莲入职宏仁医院，成为一名年轻的妇产科医生，并且在入职不久即担任宏仁医院的党支部书记和工会主席。应国家"全面学苏"的号召，通过严格审查、层层选拔与俄语集训，她于 1956 年 11 月赴苏联留学，成为莫斯科谢切诺夫第一医学院（今谢切诺夫大学）妇产科教研组研究生。师从妇产科病理生理学家日玛京教授，研究正常和异常生理周期血管反应的变化，同时在内分泌化验室学习了激素测定方法。留苏三年，肖碧莲在科研、临床和教学等方面都得到了训练。更重要的是，她敏锐地捕捉到妇产科内分泌学这一前沿方向。

1959年12月，肖碧莲获得莫斯科谢切诺夫第一医学院副博士学位后，即归国入职上海第二医学院附属仁济医院妇产科。在临床和教学工作之外，她建立了妇产科内分泌实验室，在国内率先开展生殖激素的化学测定。在科主任郭泉清的支持下，于1963年申请成立妇产科实验室，开始从事计划生育研究。在此基础上，于1964年成立了国内首个计划生育研究室，成为口服避孕药研发的重要机构。虽然在"文化大革命"发动之后几受冲击，她仍坚持带领研究室开展口服避孕药的临床效果和不良反应的观察以及临床作用机制研究。在内分泌测定的基础上，将口服避孕药的剂量减到国外常用剂量的1/2和1/4，分别于1967年、1969年通过国家科学技术委员会（简称国家科委）鉴定，随即生产推广。低剂量口服避孕药减轻了药物的不良反应、增强了远期安全性，在国家特定政策的支持下从1970年开始免费供应。这一成果在当时处于国际领先地位，被认为比其他国家早问世七八年。1977年，肖碧莲所在单位负责研制的短效口服Ⅰ号、Ⅱ号避孕片（包括1/2、1/4、1/8剂量及纸型片）获得了上海市重大科学技术成果奖，次年3月在全国科学大会上获全国重大科技成果奖。

由于改革开放后国家在计划生育领域与国际组织合作以及在北京筹建计划生育科学研究所的需要，1978年10月肖碧莲调职北京。从与联合国人口活动基金、世界卫生组织人类生殖研究特别规划署谈判，到筹备和创建北京计划生育科研所，到该所被确定为世界卫生组织人类生殖研究合作中心，再到生殖健康学科的大发展，肖碧莲在北京又继续奋斗了三十余年。其间，她从紧要处着手，首先在国内建立了放射免疫测定技术的标准化方法和质量控制指标，以及对女性生殖生理基线数据进行了测定和分析。这些工作就像两块基石，为避孕药具的研制奠定了科学的基础。在此之上，她开展了一系列针对避孕药具的作用机理与远期安全性、卵巢功能及其调控的研究，多次获得计划生育成果奖。同时，从生殖健康大学科的角度，还领导团队开展了辅助生殖研究，在中国首例试管婴儿诞生之后不到两年也获成功。在20世纪90年代中期，她将紧急避孕的概念引入国内。从1998年1月开始，历经5年带领"米非司酮降低非意愿妊娠和人工流产的合作研究与开发"临床研究组完成4项研究课题。其研究成果对有效降低中国的人工流产率发挥了重要作用，进一步促进了女性的生殖健康保护。同时，她携手国际专家对课题研究人员进行临床研究规范化培训，促使国内相关领域的科研工作真正走上规范化轨道，确保了研究结果的可靠性。她主持的"米非司酮用于紧急避孕、黄体期避孕及催经的研究"荣获2003年度中华医学科技奖一等奖、2004年度国家科学技术进步奖二等奖。

肖碧莲1994年被聘任为中国工程院医药与卫生工程学部首批院士，1995年荣获第二届中华人口奖"科学技术奖"。发表论文百余篇，其中以第一作者发表的英文论文计20余篇，多发表在《避孕》《生育与不育》《人类生殖》等有影响的杂志上，获得广泛认可。她主编了《计划生育技术手册》，并长期担任《生殖医学杂志》的副总编辑。由于英语地道、思维敏捷、专业基础坚实、具有人格魅力，她先后两次被聘为世界卫生组织人类生殖研究特别规划署的顾问组成员，并担任两个专题小组（长效避孕药、实验方法标准化和质量控制）指导委员会的委员，后又被家庭健康国际组织聘为高级顾问。她出访过20余个国家，连续5年代表政府部门参加世界卫生组织人类生殖研究特别规划署捐款国会议，在各种学术研讨会上介绍中国在生殖健康领域的研究进展。积极开展与国外学术界及国际组织的合作，大量争取国际资助，为研究生和年轻科学家创造留学和交流的机会。她面向国内举办了多次学习班和研修班，20世纪90年代开始争取资助在中国翻译、出版和分发英文期刊《展望》《进展》《国际计生联医学通讯》及《生殖健康要略》，惠及基层的科研工作者。同时还培训其他发展中国家研究人员，招收蒙古国和朝鲜的进修生。她举办过多次国际学术会议，如在1988—2005年，连续组织召开了5次生殖内分泌国际会议，积极构建中外学术交流的桥梁。

采集过程

2012年3月23日在北京协和医院国际医疗部的病房里，小组负责人第一次拜访了肖碧莲院士，初步取得了她对加入"老科学家学术成长采集工程"的认可。5月，在参加完采集工程培训、获得肖院士本人签字认可之后，本小组立即制订了详细的工作计划，分阶段开始案头准备和资料采集。

案头准备方面：在传记阙如的情况下，从仅有的7篇报道性短文中提取基本信息，全面检索其发表的论著100余篇（部）。查阅计划生育、生殖健康等领域的大量论著，从中获取相关资料，形成资料长编，在课题进展过程中随时补充。文献信息详见"肖碧莲主要论著目录"及"参考文献"部分。

音视频资料采集方面：小组在访谈院士本人的基础上，请她推荐人选，并逐步扩大范围，访谈对象涉及其学生、同事、朋友、家人。其中，小组负责人趁2012年夏访问美国之机，访谈了她已在美国定居的学生、侄女和同事。每次访谈之前都拟定访谈提纲，尤其是对院士本人的访谈，事先准备好详细资料，包括各阶段关键节点、重要问题和信息提示，并将相关实物资料带至现场帮助其回忆。

小组的音视频访谈共进行了20余次，总时长超过30小时。由于肖院士身体状况不佳，对其本人的访谈时间有限。她简要回忆了自己的部分生平，讲述了求学、科研及国际合作的一些细节。此外，小组访谈了其学生、同事、朋友及家人，获取了其学术成就、教书育人、对外交流、生活状态、家庭情况、人格魅力等方面的情况，对影响肖院士学术成长之社会文化因素有了较为全面的了解。

实物采集方面：确定上海交通大学附属仁济医院、上海市档案馆、上海市卫生局、国家卫生健康委科学技术研究所以及受访者家庭为主要的资料采集地。小组多次赴上海各单位采集资料，拜访国家卫生健康委科学技术研究所，在生殖内分泌研究室、图书库、档案室、科技处查找资料。

小组共计获得手稿类 41 件、信件类 57 件、档案类 73 件、照片类 344 件、著作类 2 件、论文类 117 件、新闻报道类 7 件、证书类 14 件、其他实物类 100 件，这些资料具体而生动地体现了肖院士的学术成长的轨迹。

在资料采集过程中，小组获得上述机构相关人员以及众多受访者的协助和支持，特此致谢。

撰写思路

肖碧莲院士的传记目前阙如，对其生平及学术成就的介绍仅见于 7 篇报道性短文，因此既有的传记资料甚少。在资料采集的基础上，小组成员分工合作，完成了一万余字的年表。在课题中期评估之前，几经讨论形成了写作提纲，为本书的撰写奠定了基础。本书以时间为线索，充分利用档案、手稿和访谈稿等资料，描述了她的家庭背景、教育经历、科研突破、机构建制、国际合作，厘清其学术成长的轨迹和关键节点。重点在于阐明她在生殖内分泌学领域的位置及其产生的影响，分析其科研成就与政治、文化、国际环境之间的关系，梳理和挖掘其学术成长历程的特点和动因。

依据肖院士的学术成长过程，本书分为三部分，计九章。其中陈琦撰写了前三章，其余由杨海燕撰写，陈珍晴在整理资料以及编制附录和图表方面做了贡献，最后由杨海燕完成统稿，陈琦进行了审校。第一部分为三章：成长的原点、求学圣约翰、留学苏联，回溯她的家庭环境、女子中小学教育、教会大学的医学专业教育以及留苏的研究生教育。此部分着落于"初涉内分泌测定"小节，承接第二部分内容。第二部分涵盖她在上海仁济医院的 18 年时间，分为三章：投身生殖内分泌学研究、口服避孕药减量研究、等待科学之春，梳理她带领团队建立生殖激素化学测定法、创办首个计划生育研究室、开展减量口服避孕药的临床和实验研究以及研制其他避孕药具的过程。需要说明的是，本部分依据 20 世纪 50—70 年代档案和文献，试图提供出一副较为完整的中国研发口服避孕药的图像，因此对口服避孕药的化学合成、药物仿制、药理毒理等方面都有所着墨，而不仅限于肖碧莲团队的工作。第三部分涉及的是她调职北京之后三十余年的机构建制、学科拓展、学术研究和国际交流工作，包括三章：在京城白手起家、从计划生育到生殖健康、世界舞台上的科学大使。最后是结语，总结肖院士在人生不同阶段的成就及影响，将其学术成长的关键节点放在更广泛的社会文化背景中加以分析，提炼其绵长而成功的学术生涯背后的人格特质。

第一章
成长的原点

肖碧莲,祖籍广东省中山市。在鸦片战争之前,中国与外国的商贸往来限于广州一地,广东遂乘地势之利成为全国对外贸易的中心。鸦片战争之后,清政府被迫开放了广州、厦门、福州、宁波、上海为通商口岸。五口之中,上海日盛一日,逐渐成为地区的商业贸易中心。[①] 随着北方和东北口岸的开放,上海的地位变得更为重要。相比之下,广州的对外商贸地位则下降不少。自上海成为首要的中西枢纽之后,一些广东的掮客、买办、通事携带家眷仆人来到上海,形成了一个移民的高潮。随后,因家族、宗族、邻里关系等,大家互相帮扶介绍,大量的广东人陆续来沪。[②] 20世纪初,肖碧莲的祖父肖凤山带着家人从广东来到上海闯天下,整个家族逐渐在大上海开枝散叶。

1923年10月31日,肖碧莲出生于上海。在她的成长过程中,虽受到家庭变故与抗战爆发的双重影响,但所幸未中断学业。她先后就读于培坤小学、晏摩氏女子中小学、进德女子中小学、工部局女子中学,接受了当时的新式女子教育,为其考入圣约翰大学医学院铺就了道路。

肖碧莲是一位教会学校受洗的基督徒,同时也担任过进步组织上海中学联合会(上海联)工部局女子中学学生会的主席。她学习成绩优异,但

---

① 蒋廷黻:《中国近代史》。武汉:武汉出版社,2012年,第24页。
② 黄金玉:《广东移民对近代上海城市与建筑的影响》。上海:同济大学,2006年,第7页。

这并不意味着"两耳不闻天下事"。1942年高中毕业时,她已成长为一位关心社会疾苦、怀有远大志向的青年。

"资本家"的后代

广东人来上海,主要营生是与外商经营的大贸易公司(即洋行)做生意,所以主要聚居在租界区域。为了便于货物出口运输,在口岸处有专门的店铺,将货物打包后装箱。肖碧莲的祖父就在法租界开了一个专为出口货物打包的店,店名为"阜昌凤记打包店",全家人就住在打包店的楼上。外来商业移民从事的贸易种类带有强烈的地域色彩,来自广东中部的商人多经营茶叶贸易。① 因此,阜昌凤记打包店里的主要生意来自茶叶出口,平时有固定工人二十多个,生意好的时候还要雇佣大批临时工,据说一年中如果能接上一两批大生意就能维持全年的开支。② 因为这个店,当时肖碧莲一家老小的生活比较宽裕。

肖碧莲的父亲肖芹圃,曾在上海的海关任职。她的母亲董彩娥为继室,原籍浙江鄞县(今宁波市鄞州区),由于其父母在杭州开了个羊肉铺,因此生长在杭州。肖碧莲有一个比她大3岁的哥哥肖荣

图1-1 20世纪20年代肖碧莲家庭成员合影(左二为肖碧莲,左三为董彩娥,右二为肖荣炜,右一为肖玉莲。王蕾提供)

---

① 白吉尔:《上海史:走向现代之路》。王菊,赵念国,译。上海:上海社会科学院出版社,2014年,第49页。

② 肖碧莲档案:交代材料(1955年11月8日)。存于国家卫生健康委科学技术研究所档案室。

炜和一个比她大 1 岁的姐姐肖玉莲（后改名为肖曙英），他们还有一个同父异母的大姐肖宝莲，比肖碧莲大了近二十岁，早已出嫁。后来他们还曾有一个妹妹，但不幸在 9 岁时患病夭折。①

从幼年开始，肖碧莲就经历了家庭变故以及时局动荡的影响。在她 3 岁那年，父亲就病逝了，所以对其印象不深，只记得他能说一口流利的英语。母亲原先因为生活比较优渥，并不从事家务劳动。丈夫去世以后，她一个人拉扯着四个孩子，也开始学着操持家务。抗战爆发后，受时局影响，阜昌凤记打包店的生意每况愈下。

> （父亲去世后）该店即由叔祖父肖凤美经营，叔祖父死后由堂叔父肖文霭经营。店里的营业在抗战前一直是很好的，在抗战时由于上海出口货断绝，堂叔父即往香港经营。抗战胜利后又回上海经营，逐渐从生意惨淡到没有生意。该店就靠变卖存货，如包扎用的麻布、广包、铁皮等维持。在新中国成立后情况仍如此，于是在 1953 年年初正式歇业。该店地址曾迁移好几处，最后地点是在北京西路 658 弄 10 号。②

因为经济拮据，肖碧莲的母亲不得不替人缝制衣服来贴补家用，儿女们读书也要靠助学金维持。③ 尽管后来阜昌凤记打包店已不复存在，但这个家庭背景却成了一个难以磨灭的烙印，使得肖碧莲后来在"家庭出身"一栏只能填写"资本家"，工作和生活都受到过影响。

在大上海接受女子教育

肖家长辈比较开明，这可能与广东受西方文化影响较早有关，因此受

---

① 肖碧莲访谈，2013 年 1 月 10 日，北京。资料存于采集工程数据库。
② 肖碧莲档案：交代材料（1955 年 11 月 8 日）。存于国家卫生健康委科学技术研究所档案室。
③ 同②。

传统思想束缚相对较少，容易接受新事物，做事敢领风气之先。① 当时，社会奉行"女子无才便是德"，妇女没有受教育的权利，目不识丁者十之八九。但是在肖家，无论是男孩还是女孩都供上学，而当时的上海也提供了较好的教育条件。②

　　上海开埠之后，传统书院及私塾等旧学逐渐衰落。教会学校相继成立，成为新式学校的发端。20 世纪初，随着清政府废科举、兴学堂的教育改革，新式教育迅速普及。它们"集中体现了西方近代科学、文化精神，体现了西方教育风格。它们在中国的出现，本是西学东渐的产物，它们的存在，又成为西学传播的源泉"。③ 上海的女子教育也肇始于外国教会，第一所女学是 1850 年由美国圣公会传教士格兰德（Eliza Gillette）女士创办的裨文女塾。外国教会兴办女子教育，目的在于传播宗教信仰以及培养西方文明框架下的"淑女"，但同时也促使上海女性有机会较早接触到近代科学文化知识。清政府于光绪三十三年（1907年）颁布了《女子小学堂章程》，正式赋予女子接受学校教育的权利。国人自办的第一所女学——中国女学堂（亦称经正女学）创建于 1898 年，虽早于清政府的钦定允准，却滞后于外国教会女学近半个世纪。而且由于戊戌变法失败的影响，经正女学仅仅存续了两年即告停办。④ 国人自办女学如务本女塾、爱国女学继之出现，但为数甚少。

　　肖碧莲同父异母的大姐肖宝莲，从小受的就是女子新式教育。虽然肖碧莲幼年丧父，但家里的这个传统并没有中断，她和二姐肖玉莲亦接受了完整的女子新式教育。而且从小学三年级开始，所上学校皆为教会或租界当局办的女学。两姊妹感情甚好，她们从小学到大学都在同一个班读书。⑤

---

① 黄金玉：《广东移民对近代上海城市与建筑的影响》。上海：同济大学，2006 年，第 7 页。
② 王蕾访谈，2012 年 8 月 3 日，北京。资料存于采集工程数据库。
③ 熊月之，张敏：《晚清文化（上海通史第 6 卷）》。上海：上海人民出版社，1999 年，第 213 页。
④ 《上海普通教育志》编纂委员会：《上海普通教育志》。上海：上海社会科学院出版社，2015 年，第 2-3，451 页。
⑤ 肖碧莲档案：出国学习人员审查登记表（1955 年 11 月 12 日）。存于国家卫生健康委科学技术研究所档案室。

1930年9月,肖碧莲7岁时进入培坤小学读书。读完二年级后,转入晏摩氏(Elize Yales)女子中小学。该校前身是1897年由美国基督教南浸礼会柏乐缇和吉慧丽于老北门浸会堂创办的桂秀女学,后因晏摩太、万应远资助,在北四川路(今四川北路)兴建校舍而易名晏摩氏女学。原由外籍人任校长,1928年后校长由国人凌永泉、应美瑛、李好善等相继担任。[1]在这所教会学校读到小学五年级时,肖碧莲受浸礼成为基督徒。[2] 1922年教育部颁布《学校系统改革令》(壬戌学制,又称"六三三"学制),规定初级小学四年、高级小学两年,初级中学三年、高级中学三年。上海的教会学校于1931年后陆续向政府登记立案,遵循教育部规定的学制。[3]因此,肖碧莲在晏摩氏女子中小学读了六年小学,接着又上了初一。

1937年,晏摩氏女子中小学因抗战爆发而暂时停办。9月,肖碧莲转入进德女子中小学读初二,该校前身可以追溯到民国初年教会创办的小学,1923年扩展为进德女子中小学。1938年9月,肖碧莲又转入工部局女子中学(现为上海市第一中学)。工部局成立于咸丰四年(1854年),是公共租界的市政机关,属于外国人在中国土地上建立的自治性地方政权。原有的工部局男校和女校均创办于1891年,但不对中国学生开放,只招收寓沪外国人子女。[4]直到1928年陈鹤琴在收回教育权的浪潮中出任公共租界工部局华人教育处处长后,情况才得以改观。陈鹤琴是著名的教育家,曾在约翰斯·霍普金斯大学和哥伦比亚大学留学。在他主持工部局华人教育处11年间,创办面向华人学生的小学6所、女子中学1所和工人夜校4所。其中,工部局女子中学(亦名华童女子中学)创办于1931年9月9日,杨聂灵瑜女士被任命为首任校长,办校宗旨为"发展女子教育,适应社会需要,培养健全人格,造就实用人才"。[5]在课程设置上,她主张中西并重。

---

[1] 《上海普通教育志》编纂委员会:《上海普通教育志》。上海:上海社会科学院出版社,2015年,第2—3、543页。
[2] 肖碧莲档案:交代材料(1955年11月8日)。存于国家卫生健康委科学技术研究所档案室。
[3] 同①,第3、79页。
[4] 熊月之、张敏:《晚清文化(上海通史第6卷)》。上海:上海人民出版社,1999年,第234页。
[5] 上海市陈鹤琴教育思想研究会:《陈鹤琴生平年表:1892—1982》。上海:上海市陈鹤琴教育思想研究会,1992年,第11—14页。

除国文、英文、科学（数、理、化）、历史、地理外，还重视艺术课和体育课，增设家政课和劳作课。①

肖碧莲就读期间，工部局女子中学校址位于爱文义路（今北京西路）。在这里，她观察到了中外教育方式的差异。在各科老师中，肖碧莲印象最深刻的是数学老师。这是位传统的中国先生，对学生很厉害，谁要是不好好学，他就会拿尺子打手心。调皮的学生们就给这位老师取了一个绰号，叫"王老虎"。好在肖碧莲的成绩特别好，没受过体罚。相对于中国老师，外籍老师的方法完全不一样。他们的英文老师是外教，从来不体罚学生。②肖碧莲自幼就学习英语，优秀的英语水平使她受益终生。尤其是在工作后，肖碧莲的英语特长得到了充分发挥。有时候国外学者来讲学，她还要做同声翻译。和国际组织打交道时，也运用自如，没有语言障碍。③

工部局女子中学十分强调身体素质的锻炼。肖碧莲曾回忆道，"那时学校是非常重视体育的，学生穿体育制服，有时整整一个月停课排练全校的体操"。那时的体育老师脸被晒得黑黑的，学生们都叫她"茶叶蛋"。④这位体育老师叫陈咏声，两度留学美国，是中国妇女体育运动的先驱。1932年，陈鹤琴聘她为工部局女子中学体育教员，支持她在学生中开展骑自行车、各种球类、团体操、舞蹈、露营等锻炼，以及在校内外范围内组织多种比赛和表演。⑤陈咏声开设的体育课内容多样、

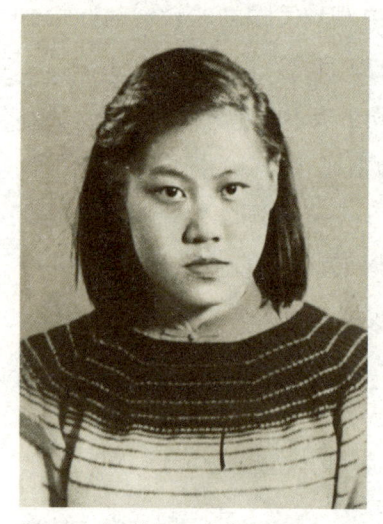

图1-2 20世纪30年代少年时期的肖碧莲（王蕾提供）

---

① 《上海普通教育志》编纂委员会：上海普通教育志．上海：上海社会科学院出版社，2015年，第527-528页．
② 肖碧莲访谈，2013年1月10日，北京．资料存于采集工程数据库．
③ 王蕾访谈，2013年3月27日，北京．存地同上．
④ 吴雨：肖碧莲：美丽人生乐在其中．《健康必读》，2010年第5期，第25页．
⑤ 上海市陈鹤琴教育思想研究会：《陈鹤琴生平年表：1892—1982》．上海：上海市陈鹤琴教育思想研究会，1992年，第15页．

教法新颖，在全国范围内都数一数二。[①] 在重要的身心成长期，肖碧莲的体格和毅力得到了很好的锻炼。她养成了日常运动的好习惯，尤其喜爱游泳。她不怕太阳晒，常常是多半个暑假都在海边度过。[②] 她在工部局女子中学从初三一直读到1942年高中毕业，这种全面的教育模式为她打下了良好的综合基础。

抗战时期的热忱少年

1932年1月28日，日本侵华的战火在上海首次点燃。日本侵略者突然向上海闸北的国民党第十九路军发起攻击，遭到了我军的奋勇抵抗，史称一·二八事变。经国际调停，5月5日国民政府与日本签订了《淞沪停战协定》，日本军队撤退至事变之前就驻防的那部分公共租界以及虹口越界筑路区内。自此这一区域的日本驻军达2000名，配备坦克和装甲车，公共租界行政当局实质上失去了对此区域的控制权。1937年7月7日，日军悍然发动卢沟桥事变。8月13日国民政府主动反击，打响了淞沪会战，全面抗战由此爆发。上海成了战场，国人管辖区域由于国民党军队的败北而一步步沦陷。由于国际条约的保护，外国租界暂时避开了烽火，成为"孤岛"。但这个庇护所实际上无法独善其身，来自沦陷区的大量难民涌入租界，其中大多数只能在马路边暂时栖身，甚至在某些租界区域及越界筑路区也不时遭受炮火攻击。[③] 1941年12月8日太平洋战争爆发之后，租界全面沦陷，租界当局所办学校也陆续落入日本人及日伪政权手中。在12月开始推行宵禁令和军事管制法后，租界居民受到了严格控制。所有的道路都装上了铁丝网路障，往来通行者必须出示证件，并向日本卫兵鞠躬行

[①] 葛嫦月：中国妇女体育运动的先驱——陈咏声．《体育文化导刊》，1998年第5期，第45页。
[②] 吴雨：肖碧莲：美丽人生乐在其中．《健康必读》，2010年第5期，第25页。
[③] 王春英：中国抗战时期难民问题研究．《西华大学学报》，2015年第34卷第2期，第12页。

礼。① 如果说和平时期的租界生活像一块伤后疤痕，那么近在咫尺的残酷战争和武力侵略则对肖碧莲产生了直接冲击。一名中学生之力虽然有限，但她也为抗日救亡学生运动贡献了一份自己的力量。

1935年一二·九运动在北平爆发后，上海80多所中学联合发表宣言，反对华北自治，并成立了上海中学联合会。12月17日，上海文化界知名人士283人签名发表《上海文化界救国运动宣言》，同时成立上海文化界救国会。② 1937年淞沪会战爆发之后，针对大量难民的收容所和教育机构纷纷成立。陈鹤琴出任上海国际救济会常务委员会兼教育组负责人和上海国际红十字会教育委员会主任，负责难民的教育问题。次年初，他又担任上海慈善团体联合救灾会救济战区难民委员会（简称慈联会）教育委员会主任。慈联会曾在上海公共租界、法租界以及边界地区陆续开办50余个难民收容所，收容的难民数达50万人。③ 在广大师生的支持下，陈鹤琴在难民中开展了大规模的文化教育，实验了新教法，并且与抗日教育融合在一起。④ 根据难民的年龄、性别和文化程度，各收容所分别设立儿童班、成人班和妇女班。陈鹤琴为儿童读书班主持编写了一套教材，得到了广泛应用。有些难民的文化程度较低，跟不上进度，就由教师训练成人或中学生担当"小先生"，再由这些"小先生"教那些文化程度较低的难民。⑤ 工部局女子中学进步学生较多，肖碧莲和二姐肖玉莲耳濡目染，也积极投入抗日救亡学生运动中。她们成为难民收容所中的"小先生"，利用自己所知所学为难民们服务。

1939年肖碧莲升入高中，心智愈加成熟。她加入了上海中学联合会，属于共产党的外围组织。由于各方面表现突出，她还曾担任过"上海联"

---

① 白吉尔：《上海史：走向现代之路》．王菊，赵念国，译．上海：上海社会科学院出版社，2014年，第209—219页。

② 《上海普通教育志》编纂委员会：《上海普通教育志》．上海：上海社会科学院出版社，2015年，第23页。

③ 丁倩：淞沪会战后上海难民的社会救济．《上海党史与党建》，2013年第11期，第34页。

④ 上海市陈鹤琴教育思想研究会：《陈鹤琴生平年表：1892—1982》．上海：上海市陈鹤琴教育思想研究会，1992年，第20页。

⑤ 陈一心：茅屋济济教多士——上海抗战时期陈鹤琴与难民教育考略．《留学生》，2015年第19期，第49页。

工部局女子中学学生会的主席。利用暑期时间，她和同学们为街头儿童组织暑期学校、夏令营，深入难民收容所给小孩子们授课。① 经过动荡的少年时代，当 1942 年肖碧莲从高中毕业时，她已经从一个不谙世事的懵懂少年，成长为一位直面苦难、志向远大的青年。在各种校内外活动中，她的社会责任感和领导力逐渐开始展现。

由于成长于一个重视教育的家庭，加之成绩一直名列前茅，肖碧莲和二姐肖玉莲希望高中毕业后能够继续上大学。有"东方哈佛"之美誉的圣约翰大学是她们的心仪之地——哥哥肖荣炜已经在那里读医科了。圣约翰大学的医科有口皆碑，虽然工科也很强，但姊妹二人都对学医更感兴趣，因此报考的都是医科。②

---

① 肖碧莲档案：党员登记表（1950 年 7 月 5 日）。存于国家卫生健康委科学技术研究所档案室。

② 肖碧莲访谈，2013 年 1 月 10 日，北京。资料存于采集工程数据库。

第二章
求学圣约翰

1942年,成绩优异、发展全面的肖碧莲与二姐肖玉莲一起被圣约翰大学录取,两人都立志学医。圣约翰大学是上海第一所高等教育学府,倡导"广博之自由教育"理念,其医学院推行美式医学教育模式。由于教学质量高,圣约翰大学所授医学博士学位一直得到美国大学和各大医院的承认。肖碧莲求学圣约翰大学期间积极投身于学生运动,在哥哥姐姐的影响下于1945年加入了中国共产党。在经过严格的医学预科培养、医学基础与专业研习以及临床实习之后,她于1949年7月获得医学博士学位。

光 与 真 理

圣约翰大学创建于1879年,初名圣约翰书院(Saint John's College),由美国圣公会上海主教施约瑟(Samuel Isaac Joseph Schereschewsky)将原有的两所圣公会学校培雅书院和度恩书院合并而成,在沪西梵皇渡路(今万航渡路,华东政法大学所在地)购地兴办。办学初期用国语(即普通话)和本地方言授课,1888年卜舫济牧师(Francis Lister Hawks Pott)出任校长后开始倡导全英语授课,成为中国首个全英语授课的学校。其办学模式可归纳为"由单一差会(美国圣公会)主办,以西学为中心,以英文为媒介,全面引入美国自由教育理念和制度"。①

1905年年底,圣约翰书院获得美国华盛顿哥伦比亚特区的注册批准,正式定名为圣约翰大学。毕业生可以获得美国认可的正式文凭和学位,成绩优异者还可以不经过考试直接到美国深造。②此时的圣约翰大学已经初具规模,拥有一座礼拜堂③,纪念创办人施约瑟的中西合璧式综合楼怀施堂④,纪念中国牧师颜永京的思颜堂⑤,以及国内首座专门教授自然科学的校舍——1899年落成的格致室(亦称科学馆)。⑥

当肖碧莲姊妹入学时,圣约翰大学已发展成为一所拥有十余个学科的综合性教会大学,是当时上海乃至全中国最优秀的大学之一。圣约翰大学的校训初为"光与真理"(Light & Truth),后加上孔子名言"学而不思则罔,思而不学则殆"。校徽上配以竹子图案,喻节节攀升之意。⑦

通识教育、科学教育和体育教育并重,是圣约翰大学教育的一个显著特色。⑧在某些坚持实用主义的人眼中,圣约翰大学的课程"殊少实用之价值,徒为虚糜光阴"。卜舫济对此不以为然,他认为教育的最重大使命在于"生命之丰富"和"性格之培养":

> 生命之丰富者,意为教育所以助人创世,学校所以教人为人,绝非徒为谋生而设。教育应当以道德上之价值为其总枢。人类之兴趣愈

---

① 徐以骅:《上海圣约翰大学(1879—1952)》。上海:上海人民出版社,2009年,第72页。
② 王伦信等:《上海教育史(第一卷)》。上海:上海教育出版社,2016年,第166-168,172-174页。
③ 1884年由美国纽约克拉克逊家族捐资兴建,1980年拆除。
④ 1895年落成,1951年改称韬奋楼。
⑤ 1904年落成,颜永京协助施约瑟创校,为首任学监,实际主持校务。
⑥ 徐以骅:《上海圣约翰大学(1879—1952)》。上海:上海人民出版社,2009年,第151-155,168页。
⑦ 徐以骅:《上海圣约翰大学(1879—1952)》。上海:上海人民出版社,2009年,第21页。
⑧ 熊月之,周武:《"东方的哈佛"——圣约翰大学简论》。《社会科学》,2007年第5期,第154-155页。

多，则胸襟愈广，生命之博大无涯，渊深无极。如果减少其他兴趣，而使其专注于一种以求实用，其用固甚小，而人之生命且为之减窄。不学之人如蛙在井，以为世界如是已耳。学则其眼光之大小，随所学之程度而转移。果熟习历史、地理、文学及种种科学，则其心目中之宇宙愈广，而其生命亦愈大。否则，日从事于一部之学、职业之说，只会缩小生命之兴趣，应当置之于后。

性格之培养者，意为超越个人物质与金钱之欲望。而提倡职业教育者虽然并非不知道教育培养性格之职能，但是他们却聚生徒于一堂，每天讲求可以赚钱之道，那么学生忖度教育价值，怎么不以银圆铜币为本位呢？那些函授学校之广告，更是直截了当地鼓吹何科读之可以致富、何技习之可得厚薪。这些都足以动摇学生的道德心性。如果这种精神支配了学校，那么为人之道，岂不是不外乎致富吗？学校就是一个小的宇宙。学生居于其中，务使发达其天性，高尚其人格。人与人之关系，及社会上之自觉，均应勉导之。所以，圣约翰大学教育之宗旨，在于造就学生为完全国民，使之以国利民服为前提，以克己自治为本领。其意志必高，其识见必广，并使其自知人为灵性动物，凡作一事，必令灵性满意。[1]

虽然圣约翰大学倡导"广博之自由教育"，但对职业教育并不完全排斥。事实上，卜舫济在圣约翰大学的发展规划中，给专业和职业教育留下了相当显著的位置。[2] 圣约翰大学所要造就的是"各个行列新的、自由的、坦直的、有思想性的、肯钻研学术的、有忠诚教育、有崇高目的和行动的人"。工艺性和功利性的教育不仅达不到这个目标，反而会造成严重的弊端。因此，圣约翰大学尝试在课程设置上采取文理贯通的模式，有意在文科中设置一些理科课程，在理科中设置一些文科课程，并鼓励学生跨学科

---

[1] 熊月之，周武："东方的哈佛"——圣约翰大学简论.《社会科学》，2007年第5期，第152页。

[2] 徐以骅:《上海圣约翰大学（1879—1952）》。上海：上海人民出版社，2009年，第83页。

兼修。①医学教育虽然专业性、职业性很强，但在这样的教育理念之下，圣约翰大学的医学生在预科阶段也接受了"广博之自由教育"。

1941年12月7日，日军突袭美国的珍珠港，太平洋战争爆发。圣约翰大学成为上海唯一一所仍在原址办学的教会大学，学校的规模急剧扩张，是当时国内学生人数最多的大学之一。②次年9月，肖碧莲和肖玉莲踏入了圣约翰大学的大门。

图 2-1　20 世纪 40 年代肖碧莲（右）与同学在圣约翰大学合影（由王蕾提供）

圣约翰医学生

圣约翰大学是中国境内最早设立医科的教会大学，可远溯至圣公会传教士汤谒礼牧师创办于1866年的同仁医局。1880年8月，圣公会传教士文恒理（H. W. Boone）来到同仁，以它为基础着手筹建医院。12月14日，新医院正式开业，文恒理出任院长，院名定为同仁医院（St. Luke's Hospital）。由于医务人员缺乏，文恒理在圣约翰组织了一班学生，由他亲自授课，培养目标是成为医生助手。1882年11月，文恒理将临床医学课程迁至同仁医院内进行。自此，同仁医院正式成为圣约翰书院

---

① 熊月之，周武："东方的哈佛"——圣约翰大学简论。《社会科学》，2007 年第 5 期，第 154 页。

② 徐以骅：《上海圣约翰大学（1879—1952）》。上海：上海人民出版社，2009 年，第 45-50 页。

医科的临床教学基地。① 后来肖碧莲临床实习时，主要就在同仁医院。

基于在美国医院工作的经验，文恒理将美国医学教育模式引入圣约翰书院的医科教育之中。19世纪末的西方，生物学特别是微生物学的进展，以及显微镜、麻醉剂等设备与药物的出现，促进了西方医学的革新。医学教育也随之变革，取消带徒制度、引进实验科学、大力发展实验室等，为文恒理等人的医科办学提供了借鉴。②1892年，当圣约翰书院成立正馆（即大学部）时，医学馆已成为其中一个重要组成部分。1896年圣约翰书院改组，医科仍由文恒理负责，开始采纳英文教学，学制定为四年，完成学业时颁发文凭但尚无学位。由于1896年开始以系统开设的医学课程取代了传统的学徒式教学，所以被视为圣约翰医科的创始之年。③

1905年，圣约翰大学在美国完成注册，定医科学制为五年，即在医科学习四年后，必须在临床实习一年方可毕业并授予文凭及医学博士学位，此为医科实习制的开始。由于读医科者必须先在圣约翰大学或其认可的大学、文理学院修业两年作为医预科，再从中择优进入医科，所以圣约翰大学医科的学制实际上为七年。在这期间，读完预科两年和医科两年后，即授予理学士学位（B.S.），总共读完七年后授予医学博士学位（M.D.）。④1947年10月17日，圣约翰大学获批在国民政府立案，医科也正式采用圣约翰大学医学院的名称。⑤由于创办早、学制长、用英语教学，再加上美国式的重质不重量的模式，圣约翰大学医学院为近代中国医疗卫生事业培养了众多杰出人才。⑥

肖碧莲和二姐肖玉莲要想正式读医科，先要在理学院生物学系上两年

---

① 陈挥，魏洲阳：医学界的"光与真理"——圣约翰大学医学院。《上海交通大学学报（医学版）》，2010年第30卷第4期，第2页。

② 同①。

③ 徐以骅：《上海圣约翰大学（1879—1952）》。上海：上海人民出版社，2009年，第90页。

④ 郭德文：名医的摇篮——圣约翰大学医学院。见：徐以骅，《上海圣约翰大学（1879—1952）》。上海：上海人民出版社，2009年，第335页。

⑤ 徐以骅：《上海圣约翰大学（1879—1952）》。上海：上海人民出版社，2009年，第55-57页。

⑥ 陈挥，魏洲阳：医学界的"光与真理"——圣约翰大学医学院。《上海交通大学学报（医学版）》，2010年第30卷第4期，第4页。

医学预科课程。圣约翰大学的医预课程为文理兼顾的通识课程，第一学年要修够40余学分，必修课包括国文和国文作文、英文和英文作文、体育、宗教、伦理、生物、物理、化学以及各理科相应的实验课，把课程表排得满满的。第二学年进一步深入学习国文和国文作文、英文和英文作文、各理化学科，加上心理学及第二外语等课，又是40多个学分。两年学完后，要经过严格考试，所有科目都要达到85或85分以上，才有资格进入医科，否则就会被淘汰，只能改读其他专业。① 肖碧莲的英文很好，拼写常得第一，上英文课时常上台去拼单词，给大家做示范。后来当奶奶了，她还很自豪地向孙女王蕾提及此事。肖碧莲的理科成绩也很好，常常把男生甩在后面，同时她还爱读英文小说，这个爱好一直陪伴着她。② 正是在这个以"生命之丰富"和"性格之培养"为使命的学府中，肖碧莲培养了广泛的兴趣爱好以及志趣高远、淡泊名利的情操。

随着圣约翰大学医科名气的上升，报考人数逐渐增加。为了保证教学质量，医科将每年的入学名额限制在40名以内，择优录取。每年的医学预科人数往往多于正式招入医科人数的六七倍，淘汰率非常高。③ 无论是专业课，还是英语，甚至体育，肖碧莲的成绩都很优秀。经过严格筛选，肖碧莲正式进入医科，班上40名同学，其中女同学只有6名。④

从预科进入医科以后，再经过五年才能拿到医学博士学位。前四年为医学基础课程，最后一年为临床实习。前四年所修的课程全部为规定的必修课，共计30余科。第一学年的课程包括解剖学、胚胎学、组织学、有机化学和生物化学等。第二学年包括生理学、病理学、应用解剖学、神经胚胎学、细菌免疫学、药理学、药剂学、寄生虫病学、病理诊断学等。⑤

给肖碧莲留下深刻印象的当属解剖课，这是医学生们首先要面对的

---

① 郭德文：名医的摇篮——圣约翰大学医学院。见：徐以骅，《上海圣约翰大学（1879—1952）》。上海：上海人民出版社，2009年，第336页。
② 王蕾访谈，2012年7月17日，北京。资料存于采集工程数据库。
③ 郭德文：名医的摇篮——圣约翰大学医学院。见：徐以骅，《上海圣约翰大学（1879—1952）》。上海：上海人民出版社，2009年，第335-336页。
④ 肖碧莲访谈，2013年1月10日，北京。资料存于采集工程数据库。
⑤ 同①。

难关。多年来执掌教鞭的是张光朔教授，所用课本为《格雷氏解剖学》（*Gray's Anatomy*）。张光朔课讲得好、条理清楚，学生们都很喜欢他。同时，张老师治学严谨，要求特别严格，有不少学生因考试不及格而被淘汰。肖碧莲学习解剖时，六个学生分得一具尸体。① 尸体大部分来自当年慈善机构（普善山庄）收尸入殓的乞丐。学校每年派新进的同学去搬运几具尸体来，然后浸入盛尸缸的福尔马林溶液中浸泡，一年后供下一届同学使用。② 肖碧莲的解剖知识学得很扎实，后来她的孙女王蕾在美术学院附中学习解剖学时，她还亲自进行课后辅导。③

肖碧莲记忆较深的还有一位外籍老师，是生理系的主任，课讲得也非常好。这两位老师都是男老师，肖碧莲回想起来，不禁感慨道，"那时候女老师很少，连妇产科老师也是男的"。④

1946年7月13日，经过两年预科和两年医学基础课的刻苦学习，肖碧莲获得了圣约翰大学的理学士学位。

1946年9月，肖碧莲开始医科第三学年的学习。这一学年的课程有内科学、外科学、产科学、药理学、神经病学、实验诊断学、麻醉学、矫形外科学、公共卫生学、儿科学、耳鼻喉科学等。第四学年继续学习内科

图2-2　肖碧莲1946年理学士中文证书（王蕾提供）　　图2-3　肖碧莲1946年理学士英文证书（王蕾提供）

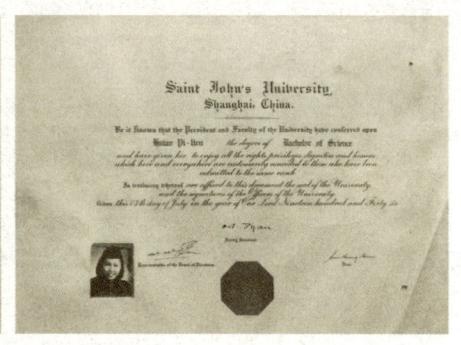

---

① 肖碧莲访谈，2013年1月10日，北京。资料存于采集工程数据库。
② 郭德文：名医的摇篮——圣约翰大学医学院。见：徐以骅，《上海圣约翰大学（1879—1952）》。上海：上海人民出版社，2009年，第337页。
③ 王蕾访谈，2013年3月27日，北京。资料存于采集工程数据库。
④ 同①。

学、外科学、妇学科，再加上精神病学、皮肤病学、眼科学、放射学、热带病学等课程。① 在这两个学年之间，肖碧莲还利用暑假去无锡普仁医院② 见习了一个多月。

1948年9月，肖碧莲开始了医学院最后一年的学习。这一年主要任务为实习，全部学生被分配至各指定医院担任实习医师，并住在医院。在医院里，由上级医师指派到各科室定期轮转。③ 肖碧莲被分配到同仁医院担任实习医师。由于同仁医院在抗战期间损失惨重，故部分教学和实习迁至损失较少的宏仁医院继续进行。④ 宏仁医院前身为美国圣公会1903年创立的广仁医院，1942年改为现名，英文名为St. Elizabeth's Hospital，以妇婴患者为主要对象。⑤ 肖碧莲的妇产科实习就是在宏仁医院进行的，为期四个月。

抗战爆发后，肖碧莲家里的经济条件已大不如前，所以兄妹三人上大学时都申请了助学金。肖碧莲经常从家里带来腌蒜，有时同学间也会交换食物。⑥ 艰苦的生活使肖碧莲养成了勤俭节约的好习惯，即使后来当了单位领导也未曾改变。当选中国工程院院士后，她完全有资格拥有大的独立办公室，但她却一直跟同事们在一间小办公室办公。两个长条办公桌是用实验台改造成的，书架也很简陋，但书籍和各类资料分类清晰，有条有理。⑦

---

① 郭德文：名医的摇篮——圣约翰大学医学院。见徐以骅，《上海圣约翰大学（1879—1952）》。上海：上海人民出版社，2009年，第336页。
② 1908年由美国圣公会创办。
③ 同①。
④ 郭德文：名医的摇篮——圣约翰大学医学院。见徐以骅，《上海圣约翰大学（1879—1952）》。上海：上海人民出版社，2009年，第339页。
⑤ B242-1-629，华东行政委员会卫生局关于将宏仁医院交上海第二医学院接办作教学医院的函（接办宏仁医院工作情况总结报告）。存于上海市档案馆。
⑥ 王蕾访谈，2013年3月27日，北京。资料存于采集工程数据库。
⑦ 肖碧莲档案：忆肖老师的几件小事儿（裴开颜）。存于国家卫生健康委科学技术研究所档案室。

"功夫"之外

圣约翰大学是首个将西方教学风格引入中国的高等学府，课业之外，十分强调宗教、体育和课外活动，还有不少学生团体和组织。

体育是圣约翰大学校园生活不可缺少的一部分。圣约翰大学鼓励学生积极参与体育锻炼的目的"非欲其为体育界著名人物，不过欲养成其乐于运动之习惯耳"。[①] 学校不惜成本，为学生提供了当时中国首屈一指的体育运动设施。顾培德体育馆是中国第一个现代化大学体育馆，圣约翰大学曾是当时中国唯一拥有高尔夫球场的大学，这里还诞生了中国历史上第一支足球队。棒球、板球、篮球、网球、足球、橄榄球、拳击、骑马、击剑、羽毛球等也都是圣约翰大学率先引进的运动项目。[②] 1936年，圣约翰大学开始招收女生，"淑女风范"和"绅士风度"相得益彰，其中一个重要维度就是体育锻炼和竞技带来的公平精神、团队精神以及坚韧奋发的风貌。

肖碧莲从小没有裹过脚，她爱好运动，就读的中学也非常重视体育，所以很适应圣约翰大学的体育教学。当时，圣约翰大学的男生上棒球课，女生上垒球课。肖碧莲很喜欢打垒球，成绩不错。后来，孙女王蕾在清华大学读本科的时候上垒球课，肖碧莲还辅导她怎么打。王蕾非常吃惊，因为垒球在国内并未普及，没想到自己的奶奶竟然精通此项运动。[③]

肖碧莲多才多艺，除了运动能力出色，唱歌也很好听，曾经担任过学校唱诗班的领唱。她的歌声悠扬动人，整个教堂连最后一排都能听得非常清楚。[④] 肖碧莲弹钢琴也有过人之处。她的第一架钢琴是家里用一百石米（相当于当时的一百块钱）从一户要搬离上海的人家换来的。[⑤] 家里给她请了一

[①] 徐以骅：《上海圣约翰大学（1879—1952）》。上海：上海人民出版社，2009年，第116页。

[②] 熊月之，周武："东方的哈佛"——圣约翰大学简论。《社会科学》，2007年第5期，第155页。

[③] 王蕾访谈，2012年7月17日，北京。资料存于采集工程数据库。

[④] 肖赛访谈，2012年7月7日，美国。资料存于采集工程数据库。

[⑤] 肖碧莲访谈，2013年1月10日，北京。资料存于采集工程数据库。

位上海有名的指导老师，她学琴很有天赋，加上刻苦练习，所以进步很快，以至于报考大学时，钢琴老师曾建议她报考音乐学院。① 虽然肖碧莲最后没有选择音乐学院，而是进入了圣约翰大学学医，但是那架钢琴一直保留在家中。在难得的闲暇时，弹钢琴就成了她很好的放松方式。从肖邦到贝多芬，她沉浸在音乐中，而其最爱的曲目是《致爱丽丝》。后来有了孙辈，尽管工作繁忙，肖碧莲也总是亲自教外孙女和孙女弹琴。当她们达到一定水平之后，肖碧莲觉得自己不再胜任教学，便亲自接送她们到专业钢琴老师那儿学习。②

爱美是女人的天性，肖碧莲也不例外。直到晚年，她还会回忆起当年的校服，"圣约翰大学的校服最漂亮，是藕荷色的百褶裙"。她也有过好多旗袍，虽然在特殊的年代没什么机会穿，但她一直保有对旗袍的鉴赏力。当孙女王蕾准备去芬兰留学时，85岁高龄的肖碧莲亲自陪她去做旗袍。她告诉裁缝要什么花色，哪种款式的旗袍要配什么样的边，等等，非常专业。肖碧莲自己一般在正式场合都穿西装，展现在国际舞台上的是一位专业科学家简洁利落的形象。不过，她还是很注重细节，每次出国之前都会去做新的衬衣，不管是颜色还是领子的样式，都精心选择。孙女王蕾第一次出国开学术会议时，放了好多条牛仔裤在行李箱里。肖碧莲特地检查箱子，说学术会议要穿着正式，让她把牛仔裤全部换成裙装或者正装裤子。③ 有点儿上海小情调的女性和职业女科学家，这两种身份对肖碧莲而言并不矛盾，在特定场合转换起来也非常自然。这也许与她在大上海接受了良好的现代教育有关。

年轻的地下党员

肖碧莲在圣约翰大学求学的七年中，抗日战争仍在持续，其后又遭逢解放战争。校园不是象牙塔，"天下兴亡，匹夫有责"。在哥哥姐姐的影响

---

① 肖赛访谈，2012年7月7日，美国。资料存于采集工程数据库。
② 王蕾访谈，2012年7月17日，北京。资料存于采集工程数据库。
③ 王蕾访谈，2013年3月27日，北京。资料存于采集工程数据库。

第二章　求学圣约翰　　*25*

下，肖碧莲迅速成长起来，成了一名年轻的地下党员。

1939年下半年，中国共产党圣约翰大学支部正式成立。1945年春，中国共产党圣约翰大学党总支正式成立，下设两个地下支部，成为当时上海高校中第一个成立党总支的学校。①肖碧莲的哥哥肖荣炜、二姐肖玉莲都于1944年加入了地下党组织。为了支持抗日战争，肖荣炜在学校组织了救护队。受哥哥的影响，肖碧莲也在同年级同学中组织救护队，主要任务是为了预备空袭时展开急救。这时，二姐肖玉莲对她进行了思想动员，告诉她必须有组织领导才能做好工作。②1945年8月，在日本宣布投降之前，上海形势仍旧非常紧张，肖碧莲在二姐肖玉莲的介绍下加入了中国共产党。入党后，肖碧莲在王子成的领导下，参加并组织学生活动。③王子成是圣约翰大学经济系助教，是当时圣约翰大学地下党工作的负责人。④

1945年8月15日，日本宣布投降，举国一片欢腾，圣约翰大学也从日伪统治下被解放出来。但时隔不久，中国又陷入国共内战的混乱之中。8月21日，中国共产党圣约翰大学党总支组织学生连夜赶制庆祝抗战胜利和要求严惩汉奸的标语、横幅和宣传品在校园张贴，并准备次日到曹家渡一带进行宣传活动。⑤8月22日上午10时，学生们在怀施堂钟楼前的大草坪上庆祝抗战胜利，但遭到特务和三民主义青年团的阻挠。时任校长沈嗣良强令学生到大礼堂接受训话，会场发生冲突。国民党宪兵队逮捕了3名学生，又以"行为不检、违反校规"等罪名，开除了18名学生，其中包括肖碧莲的二姐、哥哥及其女友叶嘉馥。在中国共产党圣约翰大学党总支领导下，学生们提出"反对汉奸校长开除爱国学生"的口号，组织力量营救被捕学生，成立"被开除同学后援会"。爱国学生积极争取教育界、宗

---

① 徐以骅：《上海圣约翰大学（1879—1952）》。上海：上海人民出版社，2009年，第51，123页。

② 肖碧莲档案：党员登记表（1950年7月5日）。存于国家卫生健康委科学技术研究所档案室。

③ 肖碧莲档案：出国学习人员审查登记表（1955年11月12日）。存于国家卫生健康委科学技术研究所档案室。

④ 鲍世禄，顾静专：圣约翰大学学生运动概况。见：徐以骅，《上海圣约翰大学（1879—1952）》。上海：上海人民出版社，2009年，第296页。

⑤ 徐以骅：《上海圣约翰大学（1879—1952）》。上海：上海人民出版社，2009年，第52页。

教界、文化界、新闻界支持，要求"惩办汉奸校长"。迫于学生坚决斗争和社会舆论的广泛支持，沈嗣良终于下台，被捕和被开除的学生先后返校。① 年轻的学生党员肖碧莲参加了这次"反沈护校运动"，得到了锻炼。

1946年年初，学校当局以"抗战期间年久失修""计划将校内设备大事整顿"以及"物价飞涨"为由，计划大幅度增加学费。学费额度定为7.5万法币，比各大学学费平均值高2.5倍，尚不包括实验费和测验费等。这种不合理的涨价给学生带来很大压力，肖碧莲也不例外。由于家中生活困难，母亲暂回老家杭州，肖碧莲那年在医学院的同学杨佩珍家中借住。② 学费要大幅增长的消息突如其来，让她更加雪上加霜。学生们没有屈服，在圣约翰大学学生团体联合会领导下发起了"减费运动"，与校方协商将学费改为4.5万法币。③ 肖碧莲也参加了"减费运动"，再一次见证了组织的力量。

哥哥肖荣炜及其女友叶嘉馥虽然在1945年8月被学校开除，所幸两人一年后复学，并于1948年7月同时毕业。④ 以往，圣约翰大学都会举行隆重的毕业典礼，毕业生身穿博士服上台，由校长拨动博士方帽上的金色流苏并授予证书。但这一年受时局影响，学校已无法举行隆重的典礼，医学院的毕业仪式只能在教职员的办公室仓促完成。⑤ 毕业后，肖荣炜和叶嘉馥以中国福利基金会（今中国福利会）八仙桥医疗站医师的身份为掩护，在上海秘密收听和记录中国共产党的广播内容以进行宣传，开始了伴随电波"潜伏"的日子。⑥

在孩子们的带动下，肖碧莲的母亲也积极参加里弄工作，为解放军缝制慰劳袋、子弹背带等，还当上了里弄妇女代表。⑦

---

① 反对北洋政府和国民党政权统治的青年运动 //《上海青年志》编纂委员会编. 上海青年志. 上海：上海社会科学院出版社，2002。（2003-11-10）http://www.shtong.gov.cn/Newsite/node2/node2245/node66268/node66277/node66326/node66387/userobject1ai62314.html。

② 肖碧莲档案：交代材料（1955年11月8日）。存于国家卫生健康委科学技术研究所档案室。

③ 徐以骅：《上海圣约翰大学（1879—1952）》。上海：上海人民出版社，2009年，第57页。

④ 肖赛访谈，2012年7月7日，美国。资料存于采集工程数据库。

⑤ 徐以骅：《上海圣约翰大学（1879—1952）》。上海：上海人民出版社，2009年，第61页。

⑥ 中广网. 伴随电波"潜伏"的日子。（2009-05-07）http://www.cnr.cn/zggbb/jmxs/200905/t20090507_505326071.html。

⑦ 肖碧莲档案：交代材料（1955年11月8日）。存于国家卫生健康委科学技术研究所档案室。

毕业选择

圣约翰医学院秉承的医学精英教育使得每年的毕业生为数甚少。经过严格筛选，医预科由两三百人淘汰至40人，而这40人也很难全部坚持到毕业。其中有身体不好不能继续就读的，有经济条件困难无法继续的，也有不堪长年累月艰苦学习而放弃学医的，在数十年间平均每年毕业只有约10人。但由于教学质量高，圣约翰大学颁发的医学博士学位一直被美国的大学和各大医院所承认，并被列为"Grade A"（甲级医学院）。[1]

尽管时局动荡引发的学生运动接连不断，但总体上圣约翰的教学并未中断，严重的通货膨胀也未使其停课。[2]1949年5月27日，上海迎来解放，圣约翰大学成为中国人民解放军在上海市区最先进驻的学校。[3]7月，肖碧莲顺利毕业，获得了医学博士学位。她的各学期成绩平均分数高达90分，体育成绩甲等。[4]全班只有24人毕业，这在圣约翰大学医科历史中已算是毕业人数较多的一年了。此时适逢上海解放初期，没有正式举办毕业仪式，只是照了身着学位服的照片。学生个人没有拿到照片和证书，这不能不说是肖碧莲的一个小小遗憾。[5]

肖碧莲深知医学基础研究对于临床诊疗的重要性，希望能够做科研工作。由于战乱时期经费短缺，圣约翰大学很大程度上依靠留校校友的义务服务才得以继续维持和发展，临床力量虽强，前期研究的力

---

[1] 郭德文：名医的摇篮——圣约翰大学医学院。见：徐以骅主编，《上海圣约翰大学（1879—1952）》。上海：上海人民出版社，2009年，第338—340页。

[2] 徐以骅：《上海圣约翰大学（1879—1952）》。上海：上海人民出版社，2009年，第61页。

[3] 陈挥，魏洲阳：医学界的"光与真理"——圣约翰大学医学院。《上海交通大学学报（医学版）》，2010年第4期，第3页。

[4] Q243-1-1007，圣约翰大学1948学年度第一、二学期应届毕业生名册及统计表。存于上海市档案馆。

[5] 肖碧莲访谈，2013年1月10日，北京。资料存于采集工程数据库。

量却相对薄弱。[1]因此，肖碧莲在圣约翰接受的研究训练非常有限。她曾于1946年暑假与同学跟随美国医生彼得逊进行一项科学研究工作，主要研究磺胺剂能否预防霍乱。采用的方法是到贫民聚居的棚户区，给一部分人服用磺胺剂，另一部分服用小苏打，两相对照来考察磺胺剂预防霍乱的效果。[2]在这项研究中，她初步接触到了对照研究方法。

1947—1948年，当二姐肖玉莲离开圣约翰到解放区后，肖碧莲陷入了一段"脱离政治"的时期。她一天到晚"死啃书本"，埋头于专业之中。由于当时美国的医学水平较高，她产生了去美国留学的想法。[3]这条符合圣约翰大学传统的深造之路，在当时的情境下却显得不合时宜。1947年10月，圣约翰大学完成了在国民政府的立案，这意味着该校在美国注册地位的丧失，毕业生留美也不再像之前那样顺畅。肖碧莲曾经迷茫、纠结过一段时间，上海的解放使她安下心来。

因为缺乏可行性，从圣约翰大学毕业时，她暂时把想做医学前期研究（生理学和病理学研究）的愿望搁置了下来，进入宏仁医院妇产科成了一名住院医师。[4]而她之所以选择妇产科，与她之前在宏仁医院妇产科的实习经历有关。在那里，她曾见到一位妇女在生产第六个孩子时由于产后大出血失去了年轻的生命。目睹了中国妇女社会地位低下、卫生保健条件差，多数人有病得不到适当和及时的诊治，因为没有选择而无可奈何地反复妊娠、生产，甚至死亡，这给肖碧莲带来了很大震动。她希望凭借自身所学，护佑女性健康，这个想法成为她一生从事生殖健康研究的原动力。[5]

---

[1] 徐以骅：上海圣约翰大学（1879—1952）。上海：上海人民出版社，2009年，第92页。

[2] 肖碧莲档案：交代材料（1955年11月8日）。存于国家卫生健康委科学技术研究所档案室。

[3] 同[2]。

[4] 肖碧莲档案：工作人员登记表（1954年5月24日）。存于国家卫生健康委科学技术研究所档案室。

[5] 吴雨：肖碧莲：美丽人生乐在其中。《健康必读》，2010年第5期，第22页。

一个"约大"家族

圣约翰大学的独特魅力使肖家兄妹对她情有独钟,除了肖碧莲兄妹三人,肖荣炜的妻子叶嘉馥,肖宝莲的夫婿范文照、儿子范政都是圣约翰大学的学子,可谓一个"约大"家族。毕业后,他们在各自领域中都颇有建树。

肖荣炜(1920—2005)和妻子叶嘉馥(1919—2011)是圣约翰大学医科同学,1948年获医学博士学位后以中国福利基金会医师身份从事地下党工作。上海解放后肖荣炜在上海医务工作者工会任职,叶嘉馥则先后担任上海助产学校副校长、上海产科医院副院长等职。[1]

1949年4月至1950年,大批解放军战士在渡江战斗和水上练兵中感染了急性血吸虫病。为此上海成立了血吸虫病防治委员会,抽调医务工作者组成医疗队抢治患者。[2]1950年上半年,肖荣炜带领医疗队为三野九兵团部队查治血吸虫病,担任中队长。7月,奉华东军政委员会之命,肖荣炜夫妇与另外3名青年技术人员从繁华的大上海来到血吸虫病重灾区——无锡梅园,租用民房创建了华东地方病防治所(今江苏省血吸虫病防治研究所)。肖荣炜任所长,叶嘉馥任副所长。

建所初期,针对血防专业人员奇缺的状况,肖荣炜夫妇举办了苏南地

图2-4 1949年肖荣炜、叶嘉馥夫妇合影(肖赛提供)

---

[1] 叶嘉馥手稿:"叶嘉馥传略"。肖赛个人收藏。
[2] 郑岗:《新中国预防医学历史经验(第三卷)》。北京:人民卫生出版社,1988年,第249页。

方病防治干部训练班，为全省乃至全国培养了数以千计的血防技术人员，双双成为中国首批研究生导师，他们培养的研究生成为中国血防科研战线上的学科带头人。1952年，研究所附属苏南地方病医院正式成立并收治患者。当时，治疗血吸虫病的药物是毒性很大的酒石酸锑钾，患者的阿－斯综合征发生率和致死率很高。叶嘉馥首创阿托品注射法，成功抢救了大批患者的生命。[1]1958年，为了抢救晚期血吸虫病门脉高压及巨脾症等患者的生命，肖荣炜夫妇协同上海专家在所内对上百例巨脾患者进行手术治疗，无手术死亡，并创用脾血回输、大网膜腹膜后固定术等方法，使患者恢复健康。

肖荣炜在血吸虫病学、钉螺生态学等方面颇有建树，通过长年对血吸虫病流行区的深入调查研究，提出了中国血吸虫病疫区的分类。[2]叶嘉馥组织研制的新鲜成虫皮试抗原、环卵沉淀试验等简易诊断方法为血吸虫病免疫诊断现场应用奠定了基础。[3]1958年，肖荣炜夫妇合著了数十万字的《血吸虫病》专著。肖荣炜的论文"武进小河乡防治血吸虫病的经验"（1954年）曾被中共中央血防办定为典型材料广为介绍，"南水北调是否会引起钉螺北移的研究"（1982年）被卫生部授予科技一等奖。[4]江苏省曾是血吸虫病非常严重的流行区，有45个流行县、市，患者250余万。在他们与当地干部、群众的共同努力下，江苏血防效果显著。多批国

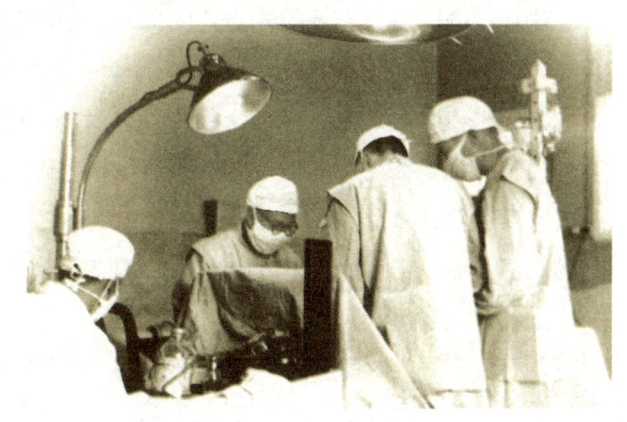

图2-5 20世纪50年代肖荣炜（左二）做外科手术留影
（肖赛提供）

---

[1] 深切缅怀叶嘉馥同志。《中国血吸虫病防治杂志》，2011年第6期，第735页。
[2] 沉痛悼念血防事业的奠基人肖荣炜同志。《中国血吸虫病防治杂志》，2005年第6期，第2页。
[3] 叶嘉馥手稿："叶嘉馥传略"。肖赛个人收藏。
[4] 肖荣炜手稿："肖荣炜传略"。肖赛个人收藏。

外专家或代表团曾前来考察，连美国作家埃德加·斯诺也曾专程赴无锡采访。①1985年，江苏省基本消灭了血吸虫病。肖荣炜曾兼任卫生部医学科学委员会委员、卫生部血吸虫病研究委员会秘书长等职，担任江苏省第三、第五届人大代表。②

肖碧莲的二姐肖玉莲刚开始读的也是医学预科，两年后转入1944年刚刚成立的农学院（1946年停止招生，1949年正式关闭）。后因地下党身份暴露，遂前往解放区。正是那时，她将名字从肖玉莲改为肖曙英。1947—1948年，她在山东一带做文化工作。南京解放时参与接管国立中央政治大学，后又负责教师政治培训班。1951年，肖曙英调至上海第一医学院工作，任宣教科科长。③

肖碧莲同父异母的大姐肖宝莲虽然不是圣约翰大学的学生，却嫁给了圣约翰大学的毕业生范文照（Robert Fan，1893—1979）。范文照是广东岭南人，1917年毕业于圣约翰大学理科。1919年考入美国宾夕法尼亚大学建筑系，1921年获建筑学士学位。同年夏回国，担任上海允元公司建筑部工程师，对于上海建筑的现代主义风格兴起发挥了重要作用。④1927年，范文照建立了中国第一个建筑学专业团体——中国建筑师学会，并亲任首届会长。⑤由范文照设计、1930年落成的南京大戏院（今上海音乐厅），是上海首座出自中国建筑设计师之手的具有西方古典主义风格的建筑，被认为是当时亚洲一流的音乐厅。范文照还设计了国民政府行政院，建筑群由办公大楼、院长官邸、职员住宅三部分组成。1991年，国家建设部、国家文物局将其中的办公大楼评为近代优秀建筑。⑥1929年12月14日，圣约

---

① 无锡日报. 斯诺到过无锡两次.（2007-12-18）http://news.sina.com.cn/c/2007-12-18/090013099320s.shtml。

② 沉痛悼念血防事业的奠基人肖荣炜同志.《中国血吸虫病防治杂志》，2005年第6期，第2页。

③ 肖碧莲档案：出国学习人员审查登记表（1955年11月12日）。存于国家卫生健康委科学技术研究所档案室。

④ 殷国婷：浅谈中国近代建筑师范文照.《山西建筑》，2008年第2期，第86页。

⑤ 王浩娱，杨国栋：1949年后移居香港的华人建筑师.《时代建筑》，2010年第1期，第52页。

⑥ 殷国婷：浅谈中国近代建筑师范文照.《山西建筑》，2008年第2期，第86-87页。

翰大学庆祝建校 50 周年，举行了范文照为母校设计的社交楼（Social Hall）的落成典礼（纪念卜舫济已故夫人黄素娥女士）。这幢中西合璧的建筑位于一进校门的梧桐树夹道上，是当时国内大学中首屈一指的建筑。现在该楼为华东政法大学的科研和学术交流中心，被称为三号楼。[①]20 世纪 40 年代末范文照移居香港，他设计的松坡别墅（1950 年）和崇基书院新校舍（1956 年）融合山地自然环境，其设计巧思为人称道。[②]

1951 年（或 1952 年）国庆节，范文照夫妇曾受邀到北京观礼。其长子范政毕业于圣约翰大学建筑系，1952 年赴美求学，在哈佛大学设计研究生院攻读硕士学位。1958 年回香港加入父亲的事务所，北角卫理堂（1960 年）是父子两人合作的代表作。[③]

在时局动荡、政治运动不断的年代，这个出身为"资本家"的"约大"家族在受到各种干扰后仍然能有如此建树，不得不说这有赖于他们自身的实力。而溯本追源，这些成就与圣约翰大学的教育是密不可分的。

---

① 程乃珊，许赢洲：中国白领的摇篮——圣约翰大学（中）。《建筑与文化》，2005 年第 6 期，第 108 页。

② 王浩娱，杨国栋：1949 年后移居香港的华人建筑师。《时代建筑》，2010 年第 1 期，第 55 页。

③ 王浩娱，杨国栋：1949 年后移居香港的华人建筑师。《时代建筑》，2010 年第 1 期，第 55—56 页。

第三章
留学苏联

　　1949年5月28日,上海市人民政府宣告成立,市军事接管委员会开始对原有政府的政务、财经、文教、军事四大部门实施接管。7月底,接管工作基本完成。8月初,人民政府的各个机构渐次进入正轨,接管阶段转为管理改造阶段。① 上海市的学校和医院也开始在人民政府的领导之下按计划逐步转变。就是在这个新旧城市更替、社会面貌变化巨大的时刻,肖碧莲离开圣约翰大学,入职宏仁医院,成为一名年轻的妇产科医生,开始了她的职业生涯。

　　肖碧莲在事业上很快崭露头角,同时也建立了自己的家庭。在"全面系统地学习苏联先进经验"的热潮中,她决定去苏联进一步深造。在1956—1959年留苏期间,她走上了临床医学与基础医学相结合的道路。更重要的是,她敏锐地意识到内分泌学在妇产科诊疗中的重要性——妇产科常见疾患的发病机制多与生殖内分泌调节系统的障碍有关。

---

　　① 张济顺:《远去的都市——1950年代的上海》。北京:社会科学文献出版社,2015年,第21页。

事业与家庭的起步

在圣约翰大学的七年学习时光，为肖碧莲今后的事业奠定了扎实的基础，她很快适应了宏仁医院妇产科的医疗和教学工作。1949年12月，肖碧莲加入了上海医务工作者工会。1950年1月，肖碧莲下乡去罗店为解放军防治血吸虫病，时间长达四个月，还承担了中队联络工作。同年，刚入职一年的肖碧莲开始担任宏仁医院的党支部书记、工会主席。

1951年10月，肖碧莲与王亦洲结婚。王亦洲1922年出生，是家中的独子，父亲早亡，母亲是虔诚的基督徒。[①]1945年2月王亦洲开始在上海从事保险业，当年加入中国共产党。新中国成立后在上海沪中区委会工作，沪中区划分为三个区后，他在其中的新成区党委担任组织部干事及办公室秘书。[②]1952年5月2日，两人的儿子王冀平出生。这一年，肖碧莲家正式与阜昌凤记打包店脱离了经济上的关系，家中一切生活费用由肖碧莲夫妇和一同居住的二姐肖曙英承担。[③]

1953年7月，肖碧莲升任宏仁医院妇产科主治医师。这一年，女儿王颖出生，生活更显忙碌，因此他们请了一位保姆帮忙照看。[④]

在肖碧莲刚入职时，宏仁医院还是一个私立性质的教会医院。一直到1951年，该院的财政权都完全掌握在圣公会手中。1952年全国高等学校院系调整，圣约翰大学医学院、震旦大学医学院及同德医学院合并成上海第二医学院。当时曾决定将宏仁、同仁、同德等医院交由上海市卫生局接办，但由于卫生局人手缺乏，宏仁、同仁医院接办一事暂缓执行。到1954年时，上海第二医学院各项工作已走上轨道，既有教学医

---

① 肖碧莲档案：交代材料（1955年11月8日）。存于国家卫生健康委科学技术研究所档案室。

② 肖碧莲档案：出国学习人员审查登记表（1955年11月12日）。存于国家卫生健康委科学技术研究所档案室。

③ 同①。

④ 同①。

第三章　留学苏联　35

院不能满足学生增加的要求，而且宏仁医院大部分高级医师都在上海第二医学院授课，因此华东行政委员会卫生局又决定将宏仁医院交由上海第二医学院接办。1954年，宏仁医院成为上海第二医学院的附属医院。在接办之前，肖碧莲作为宏仁医院的党支部书记、工会主席曾感到开展工作很困难，不过在处理劳资纠纷的过程中她得到了锻炼，很快适应了工作。①

1954年春，王亦洲调至上海市委办公厅担任刘晓副书记的秘书。1955年2月，刘晓被任命为中华人民共和国驻苏维埃社会主义共和国联盟特命全权大使。王亦洲随同刘晓去苏联赴任，在中国驻苏联大使馆任党委办公室秘书。②彼时正值中苏友好的"蜜月期"，1953年毛泽东关于"我们要在全国范围内掀起学习苏联的高潮"的指示言犹在耳。在"全面学苏"口号的统领下，中国共派出约30个代表团到苏联参观学习。③在教育方面也不例外。在当时资本主义和社会主义两大对立阵营大打"冷战"的背景下，中国与西方国家之间的大规模教育交流面临重重障碍。要迅速培养出中国的专业技术人才，似乎只能依赖苏联，特别是通过派遣留学生这一方式。于是中国政府在积极吸引海外留学生归国参加建设的同时，开始努力拓宽对苏教育交流的渠道。④医

图3-1 20世纪50年代肖碧莲与母亲、儿子王冀平、女儿王颖合影（王蕾提供）

---

① 肖碧莲档案：工作鉴定（1955年10月14日）。存于国家卫生健康委科学技术研究所档案室。

② 肖碧莲档案：干部履历表（1959年12月30日）。存于国家卫生健康委科学技术研究所档案室。

③ 王盛泽：50年代我国学习苏联的历史考察。《理论学刊》，2000年第1期，第97页。

④ 李涛：关于建国初期赴苏留学生派遣工作的历史考察。《东南大学学报（哲学社会科学版）》，2005年第5期，第112页。

学界同样掀起了学习苏联的热潮，如果想出国学习提高业务水平，基本上只有留苏这一条途径。1952年11月，肖碧莲参加了中苏友好协会，并决定去苏联进一步深造。

受到严格审查

作为中苏教育交流的核心工作，在派遣留苏学生方面，中国政府采取的基本原则是"严格审查、争取多派"，研究生、实习生、进修生数量明显增多，质量不断提高，对留学生的管理也更加严格。①

在选拔留苏学生时，学历要求与业务考核并重：①学历条件。1953年教育部、高教部和人事部规定，凡机关干部报考留苏研究生者，须有大学毕业的文化程度。②业务审查。20世纪50年代初，留苏学生业务审查主要采取全国统一考试的方式。1953年后全国共设北京、上海、汉口、重庆、沈阳、西安六个考区。报考不同的专业需要参加不同专业课程的考试。学历要求和业务考试保证了派出人员的质量，同时也是他们在苏联的学业能够顺利开展的前提条件。②肖碧莲报考的是医学类，须从数学、物理、化学中择两门考试。对于第一个条件，她毕业于圣约翰大学医学院，在学历上完全符合报考留苏研究生的条件。对于第二个条件，她的学习成绩、业务工作一贯优异，这方面的考核也不成问题。在具体专业选择上，肖碧莲1955年4月15日填写了《出国学习人员审查登记表》，其中对专业选择的希望是："希望能学习妇产科，同时对生理、病理等基础科也希望能学习"。③

除了学历与业务要求，在那个特殊的年代，政治可靠、思想觉悟高可

---

① 李涛：关于建国初期赴苏留学生派遣工作的历史考察.《东南大学学报（哲学社会科学版）》，2005年第5期，第113页。

② 李涛：关于建国初期赴苏留学生派遣工作的历史考察.《东南大学学报（哲学社会科学版）》，2005年第5期，第115页。

③ 肖碧莲档案：出国学习人员审查登记表（1955年4月15日）。存于国家卫生健康委科学技术研究所档案室。

以说是选拔留学生的最重要标准。1953年制定的《留苏预备生选拔办法》规定选拔对象的政治条件是：①历史清楚，政治上完全可靠、思想进步者；②学习工作积极努力、品质优良，有培养前途并志愿赴苏联学习者；③家庭成员与社会关系无政治问题。政治审查除对本人的政治历史、家庭成员和主要社会关系进行认真审查外，还特别重视留学人员在历次政治运动中的思想表现。①

肖碧莲填写《出国学习人员审查登记表》之后不久，中共上海市组织部、上海市选拔留苏预备生审查委员会就返回了"同意该同志出国留学"的审查意见：

> 该同志政治历史清楚，其兄、姐、夫均为共产党员，本人入党近十年来，在党的培养教育下，服从组织，积极工作，作风朴实虚心，在群众中威信较高。因此我们认为该同志有培养前途，希望能送往苏联深造。②

1955年9月，肖碧莲将年幼的儿女托付给母亲和二姐，前往北京俄语学院留苏预备部，她要在那里学习整整一年俄语。肖碧莲被分在第25支部、第44班③，班上的同学来自全国各地，各个专业都有，但是学医的并不多，主要都是学农的，因此与同学交往并不多。④

此时，"肃反"运动已经开始，对出国人员的审查更加严格。1955年10月14日，肖碧莲认真地写了一份自我鉴定：

> 我在宏仁医院工作了六年半，从解放开始一直到现在。在这几年

---

① 李涛：关于建国初期赴苏留学生派遣工作的历史考察。《东南大学学报（哲学社会科学版）》，2005年第5期，第115页。

② 肖碧莲档案：中共上海市组织部、上海市选拔留苏预备生审查委员会对肖碧莲留苏的审查意见（1955年5月4日）。存于国家卫生健康委科学技术研究所档案室。

③ 肖碧莲档案：交代材料（1955年11月8日）。存于国家卫生健康委科学技术研究所档案室。

④ 肖碧莲访谈，2013年4月9日，北京。资料存于采集工程数据库。

图 3-2 1956 年北京俄语学院师生合影（第二排右三为肖碧莲，王蕾提供）

的工作和学习中，我觉得在各方面，不论是在业务上或是在政治上都有了一定的进步和提高。那是由于党对我的不断的教育和培养，并在实际运动中得到锻炼。例如在 1950 年年初，我参加了为解放军防治血吸虫病的工作，并且担任了政治联络员的工作。从那里使我学到了解放军艰苦朴素的工作作风，以及对同志们诚恳热情的关怀，这些优良的作风成为我在以后工作中的榜样……在业务工作方面，对妇产科方面的知识，我从不懂开始，学到了能掌握并处理一般及较困难的问题，并且也开始能将自己的临床经验教给学生们。以上仅举了一些例子。其他在工作作风、生活作风和思想上的提高，我觉得还是不少的……但是再深入的检查，以一个党员医生干部和党的支部书记来要求，那这些进步是很有限的，而且离要求太远了……我想通过这次鉴定能很好的认识和警惕它，作为今后工作中努力改正的方向。①

1955 年 11 月 8 日，肖碧莲在一份交代材料中检讨了自己的"崇美思

---

① 肖碧莲档案：工作鉴定（1955 年 10 月 14 日）。存于国家卫生健康委科学技术研究所档案室。

第三章 留学苏联　　39

想"。她认为自己在圣约翰大学医学院读书时"想到美国去留学",这是"很严重的资产阶级思想意识"。[①]11月12日,肖碧莲应要求再次填写了《出国学习人员审查登记表》。在"本人是否自愿留学,有何顾虑与困难,对选择学习专业有何意见,业务成绩如何,思想品格上有何突出的优缺点"一栏中写道:

> 我自愿留学,并无顾虑和困难。因已在妇产科工作六年余,希望能继续学习此专业。业务水平能处理一般及较困难的妇产科疾病,能掌握手术及其他技术操作,并能担任部分临床教学工作。思想品德上无突出优缺点,兹将在原单位同志的帮助下,认识的一般优缺点记述如下:
> 优点:
> 1. 能尊重组织,服从领导。
> 2. 工作老老实实,不虚伪。
> 3. 待人诚恳,能团结人。
> 缺点:
> 1. 要求前进心不够强,工作缺少办法。斗争性不强,处理问题缺乏勇气。
> 2. 政治理论学习不强,水平低。
> 3. 政治不能与业务相结合,以致不能在业务上发挥骨干领导作用。[②]

直到1956年4月2日,组织才给出了审查意见,语气与原先截然不同,强调肖碧莲"出身于资本家家庭""社会关系很复杂",直到最后才给出了"问题不大,同意其出国学习"的意见。

圣约翰大学因为实行全英文教学,学生前往英语国家深造具有明显优势,所以在当时国内高校中以出国人数众多而著名。[③] 对许多圣约翰大学校友来

[①] 肖碧莲档案:交代材料(1955年11月8日)。存于国家卫生健康委科学技术研究所档案室。

[②] 肖碧莲档案:出国学习人员审查登记表(1955年11月12日)。存于国家卫生健康委科学技术研究所档案室。

[③] 徐以骅:《上海圣约翰大学(1879—1952)》。上海:上海人民出版社,2009年,第107页。

说，受美式教育及有海外关系一直是他们在政治上洗涤不去的"原罪"，在特定时期他们中的大部分人在政治上得不到信任，在社会上受到歧视。[1] 所幸，即使在那样的年代，肖碧莲仍然取得了组织的信任，成为一名留苏预备人员。改革开放、国门重开时，圣约翰大学校友的流利英语、专业技能和国际联系又使他们成为稀缺人才，得以重新回到各行各业的第一线。[2]

"八九点钟的太阳"

1956年10月，肖碧莲结束了在北京俄语学院留苏预备部的学习。11月赴苏联留学，成为莫斯科谢切诺夫第一医学院妇产科教研组的一名研究生，并担任党小组组长。中国政府1951年首次向苏联派出375名留学生，到1965年共向苏联派出留学生8310人。其中，肖碧莲赴苏联那年派出的人数为2085名，为历年最多。[3]

莫斯科谢切诺夫第一医学院是俄罗斯最古老的医学院校，其前身是莫斯科大学的医学系（1758年建系）。1930年独立为莫斯科第一医学院，1955年开始以俄国生理学之父谢切诺夫冠名。在苏维埃政权成立之初，妇幼保健就被视为重要国策之一，即使在卫国战争最艰苦的时期，苏联政府仍竭力在物质上加强对母婴的救助。[4] 20世纪50年代，苏联已经建立了相对完善的妇幼保健体系，在临床与科研上都有许多值得中国学习的地方。肖碧莲很清楚自己去留学的目的，学习的决心也很大：

国家派出去苏联留学，希望回国后能在介绍苏联先进科学方面起

---

[1] 徐以骅：《上海圣约翰大学（1879—1952）》。上海：上海人民出版社，2009年，第141页。
[2] 徐以骅：《上海圣约翰大学（1879—1952）》。上海：上海人民出版社，2009年，第142页。
[3] 李涛：关于建国初期赴苏留学生派遣工作的历史考察。《东南大学学报（哲学社会科学版）》，2005年第5期，第114页。
[4] 马伊斯特拉赫，古埃卓夫：《苏联的保健》。朱滨生，译。上海：时代出版社，1949年第2版，第51页。

桥梁作用，担负起提高我国医学水平的任务。

在留苏期间，向苏联学习的信心很坚决，要求自己在临床、教学、科学研究工作等方面全面培养，并掌握一些苏联在妇产科方面的科学技术。①

一到莫斯科，寒冷的天气就给肖碧莲这个南方人来了个下马威。当地冬天的气温低至零下40℃，一次肖碧莲走路去上学，在大街上却被一位苏联老妇人拦住了，告诉她女人不能穿裤子，必须穿裙子。入乡随俗，肖碧莲只能回去换裙子。从住处到学校要路过几个商店，每次经过商店，她就进去搓腿，搓热了以后再跑出去。肖碧莲晚年时膝关节不是太好，可能和当年在苏联的这段经历有关。②不过她当时倒也随遇而安，一个南方人在苏联学会了滑冰，而且乐在其中，成为终身的爱好。③

当时往苏联派遣留学生是件具有政治意味的大事，每批留学生出发前，国家领导人都要接见并组织欢送会。国家领导人访苏时，也总要专门抽出时间看望中国留学生。1957年11月，毛泽东主席担任团长率领中国党政代表团前往莫斯科参加十月革命40周年庆典。11月17日，在紧张的行程中，他在刘晓的陪同下前往莫斯科大学看望在莫斯科学习的中国留学生。在当天的讲话中，毛泽东主席留下了这段名言："世界是你们的，也是我们的，但是归根结底是你们的。你们青年人朝气蓬勃，正在兴旺时期，好像早晨八九点钟的太阳，希望寄托在你们身上。"毛泽东主席还到驻苏使馆看望了使馆工作人员及留学生代表，在使馆同大家联欢并合影留念，肖碧莲也在其中。④

周恩来总理多次访问苏联，也接见过中国在苏留学生。有一次，周恩来

---

① 肖碧莲档案：毕业鉴定（1959年11月15日）。存于国家卫生健康委科学技术研究所档案室。

② 王蕾访谈，2012年7月17日，北京。资料存于采集工程数据库。

③ 肖碧莲档案：身边的榜样 可敬的前辈（于和鸣）。存于国家卫生健康委科学技术研究所档案室。

④ 王亦洲：在莫斯科的日子里——刘晓的外交使节生涯。《上海党史研究》，1998年第3期，第13页。

总理在莫斯科接见留学生，当得知肖碧莲是祖籍广东的上海人时，说他知道很多广东人都移民到上海，上海还有广东人的聚居区。总理如此平易近人，这件事让肖碧莲记忆终生。①

生理周期机能的研究

从圣约翰大学毕业时，肖碧莲就希望做基础医学研究，但苦于当时没有条件。入职宏仁医院后，在繁忙的临床和教学工作之余，她与其他研究者合作完成了一篇题为《上海市近六年来1579例子痫之临床分析》的论文，1956年年底发表于《中华妇产科杂志》上。这是她正式发表的首篇论文，主要是对临床病例的分析和总结。肖碧莲1955年成为中华医学会上海分会妇产科学会的会员，这篇论文针对该学会汇总的1949—1954年上海65个医院的子痫病例，分析了其发病率、发病年龄及胎次、症状、母婴死亡率，以期反映子痫控制的现状以及为进一步研究提供参考。②

来到莫斯科之后，肖碧莲对于难得的学习和研究机会倍加珍惜。她的研究生导师是莫斯科谢切诺夫第一医学院妇产科教研室主任康斯坦丁·尼古拉耶维奇·日玛京（C.N.Rmakin，1894—1986）教授，其主要工作是从病理生理学角度研究妇产科疾病。③

日玛京1916年毕业于基辅大学医学系，后应征入伍做随军医生。1923年任职于基辅大学妇产科教研室，1928年获得医学博士，1930年升任教授。后担任斯大林（顿涅茨克）医学院妇产科教研室主任（1933—1941）、莫斯科第一医学院妇产科教研室主任（1948—1967）。他是20世纪40—60年代苏联最著名的妇产科专家和妇科内分泌学的奠基人之一，获得的

---

① 王蕾访谈，2013年3月27日，北京。资料存于采集工程数据库。
② 胡志远，田雪萍，李蕙芳，肖碧莲：上海市近六年来1579例子痫之临床分析.《中华妇产科杂志》，1956年第4卷第4期，第345-350页。
③ 肖碧莲访谈，2013年4月9日，北京。资料存于采集工程数据库。

奖项包括乌克兰苏维埃社会主义共和国功勋医生（1940）、俄罗斯苏维埃联邦社会主义共和国功勋科学活动家（1961）、医学科学院 V.S. 格鲁兹捷夫奖金（1978），以及列宁奖章、劳动红旗勋章、红星奖章等。日玛京主持了苏联许多具有开创意义的研究，如产科手术学、无痛分娩、怀孕诊断的实验室方法、生理周期的生理学和病理学，与其学生和同事合作形成了神经内分泌妇科综合征学说。此外，日玛京非常重视教学工作，合作完成了多本关于妇产科的教科书。其主要著作有《无痛分娩教程》《产科病理学和产科手术学概论》《内分泌妇科学基础》《妇科学临床教程》《妇科学：医学院教材》《产科学：医学院教材》等。①

日玛京领导的妇产科教研组的研究方向，可以从他 1960 年主编的《生理周期机能的生理学和病理学》中显示出来。这本书是该教研组师生的研究成果汇集，他在前言中指出了该书的意义、目的及方法。

  研究生理周期机能的生理学和病理学问题不仅具有理论意义，更具有实践意义。根据现代关于妇科疾病发病率的数据，在所有问诊的妇科病患者中有 15% 是生理周期机能失调。

  这些失调的特性（长期性、经常复发、出血后贫血）造成对女性劳动能力的一再破坏，有时甚至是不育。而目前关于这一复杂问题的一系列问题还没有得到研究，或者仍有争议……莫斯科谢切诺夫第一医学院妇产科教研室同人借助于一系列实验和临床研究，给自己提出了如下研究任务：①调节女性生殖系统活动的神经机制；②在正常和失调的生理周期机能情况下中枢神经系统的状态；③子宫的感受机能；④在一些普遍性疾病的情况下生理周期机能的特点，如心脏病、韦尔霍夫病、男性化现象，以及内部生殖器官发炎病变；⑤更年期发病机理和症状，以及年轻女性因外科手术引起的绝经的一些问题；⑥治疗生理周期机能反常的最重要的方式。

  为了解决上述任务使用了大量的方法，首先是详尽的病史、广泛

---

① 康斯坦丁·尼古拉耶维奇·日玛京（俄文）. 妇产科史电子图书馆，2018-12-30.

的临床研究，依据巴甫洛夫研究条件反射的经典方法、脑电流描记术、时值测量法、伊万诺夫—斯莫稜斯基的语言强化运动方法，以及一系列专门鉴定性腺机能的方法。①

19世纪末和20世纪初，国际上的生理学研究主要是通过急性实验切除法和刺激法来认识各种感觉和运动通路及其皮层代表区的功能。俄国生理学家巴甫洛夫（Ivan P. Pavlov, 1849—1936）则创造了慢性生理实验法，把外科生理学方法和动物行为观察法结合起来。② 实验方法的改进，使他可以有控制地长期观察有机体在正常生命活动条件下的分泌情况。巴甫洛夫以大量的实验研究为基础，创立了高级神经活动病理生理学。他发现动物的主要消化腺都有专门的分泌神经，揭示出神经系统在调节整个消化过程中的主导作用。他阐明了形成条件反射的基本条件、方式和程序，形成条件反射的大脑高级神经活动的机制，以及中枢神经系统的基本活动过程（兴奋与抑制）和它们的主要活动规律（扩散、集中、相互诱导等）。③ 巴甫洛夫因此获得了1904年的诺贝尔生理学或医学奖，这是俄国人第一次获此殊荣。

遗憾的是，苏联政府神化了巴甫洛夫，在生理学及医学等领域大力推行"巴甫洛夫主义"。④ 后来被称为"万婴之母"的林巧稚在1953年参观苏联医学工作之后发文认为，"苏联医学的主导思想是以马列主义唯物辩证哲学和巴甫洛夫学说为基础的。我们看到巴甫洛夫学说普遍地贯彻在临床各科上"，比如局部麻醉下的胸部手术、精神预防性无痛分娩法、妊娠中毒症的治疗。⑤ 正常的科学探索本来无可厚非，但教条化了的巴甫洛夫学

---

① 肖碧莲：正常与异常生理周期的血管反应。见：C.N.日玛京，《生理周期机能的生理学和病理学》。莫斯科：莫斯科谢切诺夫第一医学院，1960年，第52-66页。
② 沈政：巴甫洛夫学说的某些进展（文献综述）。《国外医学（精神病学分册）》，1979年第3期，第160-161页。
③ 李经纬，程之范：《中国医学百科全书·医学史》。上海：上海科学技术出版社，1987年，第337页。
④ 王志均：巴甫洛夫：一个从神坛上请下来的人。《生物学通报》，1995年第3期，第45页。
⑤ 林巧稚：参观苏联的医学科学几个主要特点的简单介绍。《中华妇产科杂志》，1953年第4期，第298-301页。

说被当成与唯心主义做斗争的利器，通过行政力量强力推行，力求在所有疾病领域内制定通过大脑皮层干预疾病过程的治疗途径，却是不符合科学发展规律的。实际上，巴甫洛夫主义，连同李森科主义和勒伯辛斯卡娅的新细胞学说严重影响了苏联生物科学的发展。①

巴甫洛夫生前是130多个国家的科学院或科学团体的成员，他的影响是世界性的。②1934年，中国生理学会在年会上选举巴甫洛夫为名誉会员。在20世纪50年代全面学苏的背景下，巴甫洛夫的学术思想在中国得到了广泛的传播，也很自然地成为中国留苏学生的学习重点之一。③

肖碧莲对于巴甫洛夫学说在妇产科中的应用并不陌生。以她发表首篇学术论文的《中华妇产科杂志》为例，其创刊号1953年第1期即是体现巴甫洛夫学说之临床应用的"无痛分娩"专题。用苏联医学科学院阿尼契柯夫的话说，基于巴甫洛夫生理学新发展起来的精神预防性无痛分娩法是"最合乎生理学的、最节约的方法"。尽管他表示通过药物镇痛仍应受到重视，但"按精神预防法实行的无痛分娩乃是伟大的巴甫洛夫学说实际应用于医学实践中的最光辉的范例之一"。④该专题所刊既有苏联专家的论文，也有中国推广精神预防性无痛分娩的总结，表示该方法的成功在于通过良好恰当的产前教育、分娩手法、分娩环境和医护态度，将产妇大脑皮层的注意力集中在协调分娩动作上，也就是要维持皮层与皮层下各中心的正常关系，使大脑皮层合理协调自主神经系统，达到无痛分娩。⑤《中华妇产科杂志》创刊之后开辟了苏联医学专栏，发表了多篇文章，反映出巴甫洛夫高级神经活动学说、条件反射学说和两种信号系统的学说在当时中国妇产科实践中的影响力。

---

① 王志均：巴甫洛夫：一个从神坛上请下来的人。《生物学通报》，1995年第3期，第45页。

② 宋兆杰，周立斌：巴甫洛夫与布尔什维克：从对抗走向合作。《自然辩证法通讯》，2010年第6期，第32页。

③ 赵以炳：十年来巴甫洛夫学说在我国的成就。《生物学通报》，1959年第10期，第468-469页。

④ H. H. 阿尼契柯夫：在无痛分娩科学会议上的发言。《中华妇产科杂志》，1953年第1期，第3页。

⑤ 俞霭峯：精神预防性无痛分娩法在我国推行的经过和情况[J]。中华妇产科杂志，1953(1)：38-44。

肖碧莲所在的莫斯科谢切诺夫第一医学院妇产科教研组同样受到贯彻巴甫洛夫生理学路线的影响。女性的重要功能，不管是生理周期、妊娠、生产还是哺乳，都被认为不能脱离巴甫洛夫所确立的一般生理学的范围。经过一段时间的学习之后，肖碧莲的具体研究题目确定为"通过条件反射方法考察正常与异常生理周期的血管反应"，这也是妇产科教研组的研究主题之一。当时苏联的医学教育模式与肖碧莲在圣约翰大学医学院所经历的美国模式并不相同。在美国模式中，医学院是综合性大学的一部分，以使医学生受到广博的科学和人文教育。相反，苏联则将医学院校从大学中独立出来，其招生、课程设置和教学政策受政治方针指导，由中央直接控制，政治思想教育渗透到医学教育的方方面面。[1] 因为出国前中国已经开始全面学苏，所以肖碧莲对这种苏式的教育模式接受起来并不太困难。

在完成政治学习任务后，肖碧莲沉浸在专业学习和研究中。她用俄文

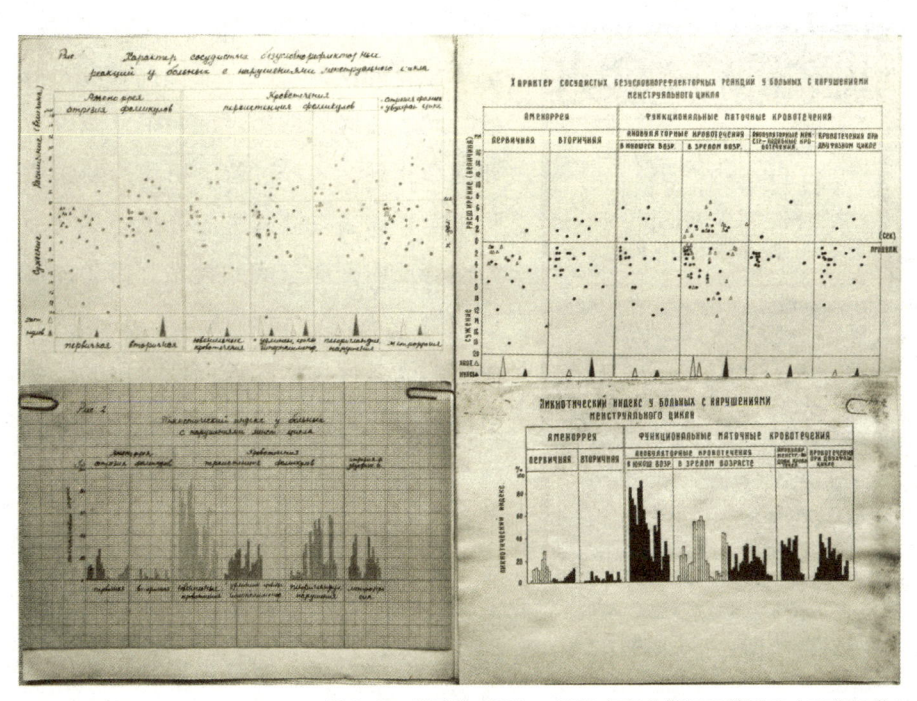

图 3-3　肖碧莲 1956—1959 年留苏期间所绘图表（王蕾提供）

---

[1] 梅人朗：美国和前苏联医学教育的比较，《国外医学（医学教育分册）》，1997 年第 1 期，第 7 页。

所做的课堂笔记受到老师高度称赞，并成为同学中的典范。俄文是她学习的第二门外语，可以帮助她更直接、有效地接触原文资料，及时捕捉研究前沿。对她来说，学好外语也没有什么秘诀，就是刻苦。除了上课和做研究，肖碧莲也出门诊，主要是治疗月经不调的患者。这类患者同时也是她的研究对象，通过烟纸鼓①来测定她们的血管反应的动态特点，并与生理周期正常的女性加以比较。②

　　肖碧莲的研究思路是，生殖器官中血管系统的动态变化受到神经－体液的调节，通过研究正常和异常生理周期女性血管反应的动态特点，可以获知神经系统的机能。由于巴甫洛夫的高级神经活动学说实际上很难深入下去，所以她的毕业论文研究没有涉及条件反射，只涉及了无条件反射。她的研究对象是4位年龄25—33岁生理周期正常的健康女性和70位生理周期异常的患病女性。在两次生理周期之间，每3—4天对她们进行一次检查。用无条件刺激物施加冷热刺激，记录血管的反射反应，并根据强度、持续时间、曲线的特性对每一个反应进行评估。此外，还通过若干机能诊断学实验来衡量卵巢功能，进而分析卵巢功能与血管反应变化之间的关系。肖碧莲通过研究发现，正常生理周期的女性中，血管的无条件反射随着周期阶段的改变呈波状变化。血管无条件反应变化的特点与生殖系统（主要是卵巢）的机能状态相关，而在大部分用雌激素治疗异常生理周期的患者那里没有发现有规律的血管反应变化。她认为研究血管对刺激物的无条件反射，有望为异常生理周期

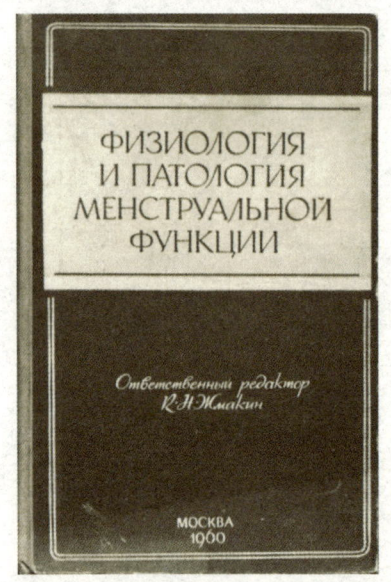

图3-4　1960年出版的《生理周期机能的生理学和病理学》封面（王蕾提供）

---

① 一种医学记波器，可用于测量脉搏、血压、呼吸等生理功能。
② 肖碧莲访谈，2013年4月9日，北京。资料存于采集工程数据库。

的发病机理提供一些补充数据。①

经过日玛京的指导和修改，1959年10月肖碧莲用俄文完成了毕业论文《正常与异常生理周期的血管反应》。该论文1960年发表于日玛京主编的《生理周期机能的生理学和病理学》一书，妇产科教研组集体赠予了肖碧莲一本以作留念。

初涉内分泌测定

在毕业论文接近完成之时，肖碧莲并未满足。她在1959年8月29日写的一份思想总结中说，对论文得出的结果她觉得价值不大，除了应该多思考分析论文结果在理论上和实践上的意义，她还想在论文结束之后再学些新的东西，然后就尽快回国。② 当时吸引她的新东西就是内分泌测定。在妇产科临床工作中，肖碧莲认识到很多疾病（如异常子宫出血、闭经、多囊卵巢综合征、不孕）都与生殖内分泌调节系统的异常有关。生殖激素是这个调节系统的化学信使，对人的性发育、性功能和生殖等方面至关重要。实际上20世纪中叶生殖激素的生化测定进展非常迅速，为临床诊断和治疗提供了较为准确的依据。

为了能学到生殖激素的生化测定方法，肖碧莲又特地在内分泌化验室工作了一个半月。当时中国还没有建立从尿液中测定激素的方法，肖碧莲专门学习了十七酮（即17-酮类固醇，主要是肾上腺及睾丸雄激素的代谢产物）和卵巢刺激素（即卵泡刺激素，又名促卵泡激素）的测定方法，直到熟练掌握。这个方法并不难学，但整个测定需要的时间比较长。样本用的是患者的尿液，先用摇瓶通过有机溶剂将激素抽提出来，再加入化学试

---

① 肖碧莲：正常与异常生理周期的血管反应。见 C.N. 日玛京，《生理周期机能的生理学和病理学》。莫斯科：莫斯科谢切诺夫第一医学院，1960年，第52-66页。

② 肖碧莲档案：1958—1959年思想总结（1959年8月28日）。存于国家卫生健康委科学技术研究所档案室。

剂产生反应来进行测定。① 对这种新方法的掌握，为她回国后开展妇产科内分泌的临床和实验室研究打下了基础。

留苏三年，将近尾声。肖碧莲的毕业考试获得了全优的成绩：生理学5分，政治5分（在北京俄语学院考试），妇产科学5分，俄文5分。② 除了科研，她还同时参加了妇科病房和产房的值班工作，并在自己高年级时承担了小班教学及临床辅导的任务。对象是医学院的本科生，要用俄文来跟他们直接交流。③ 因此，肖碧莲在医疗、教学、科研方面都得到了锻炼，俄语水平显著提高。她在毕业自我鉴定中写道：

> 三年来完成学习一般是能达到苏联培养研究生的水平。自己觉得在三年中收获是很大的。首先体会到苏联培养研究生的制度是全面开展的，例如要求当一个临床医生的研究生必须在临床、教学、科学研究和社会工作等各方面培养，要求也非常严格。
>
> 在临床方面，经过两年多轮流在各病房工作、值班工作以及科学报告会等了解苏联对各种妇产科方面疾病的诊断、处理的原则和方法，并且亲自参加了各种操作和手术，基本上掌握了方法。
>
> 在教学工作方面，通过听教授、讲师的授课，助教带临床实习课，教学方法讨论会，并亲自参加了在助教监督帮助下的一个月的临床教学课，了解了苏联教学方面的特点，如何培养大学生自学独立思考的教学方法，并通过教学实习系统地掌握了妇产科的基本理论

图3-5 肖碧莲（右二）1956—1959年留苏期间与同学合影（王蕾提供）

---

① 肖碧莲访谈，2013年4月9日，北京。资料存于采集工程数据库。
② 肖碧莲档案：留苏学生毕业鉴定表（1959年11月21日）。存于国家卫生健康委科学技术研究所档案室。
③ 同①。

知识。

在科学研究工作方面，通过论文工作，学会了如何收集文献材料、综合分析批判。掌握了几种科学研究方法，如血管容积变化反射作用、毛细血管镜、卵巢功能性试验方法等。通过写论文、整理分析材料、综合找结论等过程，学会了如何进行科学工作的分析综合，培养了独立思考的能力，也充实了一些理论知识。在论文工作后又在内分泌化验室工作了一个半月，掌握了测定两种内分泌的方法（十七酮与卵巢刺激素）。

……在思想上对于留苏学生在苏联要坚定地向苏联学习、服从苏联的制度，言行上要代表中国人民、不能有妨害中苏友好的言行是明确的，行动也基本上是正确的。因此与苏联朋友的关系较好，能尊重教授、导师的意见，团结科里同学，在助教、临床大夫、俄文教员，甚至在病员中交了一些好朋友。[①]

与患者的接触给肖碧莲留下了比较深刻的印象。她和患者的交流比较顺畅，而且生理周期不调这样的疾病多是慢性的，患者需要多次就医，一来二去大家就成了好朋友。[②]

1959年12月，肖碧莲通过论文答辩，获得了莫斯科谢切诺夫第一医学院副博士学位。与莫斯科谢切诺夫第一医学院的师友道别之后，她便启程回国。尽管没有延续毕业论文的研究方向，但她在留苏期间接受了较为系统的科研训练，并且掌握了一些内分泌测定方法，为她后来成为我国生殖内分泌学的奠基者之一打下了基础。

图3-6 肖碧莲1956—1959年留苏期间与丈夫王亦洲合影
（王蕾提供）

---

① 肖碧莲档案：毕业鉴定（1959年11月15日）。存于国家卫生健康委科学技术研究所档案室。
② 肖碧莲访谈，2013年4月9日，北京。资料存于采集工程数据库。

第四章
投身生殖内分泌学

留苏三年，肖碧莲在科研、临床和教学方面都得到了很大提高，并且敏锐地捕捉到妇产科内分泌学这一前沿方向。妇产科内分泌学是20世纪中叶随着内分泌学的发展而逐渐凸显出来的。它从内分泌学角度切入，研究女性的性与生殖方面的生理和病理现象。在囊括两性以及所涉问题的广度和深度进一步扩展的情况下，这个切入角度所开辟的研究领域也被称为生殖内分泌学，并于20世纪70年代成为国际上公认的相对独立的学科。[1]回国后，肖碧莲即在上海第二医学院附属仁济医院妇产科开设内分泌专科门诊，而且创造条件建立了内分泌实验室。她依据相关英文文献以及留苏的实际经验，建立了几种生殖激素的测定方法。由于在国内处于领先地位，先后有多个单位派人来进修学习。[2]

1964年，国家大力推动计划生育科研，在卫生部和上海第二医学院领导的支持下，以肖碧莲创建的妇产科内分泌实验室为基地成立了计划生育

---

[1] 陈子江：生殖内分泌学。北京：人民卫生出版社，2016年，前言。

[2] 肖碧莲档案：科学技术干部业务考绩档案（1986年7月5日）。存于国家卫生健康委科学技术研究所档案室。

研究室。[1] 她带领团队全力投入口服避孕药的临床观察及实验中。在探索药物的避孕效果以及作用机制方面，她建立的内分泌测定方法发挥了重要作用。[2]

老仁济新征程

1959 年 12 月底，上海第二医学院开出干部介绍信，通知附属仁济医院接洽肖碧莲入职。[3]

仁济医院的前身是华人医院（Chinese Hospital），1844 年 2 月由伦敦传道会（London Missionary Society）派遣的英国传教士医生雒魏林（William Lockhart，1811—1896）来沪创办，是上海第一家西医院。创办时医院在上海大东门外南道，是年 10 月迁至小南门外，均为租用的民舍。1846 年 6 月，雒魏林购地建屋，将医院迁入上海北门外开埠地带，即后来的公共租界山东路与福建路之间。美国传教士医生伯驾 1838 年创立的中华医药传道会（Medical Missionary Society in China）出面募捐，提供了医院的大部分建筑费用。该医院接受伦敦传道会的监督与管理，该会所派牧师麦都思（Walter Henry Medhurst，1796—1857）在医院筹建和运作中发挥了重要作用。实际上，医院与伦敦传道会房舍毗邻，这一地区因麦都思得名，时称麦家圈。[4] 新医院取仁爱济世之义，得了一个中文名字——仁济医馆，亦称山东路医院。[5]

雒魏林建立医院的宗旨是免费为中国人提供医疗服务，尽管最初规模

---

① 朱明德，陈佩：《仁济医院 155 年》。上海：华东理工大学出版社，1999 年，第 38 页。肖碧莲档案：科学技术干部业务考绩档案（1986 年 7 月 5 日）。存于国家卫生健康委科学技术研究所档案室。

② 肖碧莲档案：个人简历（20 世纪 90 年代）。存于国家卫生健康委科学技术研究所档案室。

③ DZ3-33-0025，干部介绍信。存于上海市档案馆。

④ 王尔敏：《近代上海科技先驱之仁济医院与格致书院》。桂林：广西师范大学出版社，2011 年，第 2-5 页。

⑤ 朱明德，陈佩：《仁济医院 155 年》。上海：华东理工大学出版社，1999 年，第 4 页。

很小，但在搬到小南门外时就已诊疗了 8000 人。这种免费制度延续了 60 年，1905 年开始酌量收取医药费，但对贫困患者仍旧免费。医院的存续和发展主要依赖社会捐款，从开始仅能容纳 20 个住院患者，到 20 世纪 20 年代病床数总计已近 200 张。医院设有内科（包括儿科）、外科（包括妇产科），成为上海诊治紧急病症的中心。①

1932 年，因旅沪英国建筑师雷氏德（Henry Lester）的慷慨遗赠，仁济医馆扩建为一座五层大楼（中部加盖了一层，实际为六层）。英文名称随之改为 Lester Chinese Hospital，正式的中文名称为仁济医院。医院董事、书法家王一亭书写中文院名，镌刻于大楼的墙面之上。② 在当时的英文行文中，仁济医院则对应于 Zung Tsi I-yuan。③

中国人进入仁济医院参与医务工作可以追溯到 1854 年，黄春甫（1833—1911）加入仁济医院，由雒魏林亲自培训，后成为上海名医。其兄黄吉甫曾游学美国，则协同传教工作。④1919 年留学英国的牛惠霖回国就任仁济医院副院长及外科主任，自此陆续有受过西方医学系统训练的中国医生为仁济医院效力。受战事影响，外籍人员不断减少。1941 年英籍医务人员只剩 6 名，而中国方面有 14 名医师、35 名护士、7 名药剂人员，因此医护工作主要由中国人承担。太平洋战争爆发后，日军强行接管了仁济医院，英籍人员悉数被关入集中营。抗战胜利后，重新组建的董事会于 1946 年 5 月 9 日宣告成立，由 16 位华董和 9 位英董组成，董事长和院长均为中国人，由此结束了外国人管理医院的历史。1951 年，仁济医院彻底切断了与伦敦传道会的联系，接下来在全国高等学校院系调整中成为上海第二医学院的附属医院。⑤20 世纪 50 年代后期，上海第二医学院开展了专业设置调整，以打破原有的"英美派""法比派"和"德日派"的门户之见，有利于取长补短，促进学科发展。在人员大调动中，肖碧莲回国后直接从

---

① 朱明德，陈佩：《仁济医院 155 年》。上海：华东理工大学出版社，1999 年，第 5—6 页。
② 朱明德，陈佩：《仁济医院 155 年》。上海：华东理工大学出版社，1999 年，第 6 页。
③ E.S.Elliston. Nighty-five Years A Shanghai Hospital 1844—1938. Private Circulation.1940, 19.
④ 王尔敏：《近代上海科技先驱之仁济医院与格致书院》。桂林：广西师范大学出版社，2011 年，第 28 页。
⑤ 朱明德，陈佩：《仁济医院 155 年》。上海：华东理工大学出版社，1999 年，第 6—12, 23 页。

宏仁医院调入仁济医院，以充实那里的妇产科力量。[1]

聚焦内分泌测定

1960年新年伊始，肖碧莲到仁济医院妇产科报到。妇产科主任郭泉清（1908—1984）非常看重肖碧莲的科研背景以及她对内分泌方向的兴趣，希望她入职之后能够开展相关临床研究。

在接下来的半年时间里，肖碧莲除了作为主治医师承担临床诊疗外，还创建了妇产科内分泌实验室。她开展生殖激素测定的实验工作，以配合妊娠中毒症和生理周期不调方面的研究。此外，在教学方面，她主要承担四、五年级医学生的产科临床教学工作，四年级的俄文辅导，以及内分泌专题的备课和讲授。她的"讲解分析有条理，层层入深，同学易懂，临床实习与见习布置与教导清楚，易于领会"。经院务委员会讨论通过，她于1960年7月1日升任为讲师。[2] 同年，肖碧莲夫妇也迎来了第三个孩子王小娥。

肖碧莲于1962年开始担任妇产科党支部书记，在郭泉清面前虽然是小字辈，但很受他倚重，两人关系非常融洽。[3] 郭泉清1933年毕业于山东齐鲁大学医学院，获医学博士学位，1946年受聘加入仁济医院任妇产科主任。为了消除女性对剖腹

图4-1 20世纪50年代的郭泉清
（仁济医院妇产科提供）

---

[1] 朱明德，陈佩：《仁济医院155年》。上海：华东理工大学出版社，1999年，第32页。

[2] 肖碧莲档案：高等学校确定与提升教师职务名称呈报表（1960年7月1日）。存于国家卫生健康委科学技术研究所档案室。

[3] 张亚琴访谈，2012年12月12日，上海。资料存于采集工程数据库。

手术的恐惧以及术后腹部胀气和肠粘连等并发症的痛苦，他研发了一系列经阴道进行手术的方法，如阴道子宫颈癌广泛性切除术、输卵管结扎术，取得了良好的疗效。20 世纪 60 年代初，郭泉清深入农村，主持开展了子宫脱垂防治工作，研究使用药物及子宫托等非手术方法来解除病痛。为了提升产科质量，他开创了婴儿奶库、推广臀位产曹氏助产法，等等。[①]

在长期妇产科实践中，郭泉清非常强调基础医学研究和临床诊疗的结合。他对肖碧莲寄予了很大期望，一方面是因为她的留学深造经历——当时受过科研训练的医师非常稀缺；另一方面是因为她的专业兴趣和积累——内分泌学对当时妇产科的发展来说是前沿所在，而科里缺少这方面的人才。[②] 作为上海第二医学院的附属医院，仁济医院对医生工作的期望和要求远超过完成一般的门诊和手术。肖碧莲作为一名有科研潜力的年轻人才，恰恰为妇产科的基础医学研究注入了新鲜血液。

肖碧莲在苏联学的激素测定方法在具体操作上不够精细，结果并不可靠。[③] 而这些方法究其本源是由英国爱丁堡大学的科学家于 20 世纪 50 年代中期发展起来的布朗氏法[④]和科劳珀－布朗氏法。[⑤] 在回国后一点一滴摸索建立这些方法的过程中，肖碧莲遇到了不少难题。她常去图书馆查阅相关文献，以求解决之道。当时上海医学院校的文献资料的质量相对不错，更新也比较及时，新的文献一般都能看到。[⑥] 曾任上海第二医科大学校长的王一飞[⑦]在半个世纪之后对此仍旧记忆犹新。他 1957—1962 年在上海第二医学院读书，在认识肖碧莲之前，她的名字就已经给他留下了深刻印

---

① 上海第二医学院仁济医院妇产科：悼念郭泉清教授.《生殖与避孕》，1985 年第 1 期，第 3 页。

② 洪素英访谈，2013 年 1 月 29 日，上海。资料存于采集工程数据库。

③ 肖碧莲档案：个人简历（20 世纪 90 年代）。存于国家卫生健康委科学技术研究所档案室。

④ J. B. Brown. A chemical method for the determination of oestriol, oestrone and oestradiol in human urine. Biochemical Journal, 1955, 60（2）：185-193.

⑤ A. I. Klopper, E. A. Michie and J. B. Brown. A method for the determination of urinary pregnanediol. Journal of Endocrinology, 1955, 12（3）：209-219.

⑥ 肖碧莲访谈，2013 年 4 月 9 日，北京。资料存于采集工程数据库。

⑦ 王一飞 1969 年开始在上海第二医学院从事男子计划生育科研工作，后来成长为男性生殖医学专家，曾任上海第二医科大学校长和世界卫生组织官员。

象。因为他在图书馆看书时，在新到的中、英文医学书籍背后的借书卡上总能发现肖碧莲的名字，而且经常是第一个。当时同学们学的都是俄文，而她的英文很好，能够直接阅读最前沿的英文文献，因此很受年轻学生的崇拜。王一飞至今还记得在图书馆看到过肖碧莲的笔记本，上面是工工整整的英文笔记和摘录。①

生殖内分泌学被认为是妇产科学的内科学基础，而内分泌测定是生殖内分泌学发展的关键技术之一。不过，肖碧莲非常清楚建立内分泌测定方法只是为生殖内分泌学提供了一个必不可少的工具，借由它的力量开展什么样的研究还要受到个人兴趣、机构条件、社会需求和国家政策的影响。

计划生育政策的出台

中国的传统生育观念认为"多子多福""养儿防老"，人口众多是国家富庶、家族兴旺的表征，因此历代统治者和家族势力均鼓励早育多育。②在中国历史中，有少数思想家、政治家曾针对人口快速增长、生活资料匮乏表示过忧虑。③清代学者洪亮吉（1746—1809）1793年写作的《治平篇》是中国第一篇关于人口问题的专论，除指出"天地调剂之法"（自然灾害、疫病流行等）可以抑制人口增长外，还提出"君相调剂之法"（统治者减税、赈灾济贫、鼓励移民垦荒、禁止浪费和兼并等），以期缓解贫困现象及其滋生的种种社会问题。④但是在他提出的应对人口危机的方法中，并未涉及节制生育。1922年美国节制生育倡导者玛格丽特·桑格（Margaret Sanger, 1879—1966）访问北京和上海，分别在北京大学和上海职工教育馆作了"生育制裁的什么与怎样"和"生育节制的重要和方法"的演讲。

---

① 王一飞访谈，2013年1月22日，上海。资料存于采集工程数据库。
② 朱国宏：生育文化论。《复旦学报（社会科学版）》，1992年第3期，第37-39页。
③ 洪业应：洪亮吉的人口思想。《湖南科技学院学报》，2010年第31卷第9期，第98-99页。
④ 任慧玲：洪亮吉人口思想与马尔萨斯人口理论的比较及启示。《常州工学院学报（社会科学版）》，2019年第1期，第3-4页。

她对节制生育的宣传激发了人们的讨论，在当时的中国社会掀起了不小的波澜，并带动了中华节育研究社、北平妇婴保健会等节制生育机构的诞生。① 但由于传统观念的制约以及安全有效的技术手段相对阙如，中国社会主体的思想意识和行为习惯并没有发生太大改变。

中华人民共和国成立前夜，毛泽东在《唯心历史观的破产》一文中指出，"中国人口众多是一件极大的好事""世间一切事物中，人是第一个可宝贵的"。② 当时对于节制生育，政府一直采取严格限制的策略。1950年4月20日，中央人民政府卫生部、人民革命军事委员会卫生部联合下发《机关部队妇女干部打胎限制的办法》。1952年12月，中央人民政府政务院文化教育委员会通过了《限制节育及人工流产暂行办法》，指出违反规定私自实施人工流产手术者，"以非法堕胎论罪，被手术者及实行手术者均由人民法院依法处理""药房出售节育用具，须向当地卫生主管机关呈报核准。未经批准之店铺摊贩一律禁止出售节育用具"。③

新中国第一次人口普查的结果显示1953年全国人口已达6亿，这促使政府认识到控制人口增长的必要性。④ 当年，对节制生育的态度和政策就随之发生了迅速转变。1953年年初，卫生部通知海关："查避孕药品和用具与国家政策不符，应禁止进口"。而到了8月初，时任政务院副总理邓小平指示卫生部，上述条款应该改正，同时敦促抓紧下发《避孕及人工流产办法》，当月11日，政务院即通过了该法。⑤

除了控制人口方面的考虑，为节制生育松绑也有健康角度的考量。各地对限制节育的措施"均有反映，尤其是机关干部、工厂工人、社会团体的

---

① 王雪峰：20世纪20年代中国的节制生育思潮与实践——以桑格夫人来华为中心的考察。《鲁东大学学报（哲学社会科学版）》，2008年第5期，第34-39页。

② 毛泽东：《唯心历史观的破产》。《毛泽东选集》（第四卷）。北京：人民出版社，1991年第6版，第1511-1512页。

③ 中华人民共和国国家计划生育委员会：计划生育文件汇编1950-1981.3。1987年，第101-105页。

④ 翟振武：20世纪50年代中国人口政策的回顾与再评价。《中国人口科学》，2000年第1期，第18页。

⑤ 栗秀真：《新中国预防医学历史经验（第四卷）》。北京：人民卫生出版社，1990年，第320页。

工作人员和城市居民，因子女过多，以至影响到工作、学习和生活，有些母亲已因此而影响到身体健康"。[①]1954年5月27日，全国民主妇联副主席邓颖超写信给邓小平，反映一些机关干部要求节育的意见："有不少已婚男女干部为了避孕，由于得不到指导及适宜的药物工具而被迫自行盲目解决，采用了一些有害身体健康的办法或引起疾病以致造成不良的后果，倘主管及有关方面不及时注意，采取主动的方针和适宜可行的步骤……将影响干部的身体健康，也影响家庭幸福及女干部的工作和学习"。邓小平次日在信上批示："我认为避孕是完全必要的和有益的……应采取一些有效的措施"。[②]

1954年11月10日，卫生部发出了《关于改进避孕及人工流产问题的通报》，其中指明"避孕节育一律不加限制，但亦不公开宣传，凡请求避孕者，医疗卫生机关应予以正确的节育指导"。并且，"一切避孕药具和药品均可以在市场销售，不加限制。"[③]11月30日商业部和卫生部联合发布文件，规范避孕药具的管理、生产和销售。当时国产的避孕药具包括避孕套、子宫帽、避孕药膏、宫内节育器等，不能自主生产的则依靠进口。[④]

为贯彻中央适当开放节制生育工作的政策、开展避孕工作，1955年8月19日上海市卫生局下发了召开有关节制生育政策动员报告会的通知。涉及单位范围很广，不仅包括各医院的院长、妇产科或泌尿科的主任，还有各棉纺厂、卷烟厂、橡胶厂的卫生科、保健站或医务室的负责人。[⑤]

对节制生育的大范围宣传和讨论始于1957年，并且"计划生育"一词开始频频出现。1957年2月27日，毛泽东在最高国务会议第十一次（扩大）会议上讲到：

> 我们这个国家有这么多的人，这是世界上各国都没有的。要提倡

---

① 中华人民共和国国家计划生育委员会：计划生育文件汇编1950—1981.3。1987年，第112页。

② 彭佩云：《中国计划生育全书》。北京：中国人口出版社，1997年，第146页。

③ 中华人民共和国国家计划生育委员会：计划生育文件汇编1950—1981.3。1987年，第108页。

④ 中国避孕药具五十年编写组：《中国避孕药具五十年》。南京：河海大学出版社，2016年，第76—77页。

⑤ B242-1-836，上海市卫生局通知（1955年8月19日）。存于上海市档案馆。

节育，要有计划地生育。我看人类是最不会管理自己了。工厂生产布匹、桌椅板凳、钢铁有计划，而人类对于生产人类自己就没有计划了，这是无政府主义，无组织无纪律。这样下去，我看人类是要提前毁掉的。中国六亿人口，增加十倍是多少？六十亿，那时候就快要接近灭亡了……关于这个问题，政府可能要设一个部门，或者设一个节育委员会，作为政府的机关。人民团体也可以组织一个。因为要解决技术问题，设一个部门，要有经费，要想办法，要宣传。①

人口学家马寅初、政协委员邵力子、卫生部部长李德全等纷纷撰文、讲话，倡导计划生育的理念。

1957年5月8日，毛泽东在将上述讲话修改成文时，在"（七）从六亿人口出发"部分这样写道：

> 我国有六亿人口，这是一个客观存在，这是我们的本钱。我们做计划，办事，想问题，就要从这一点出发，千万不要忘记这一点。我国人口多，是好事，也有困难。困难就是矛盾，矛盾总得要解决，也总是可以解决的。我们的方针是统筹兼顾，适当安排。无论粮食问题，灾荒问题，就业问题，教育问题，知识分子问题，各方面人员的统一战线问题，少数民族问题，以及其他各项问题，都要从对全体人员的统筹兼顾这个观点出发，就当时当地的实际可能条件，作出各种适当的安排。这里顺便谈一下人口问题。我国人口增加很快，每年大约要增加一千二百万至一千五百万，这也是一个重要问题，近来社会上谈这个问题的人多起来了。对于这个问题，可以研究有计划地生育的办法。如果这个办法可行的话，也只能在人口稠密的地方研究实行，只能逐步地推行，并且要得到人民的完全合作。②

---

① 《中国计划生育全书》编辑部：《党和国家领导人关于人口与计划生育的论述》。中国人口出版社，2004年，第2-3页。

② 中华人口奖组织工作委员会：《中国人口福利基金会：功在千秋》。北京：中国人口出版社，2003年，题词页。

虽然此文 6 月 19 日以"关于正确处理人民内部矛盾的问题"发表于《人民日报》时未出现最后几句关于人口问题的文字，但计划生育这一短语开始广泛流传，相关词汇在《人民日报》上出现的频率达到一个高峰。

在修订 1956 年中央政治局提出的《1956—1967 年全国农业发展纲要》（草案）时，增加了"除了少数民族的地区以外，在一切人口稠密的地方，宣传和推广节制生育，提倡有计划地生育子女"的内容。该修正草案于 1957 年 10 月公布，并最终于 1960 年 4 月第二届全国人民代表大会第二次会议上通过。① 这是中国政府首次以官方文件确定计划生育政策的大方向。

与计划生育相关的科研工作也提上了日程。1957 年 3 月 31 日，中华医学会节育技术指导委员会成立。中华医学会总会秘书长方石珊在成立会上说，节育技术指导委员会的任务是提倡节育技术的研究和实验，协助节育技术的经验交流和宣传，对节育技术的创造和发明提供意见。②

值得注意的是，政府放开对人工流产的限制之后，医院的人工流产手术大大增加。老百姓放弃原有的避孕方法，以为怀孕后反正可以用人工流产来解决问题。医学界对此有所顾虑，人工流产毕竟是一个手术，可能发生子宫穿孔、大出血、感染发炎等危险。③ 还有一种节育手段是绝育，因为其不可逆性，所以也存在分歧。相比之下，避孕的价值受到了普遍认可。医学界希望加强对避孕的科学研究，这为国家主持研发安全有效的避孕药具作了良好的铺垫。

不过，针对计划生育的讨论很快就沉寂下来。"人口压力"的概念被认为与资本主义相关，马尔萨斯人口论以及马寅初新人口论都受到了批判。在接踵而来的"三年困难时期"（1959—1961）中，人口控制不再是一个紧迫的问题。直到饥荒缓和、人口反弹，计划生育才重新被提上日程，控制人口增长和保护妇幼健康这两个目的都得到了强调。1962 年 4 月 5 日，卫生部发出《关于进一步开展计划生育避孕知识的宣传与技术指导

---

① 彭佩云：《中国计划生育全书》。北京：中国人口出版社，1997 年，第 39 页。
② 中华医学会总会节育技术指导委员会成立。《人民日报》，1957 年 4 月 1 日。
③ 妇产科大夫王淑珍、林巧稚、何碧辉、俞霭峰对于实行计划生育的意见。《人民日报》，1957 年 7 月 20 日。

工作的通知》，提出：

> 为保护妇女、儿童健康，更好地教养后代，卫生部门必须继续贯彻农业发展纲要第29条关于节制生育提倡有计划生育子女的精神，在城市和人口密度较大的农村，适当地宣传和推广节制生育。提倡有计划的生育子女，做好避孕知识的宣传和技术指导，并配合有关部门做好避孕药品、用具的生产供应工作，以满足群众的需要。①

9月5日上海市委召开了计划生育会议，卫生局随即召开了有关医院院长会议，布置各院院长及妇产科等科室的负责人开展相关工作。半年后各单位汇报进展，在妇产科小组讨论中，国际和平妇幼保健院的张佩珠、上海市第六人民医院的胡志远、仁济医院的郭泉清都作了支持性的发言。②

1963年4月10日，上海市委决定成立上海市计划生育工作委员会，石西民任主任，郭泉清位列委员。③在市委批转的一份报告中，卫生局提出，除了加大宣传、培训以及供应，卫生部门要组织医务力量做好计划生育指导和节育手术，并且医学院要将研制更完善的避孕药具列入专题科学研究项目。④

上海市委对计划生育科研工作的布置与《1963—1972年十年科学技术规划》（简称《十年规划》）中的有关内容是契合一致的。1963年国家科委组织制定的《十年规划》将"计划生育"列入"重大卫生学问题"，这是国家科技发展规划中首次出现这方面的内容。规划明确指出，"必须加强对计划生育有关问题的研究，特别应着重研究寻找新的简便易行的有效避孕

---

① 中华人民共和国国家计划生育委员会：计划生育文件汇编1950—1981.3。1987年，第121页。

② 计划生育有关会议领导讲话稿及有关会议记录（1963年3月11日）。存于上海市卫生局档案室。

③ 上海市人民委员会批转关于提倡计划生育和处理学生学徒在学习培训期间结婚问题的两个报告（1963年4月10日）。存于上海市卫生局档案室。

④ 关于进一步提倡计划生育意见的报告（1963年3月6日）。存于上海市卫生局档案室。

药品和药具，研究更安全的人工流产和绝育的方法"。①

20世纪40年代郭泉清就关注避孕节育问题，1947年还编写了一本《实用避孕法》，并多次再版。如今在国家政策的支持下，他对此工作更加重视，将其作为重点研究课题。② 在他的影响和带动下，计划生育科研在仁济医院妇产科占据了越来越重要的位置，肖碧莲也由此明确了自己的研究方向。

妇产科的科研骨干

1963年4月，在郭泉清的带领下，妇产科教研组向仁济医院申请建立妇产科实验室。这一举措是响应国家需要、对国家科委制定的《十年规划》的积极回应。该规划包含重点研究试验项目374项，3205个中心问题，15000个研究课题。③ 仁济医院妇产科教研组也承担了其中若干课题，建立专门的实验室随即成为迫切所需。在妇产科教研组提交的建立实验室的申请书中这样写道：

> 兹为配合目前妇产科医教研三方面的需要，从事提高基础理论与临床医疗水平，并完成承担的国家科研项目，与开展计划生育和中西医结合的科研工作起见，亟须建立本科实验室以适应需要。今分述理由如后。
>
> 甲．一、开展国家十年科研规划：
>
> 自从国家十年科研规划定案以还，本科承担有关妇产科重点项目

---

① 中华人民共和国科学技术部。1963—1972年科学技术发展规划纲要。（2005-08-31）[2021-05-15]。http://www.most.gov.cn/ztzl/gjzcqgy/zcqgylshg/200508/t20050831_24439.html。

② 上海第二医学院仁济医院妇产科：悼念郭泉清教授．《生殖与避孕》，1985年第1期，第3页。

③ 中华人民共和国科学技术部。1963—1972年科学技术发展规划纲要内容及特点。（2005-08-31）[2021-05-15]。http://www.most.gov.cn/kjgh/lskjgh/。

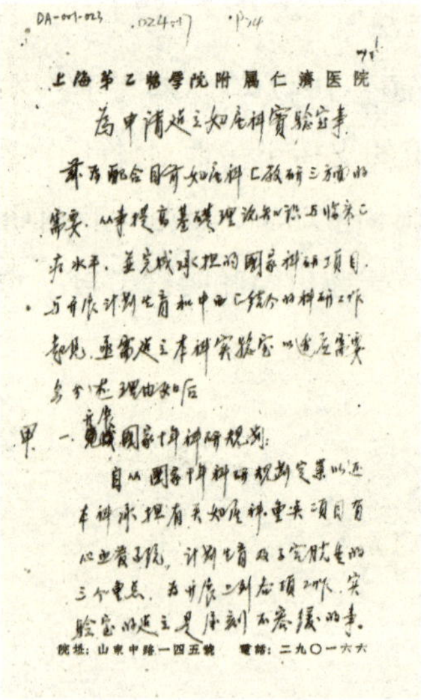
上海第二医学院附属仁济医院

为申请建立妇产科实验室事

院址：山东中路一四五號　電話：二九〇一六六

图 4-2《为申请建立妇产科实验室事》首页（仁济医院档案室提供）

有心血管系统、计划生育及子宫脱垂的三个重点，为开展上列各项工作，实验室的建立是刻不容缓的事。

二、开展计划生育的研究工作：

为了进一步研究与改善现有计划生育各方面的工作，包括新的避孕与绝育方法的研究与找寻新的药物与绝育途径。

三、配合医教研的需要：

为配合医疗质量的提高，临床上必需与实验室工作密切结合。同时目前医学生的临床实习、各项基础常规化验与有关妇产科的特殊化验工作，必需进行辅导操作，使其理论知识通过临床实践而更好结合与巩固。

四、培养干部与研究生工作：

自 63 年度起，本科开始接受研究生的培养工作。同时科内各级干部的培养亦赖把局限于临床的情况，通过各项实验室知识的提高，以丰富基本理论与临床实践工作。

五、开展以现代医学方法研究中医中药在妇产科方面的研究工作：

目前中医中药的应用，还局限于疗效。而对祖国医学的整理，并结合现代医学方法进行分析研究，而必依靠实验室工作的开展，以便进一步的分析研究。

根据以上客观存在的情况，并结合目前现有条件与可能，拟请批核准予建立实验室，以冀及早的进行各方面工作。

乙．实验室建立项目，暂拟从下列各方面进行：

1. 内分泌测定

2. 病理学方面

3. 妇产科生理与生化方面的研究工作

4. 阴道细胞学

5. 中医中药的研究

6. 计划生育的药物研究与动物试验[①]

从这份申请书中可以看出妇产科教研组对实验室研究的重视，而且计划生育科研已经成为一个重点。作为妇产科的科研骨干，肖碧莲在内分泌实验方面投入了大量时间和精力，以至于临床诊疗量大大减少、手术操作都变得比较生疏了。[②] 当年的一份审查鉴定意见称她在"所负责的妇产科内分泌实验室埋头苦干……已取得初步成绩"。[③] 她改进和拓展了从苏联学到的激素测定法，专门设计了分离雌二醇与雌三醇的仪器。[④] 先后创建的生殖激素测定方法主要有测定尿中雌激素分量（雌二醇、雌酮、雌三醇）的布朗氏法、孕二醇含量的科劳珀-布朗氏法、卵泡刺激素含量的生物测定法等。在当时的条件下，这些方法在国内是较先进的，建立时间也较早，因此很多单位派人到她的实验室参观和进修。这些单位既有上海本地的医院，如上海第一医学院、上海市第一妇婴保健院、国际和平妇幼保健院，也有河北、大连、贵阳、郑州、广州等外地的相关机构。[⑤] 当时的科研人员之所以对此感兴趣，主要因为内分泌测定是一个新鲜事物。当他们知道仁济医院妇产科建立了一套测定方法，就过来学习取经。[⑥]

研究者们越来越认识到检测生殖激素的临床意义，生理周期异常、不孕不育、垂体功能障碍、先兆流产等诸多疾病都可以根据生殖激素检测数据得出精确的诊断。不仅是诊断，20世纪中叶西方的化学实验室合成生殖激素及其衍生物后，用它们大量制造药物来治疗疾病甚至进行避孕节育的想法终于可以付诸实施。尤其是20世纪50年代美国麻省伍斯特实验生物学研究所的格雷戈里·平克斯（Gregory Goodwin Pincus，1903—1967）和华裔生殖生物学家张民觉（Min Chueh Chang，1908—1991）的口服避孕

[①] 1963DZ4-17，为申请建立妇产科实验室事。存于仁济医院档案室。
[②] 1964DZ3-91-0014，科学技术干部简历表（由组织填写）。存于仁济医院档案室。
[③] 1963DZ3-82，再次出国人员审查鉴定卡片（1963年8月28日）。存于仁济医院档案室。
[④] 肖碧莲访谈，2013年1月10日，北京。资料存于采集工程数据库。
[⑤] 肖碧莲档案：科学技术干部业务考绩档案（1986年7月5日）。存于国家卫生健康委科学技术研究所档案室。
[⑥] 肖碧莲访谈，2013年4月9日，北京。资料存于采集工程数据库。

药研究产生了很大影响，直接催生了世界首个口服避孕药 Enovid。对于国外生殖激素及其衍生物的人工合成以及随之而来的避孕药研发，肖碧莲从文献资料中也早有了解。① 但直到《十年规划》中首次出现计划生育科研方面的内容，她才开始将内分泌测定与口服避孕药的研究联系在一起。

1963 年，上海一些药厂对国外口服避孕药的仿制初见成果。公私合营华联化学制药厂（简称华联药厂）生产了少量泼罗维拉（Provera，又名强效黄体酮），提供给仁济医院妇产科。肖碧莲在用它治疗痛经、月经不调等疾病的同时，开始对其避孕效果进行观察。② 1963 年年底前华联药厂又制造了 106 克泼罗维拉，交给了仁济医院妇产科。③ 肖碧莲团队于 1964 年 3 月开始在避孕对象身上试用泼罗维拉，正式投入口服避孕药的研发。④

国家计划生育政策的推动、国内外相关研究领域的进展、仁济医院妇产科重视实验室研究的氛围与个人对妇产科内分泌学的兴趣紧密结合在一起，为肖碧莲接下来数十年的科研事业明确了方向。

自上而下的科研安排

1964 年新年伊始，肖碧莲赴北京参加卫生部召开的"全国计划生育技术工作会议"（1 月 5—16 日）。此次会议的目的是继续贯彻 1962 年 12 月 18 日中共中央、国务院关于认真提倡计划生育的指示，总结交流一年来各地计划生育工作的经验，研究卫生部门如何加强计划生育技术指导工作，以及讨论 1964 年节育工作的安排和技术措施。⑤ 会上，林巧稚介绍了国外

---

① 肖碧莲访谈，2013 年 4 月 9 日，北京。资料存于采集工程数据库。
② 关于上海市开展计划生育工作情况的汇报（发言稿二稿，1963 年）。存于上海市卫生局档案室。
③ 计划生育工作情况汇报（十八）：女用口服激素避孕药试制成功（1964 年 3 月 9 日）。存于上海市卫生局档案室。
④ 上海市口服避孕药协作组：减量口服避孕药的临床与实验。《避孕药科研参考资料》，1978 年第 1 期，第 77 页。
⑤ 关于召开计划生育技术指导工作会议的通知（1963 年 12 月）。存于上海市卫生局档案室。

口服避孕药的研究现状，呼吁国内也要开展这方面的研究。①

在此次会议上，上海汇报了近年来计划生育工作开展的情况：

> 1957年，上海市开始进行了计划生育工作。1959年以后工作有所放松，1961年年底根据中央和市委指示，又进一步抓了起来。1962年3月市委批转了市委妇委、市卫生局、市总工会、团市委"关于进一步开展计划生育工作的请示报告"，去年9月市委又召开了全市党员干部大会，要求进一步加强计划生育工作后，广大干部进一步认识了计划生育工作的重大意义，各级党委加强了领导，建立了计划生育工作的专门组织，在全市范围内比较广泛深入地开展了计划生育和晚婚的宣传教育，卫生部门加强了技术指导，提高了节育手术质量，避孕用具的生产和供应工作有了改进，使全市的计划生育和晚婚工作又有了新的发展，初步取得了以下一些效果。②

上海市取得的初步效果包括人口出生率比1957年显著下降、实行计划生育的人数逐渐增多、避孕用品生产和供应工作的改进，等等。当时出售的避孕药具有避孕套、子宫帽（阴道隔膜）、节育环、外用避孕药（外用杀精剂）等。外用的避孕药"已根据便利群众的要求，降低售价，增设供应点，在药房、医院、保健站、烟纸店和农村生产队小店均有供应，其中仅药房、烟纸店全市即达3000户"。1963年前三季度共计销售外用避孕药片74278支、避孕药膏68975支。上海市的汇报中简单提及了口服避孕药化学合成方面的初步进展，还特别指出试制成功的泼罗维拉已由"重点医院结合妇科病治疗观察避孕效果"。③

卫生部召开的这次会议首次提出了几种节育手术常规草案以及避孕套规格标准的建议。1964年1月15日会议接近尾声时，国务院召集各相关

---

① 栗秀真：《新中国预防医学历史经验（第四卷）》。北京：人民卫生出版社，1990年，第262页。

② 关于上海市开展计划生育工作情况的汇报（发言稿二稿，1963年）。存于上海市卫生局档案室。

③ 同②。

第四章　投身生殖内分泌学

部门研究成立国务院计划生育委员会事宜。当月,该委员会成立,国务院秘书长周荣鑫兼任委员会主任,杨振亚担任国务院计划生育办公室主任。①

在接下来的两个月间,上海相关单位在国外几种口服避孕药的仿制和试用方面进展迅速。3月24日,作为仁济医院妇产科承担口服避孕药研究的骨干,肖碧莲又参加了国家科委、卫生部、化工部在上海协同召开的计划生育科研工作座谈会。国务院副总理、国家科委主任聂荣臻在会后给周恩来的报告中这样写道:

> 这次到上海来,就便了解了有关计划生育的一些科学技术工作。这是十年科学技术规划的一个重点任务,因此,由韩光同志主持,钱信忠、李苏同志参加,组织有关专家(包括京、沪、宁、津、武汉等地专家)开了一个座谈会。对计划生育的科学技术问题进行了讨论研究,并就今明两年工作作了具体安排。除了现已应用的方法外,在这方面还有不少需要抓的较好的方法,做好了,对计划生育工作的开展会有很大效果。各项工作,科委已会同卫生部、化工部、上海市等作了布置,所需条件,都已安排,会后即可进行工作。②

韩光时任国家科委副主任,钱信忠时任卫生部副部长,李苏则是化工部部长,因此此次会议规格很高。全国很多单位出席了会议,汇集了上述几个重点城市的临床医学、药理学、化学、生物学、制药学等方面的专家,上海市生产避孕药具的工厂的代表,以及有关部门的负责人。会议交流了当前避孕节育方法的研究情况,安排了1964—1965年的工作计划。3月29日上述三部委向国务院写出报告,尽管报告倡导避孕节育要采取多种避孕途径,涉及宫内节育器、外用避孕器具、人工流产吸引术等,但当时的一个工作重心无疑落在口服避孕药的研发上。报告中写道:

---

① 中国避孕药具五十年编写组:《中国避孕药具五十年》。南京:河海大学出版社,2016年,第5—6页。

② 关于计划生育科学研究工作的报告。见:《聂荣臻科技文选》。北京:国防工业出版社,1999年,第513页。

甾体类口服避孕药，国外早在50年代进行研究试验，60年代开始大量生产。在美、英、加拿大和西欧一些国家中已经比较广泛使用。美国经常服用的妇女有200万人左右。这类药的作用看来是抑制妇女卵子的成熟，使卵子不能从卵巢排出，从而达到避孕的目的。据国外报导，经过大量药理试验、临床试验以及几年来的大量使用，证明这类药有效可靠，副作用不大；万一失效时对胎儿发育没有不良作用，停止服用后对生殖机能也没有影响。虽然，按目前情况来看，这种药物服用还比较麻烦，每个月要吃20天，价钱也贵，而且长期服用是否对内分泌系统有不良影响，目前还未有结论，但是，口服避孕药毕竟是一种值得十分重视的方向。

目前，我国初步研究仿制了五种药物。这五种药物的国外商品名是泼罗维拉、脑罗丁、阿诺夫拉、美杰司脱罗、克罗买地侬。这五种除了泼罗维拉已有产品在上海开始试用外，其他四种从今年第二季度起可以陆续供应，每种的产量都足够400—500人试用。

对于这类新药物，要采取积极而又慎重的态度，保证达到安全、可靠的要求。为此，需要：

（1）认真进行药理试验。这些药虽然是仿制国外已经大量使用的产品，但是由于我们的合成路线和应用的原料、溶剂等可能和国外有所不同，因此，必须认真进行药理试验，严格履行药检手续，然后才允许进行临床试用。这样，开始可能慢些，实际上是快了。否则，倒了牌子，影响深远。

（2）切实安排临床试验。指定上海、北京、天津、南京、广州、武汉等地大医院分工进行临床试验。争取在1964年内，对于用药后是否有不良反应，以及有什么样的不良反应得出初步结果，并对少数服用者进行内分泌和代谢方面的仔细观察。

（3）进行合成药物的研究。研究改进工艺路线，降低成本。比如泼罗维拉的收率，经过研究，有可能从现在的4%提高到7.5%，使成本降低一半。目前估计每月每人药费需4元左右，如改进后，有可能降低到1元多。同时，还要寻找新的药物，特别是高效、长效的新药物。

总之，口服避孕药要经过药理试验和临床试用后才能正式生产。而且这些药物的生产要严格管理，必须集中在少数几个工厂生产（目前先限于上海、武汉两地）。严格控制药物质量，绝不能粗制滥造。①

会议报告还强调了基础理论研究的重要性，"目前这方面的研究工作还是空白，必须组织力量，开展生殖生理、内分泌学、药物代谢以及口服避孕药的作用机制等方面的研究，以有利于药物合成、器具制造和临床研究的进一步开展"。②

为了落实研究计划，三部委采取的措施如下：一是加强科学技术组织领导，成立国家科委计划生育专业组，下设药物、器具和临床试验三个分组；二是加强计划生育的研究基地，从人员及经费两方面支持北京、上海两个计划生育研究中心的建设；三是加速形成专业的技术队伍，在放环、流产、绝育手术方面组织专业培训和技术下乡；四是切实安排避孕药具的试制生产，保质保量；五是积极开展宣传教育工作，使群众打消思想顾虑、乐于采用。③

根据座谈会3月28日编制的"1964—1965年计划生育科学研究工作安排"，仁济医院妇产科通过肖碧莲领回的任务是"仿制口服避孕药的临床效果和不良反应的观察"以及"仿制的五种口服避孕药临床作用机制的研究"。前者意在比较其避孕效果及不良反应，如恶心、呕吐、头晕、头痛、出血等症状。后者主要涉及内分泌方面，包括：①测定尿中各种激素在服药前后及服药时的变化，如促性腺激素、雌激素、孕二醇、17酮、17羟皮质酮；②甲状腺功能、基础代谢、蛋白结合碘的测定；③基础体温、阴道涂片宫颈黏液结晶。④

---

① 关于计划生育科学研究工作的报告。见：《聂荣臻科技文选》。北京：国防工业出版社，1999年，第516-517页。

② 关于计划生育科学研究工作的报告。见：《聂荣臻科技文选》。北京：国防工业出版社，1999年，第519页。

③ 关于计划生育科学研究工作的报告。见：《聂荣臻科技文选》。北京：国防工业出版社，1999年，第519-520页。

④ B76-3-1579，1964—1965年计划生育科学研究工作安排。存于上海市档案馆。

1964年5月18日，国务院同意并批转了上述座谈会的报告，落实了计划生育专业组的人员构成。钱信忠任专业组组长，黄鸣龙、王淑贞、吴阶平、栗秀真等为副组长。由于肖碧莲的科研能力突出，她实质上担任专业组秘书一职，协助钱信忠开展工作，并得到了他的认可和赞许。①

首个计划生育研究室

从1964年3月座谈会领回国家科委交给的任务后，肖碧莲深感人力、财力、物力的匮乏。要按时完成任务，这些方面的支持必不可少。1964年5月21日，仁济医院向上海第二医学院提交了成立计划生育实验室的申请。申请书称：

> 根据国家科委及市教育卫生部杨西光部长批示，口服避孕药是很有前途的新研究方向，已确定我院担负"药物对内分泌系统影响"的研究。为此需保证人力、物力、仪器、经费等配备。拟成立计划生育实验室，由郭泉清教授为主任（兼），肖碧莲同志为副主任（兼），顾昌彦、张德玮为专职医师。今年度要求编制8名工作人员（医师3名、技术员5名），此外还需增添一些真空泵、离心机等器械。希拨8000—9000元的科研经费。另外还需精密国产分析天平、显微镜、分光光度计等。②

该申请获得了批准，以肖碧莲创建的内分泌实验室为基础，成立了上海第二医学院计划生育研究室。该研究室是中国最早建立的计划生育科研机构之一，专以"计划生育"命名则为全国首家。③ 后来仁济医院建立

---

① 肖碧莲档案：个人简历（20世纪90年代）。存于国家卫生健康委科学技术研究所档案室。
② 1964-DZ3-87，关于建立计划生育实验室的批示由。存于仁济医院档案室。
③ 同①。

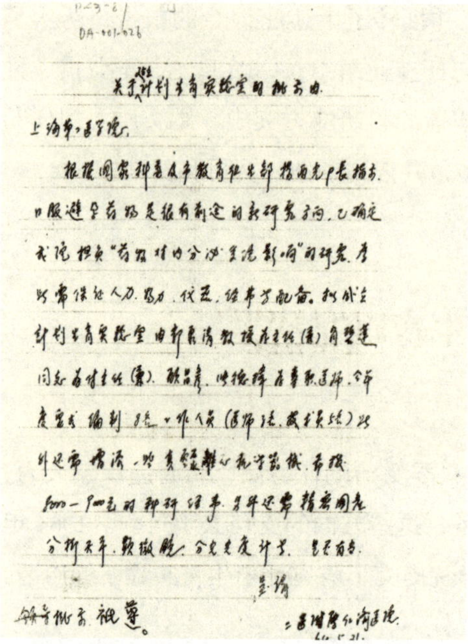
关于建立计划生育实验室的批示由

上海第二医学院：

图 4-3 《关于建立计划生育实验室的批示由》首页（仁济医院档案室提供）

了男子计划生育研究室，上海第二医学院的其他附属医院也相继成立了女子计划生育研究室，有鉴于此，1979 年上海第二医学院计划生育研究室更名为女子计划生育第一研究室。[①] 研究室成立之初确定下来的专职人员除顾昌彦（妇产科病理）、张德玮（妇产科临床中西医结合），还包括李明光以及当时年仅 19 岁的姜守玲和康金芳，后三位的专长均为化验。兼职人员除了郭泉清和肖碧莲，还有仁济医院 3 位妇产科专家和 2 位泌尿科专家，包括泌尿科的主任王以敬。[②] 计划生育研究室的建立为肖碧莲提供了良好的机构和人员保证，其团队成为上海口服避孕药临床研究的主力。[③]

计划生育研究室位于仁济医院大楼的五层，即之前的雷氏德医学研究院的临床研究部及化验室所在地。[④] 最初只有一间，面积也不大，后来规模逐渐扩展。郭泉清虽然是主任，但他很少参与研究室的具体运作，负责人的重担实际上落在肖碧莲的肩上。[⑤] 对肖碧莲来说，1964 年是非常繁忙的一年，对她的事业发展也极其重要。肖碧莲 1963 年成为仁济医院骨干师资培养对象，在一份记录骨干师资培养对象 1964 年计划执行情况的表格中可以看出她的工作状态。在医疗方面，她每周四出月经不调门诊，并担任总值班。在教学方面，每学期参加 4 小时授课。在门诊和教学之外，

① 林其德访谈，2012 年 12 月 11 日，上海。资料存于采集工程数据库。

② 1964-DZ3-87，关于建立计划生育实验室的批示由。存于仁济医院档案室。

③ 同①。

④ 朱明德，陈佩：《仁济医院 155 年》。上海：华东理工大学出版社，1999 年，第 7 页。

⑤ 同①。

她的绝大多数工作时间都投入科研之中，并取得了很多成果：①解决了雌激素测定方法中的许多关键问题，做了100余人次的雌激素与17酮检测；②从1964年年初开始，半年中进行了8名口服避孕药服用者的内分泌测定，并对月经不调的患者及内科血吸虫病患者进行研究，共做了294人次的测定；③除了雌激素与17酮，还开展了孕二醇及促性腺激素的检测。在人员培养方面，她完成了对妇产科住院医师的培养工作，还培养了1名技术员、1名兼职医生以及3名外单位的进修技术员。同时她还学习了一年德文。该表还专门提到了她在技术革新方面的成果，"自己设计的层析管，为外地参观单位所需。已与上海玻璃厂协议定型生产，我们协助订制的单位有武汉、北京、南京、广州等地的医学院"。20世纪60年代肖碧莲向玻璃厂订购的这些仪器，一直用到80年代放射免疫测定法普及之后才被淘汰。① 表格内容还显示，她带领团队开展的口服避孕药研究已形成了论文，但尚未发表。此外，她实质上负责整个妇产科的科研工作："建立了妇产科实验室，现在已有内分泌学、病理、阴道细胞学等内容"。②

  由于最初的条件非常有限，实验室的通风条件不太好，设施不完善。大家在测定尿液中激素含量时会接触很多有机化学物质，比如甲苯、二甲苯、氯仿等，基本上没有安全防护。肖碧莲亲自动手，改进国外的测定方法，设计实验方案，手把手地教会技术员。最开始是用仿制药在小白鼠身上做试验，观察其卵泡发育和激素水平的变化，之后针对女性受试者做临床试用。肖碧莲对工作质量要求很高，如果实验员不能按时提供可靠的报告，她就会亲自示范，找到问题所在。肖碧莲的严格要求鞭策着年轻人成长，有时虽然是不留情面的批评，但大家还是信服她。由于肖碧莲总能创新，总能带来新知识和新技能，大家都喜欢跟着她。③ 从一个简单的起点出发，这个团队在接下来的岁月里为中国口服避孕药的研发作出了重要贡献。

---

  ① 严隽鸿访谈，2013年1月25日，上海。资料存于采集工程数据库。
  ② 1963DZ3-92-0005，一九六四年骨干师资培养对象计划执行情况表（1964年10月16日）。存于仁济医院档案室。
  ③ 张亚琴访谈，2012年12月12日，上海。资料存于采集工程数据库。

第五章
口服避孕药减量研究

口服避孕药是一项在全球范围内产生巨大影响的技术发明。从实际意义上看，它为女性提供了非常有效和相对安全的避孕手段；从理论价值上看，其研发过程推动了生殖内分泌学、生殖生理学等学科的发展。1960年，Enovid通过美国食品与药品监督管理局（FDA）的审批，标志着口服避孕药的诞生。但第一代口服避孕药中孕激素和雌激素含量高，短期不良反应令人困扰，长期安全性更使人担忧，因此问世不久就受到了质疑和批判。

为了减少不良反应以及确保长期服用的安全性，各国研究者在降低激素含量和寻找最佳雌孕激素配伍方面作了很多努力。[1]其中，中国的低剂量口服避孕药研发工作值得关注。为了减轻药物的不良反应，1965年肖碧莲开始带领团队针对国际常用大剂量进行减量研究。1967年，国家科委、卫生部和化工部在上海召开口服避孕药鉴定会，其团队确定下来的1/2剂量避孕药通过鉴定。在多个单位协作下，经过进一步的减量研究，1/4剂量避孕药通过鉴定。在国家特定政策的支持下，低剂量口服避孕药于20世纪70年代在中国实现批量生产和在全国范围内免费使用，

---

[1] 复方口服避孕药临床应用中国专家共识专家组：复方口服避孕药临床应用中国专家共识．《中华妇产科杂志》，2015年第50卷第2期，第81页。

这是当时世界上临床大量应用的最低剂量，比其他国家要早七八年。[①]

口服避孕药的诞生

利用天然性激素的抑制排卵作用来制造避孕药的想法，可以追溯到20世纪20年代奥地利内分泌学家路德维希·哈勃兰特（Ludwig Haberlandt，1885—1932）的相关著述。[②] 但由于原料难以获得以及缺乏支持性的社会文化环境，相关研究一直都没有多少进展。20世纪40年代，随着甾体化学的飞速发展，美国化学家罗素·马克（Russell Marker，1902—1995）以墨西哥植物所含薯蓣皂苷元为原料大量合成了黄体酮。马克在墨西哥城创立了辛泰克斯公司（Syntex），希望以黄体酮为起点进一步合成多种激素。[③] 黄体酮是卵巢分泌的一种天然孕激素，具有抑制排卵的作用，被认为天然避孕药。不过，黄体酮口服所需剂量很大、价格昂贵，不适于当作口服药物日常使用。[④] 突破始于50年代，一系列具有口服避孕效果的甾体化合物在实验室中被合成出来。奥地利裔美国化学家卡尔·杰拉西（Carl Djerassi，1923—2015）是重要的开创者之一，被称为口服避孕药的化学之父。1951年10月15日，他领导团队在辛泰克斯公司率先合成了黄体酮的衍生物——炔诺酮。该化合物的口服效果甚佳，后来成为口服避孕药的关键成分。[⑤] 值得强调的是，杰拉西的研究初衷并不是为了制造口服避孕药。

---

① Xiao Bilian. Trends in steroid contraceptive research. Chinese Medical Journal, 1997, 110 (1): 11.

② E.Diczfalusy. Gregory Pincus and steroidal contraception: a new departure in the history of mankind. Journal of Steroid Biochemistry, 1979, 11: 3.

③ L. Marks. Sexual chemistry: a history of the contraceptive pill. New Haven and London: Yale University Press, 2001, 64-67.

④ J. A. McCracken. Reflections on the 50th anniversary of the birth control pill. Biology of Reproduction, 2010, 83 (4): 684.

⑤ C. Djerassi. Steroids made it possible. Washington, DC: American Chemical Society, 1990: 40-53.

当时甾体药物的重点是临床应用广泛的可的松，曾引起国际上若干研究机构和药厂的合成竞赛。作为研发可的松的支线产品，黄体酮的衍生物最初被设想用来治疗女性生理周期失调和反复性流产。①

除了化学物质的合成，女性主义思潮对口服避孕药的诞生同样功不可没。由于美国节育运动先驱、国际计划生育联盟创始人之一玛格丽特·桑格的直接推动，以及妇女选举权倡导者、麻省理工学院首位女性生物学学士凯瑟琳·麦克密克（Katherine McCormick，1875—1967）的慷慨资助，20世纪50年代初麻省伍斯特实验生物学研究所所长平克斯与华裔生殖生物学家张民觉开始用人工合成的黄体酮及其衍生物开展动物实验。② 研究的主要目的是探索何种给药方式和剂量配伍抑制排卵功效最好、不良反应最小，并且在不同的化合物间进行有效性和安全性的比较。③

经动物实验发现辛泰克斯公司的炔诺酮和美国希尔公司（G. D. Searle）的异炔诺酮最有效果后，平克斯继而邀请毕业于哈佛大学的妇科专家约翰·洛克（John Rock，1890—1984）开展临床研究。1955年10月，在东京国际计划生育联盟会议上，依据大量动物实验和初步的人体实验，平克斯宣布了女性避孕药的研究成果。④ 1956年4月，平克斯团队开始在美国属地波多黎各已婚女性中开展大规模的异炔诺酮临床试用，具体剂量配伍是异炔诺酮10毫克+乙炔雌二醇-3-甲醚0.15毫克。此配方于1957年通过美国食品与药品监督管理局批准，当时仅用于治疗生理周期失调，商品名为Enovid。截至1957年8月31日，经过265例1857周期的试用，结

---

① L. Marks. Sexual chemistry: a history of the contraceptive pill. New Haven and London: Yale University Press, 2001, 70-71.

② L. Marks. Sexual chemistry: a history of the contraceptive pill. New Haven and London: Yale University Press, 2001, 56-57, 90-92.

③ G. Pincus, M. C. Chang, M. X. Zarrow, E. S. E. Hafez and A. Merrill. Studies of the biological activity of certain 19-nor steroids in female animals. Endocrinology, 1956, 59（6）: 695-707.

④ J. A. McCracken. Reflections on the 50th anniversary of the birth control pill. Biology of Reproduction, 2010, 83（4）: 684-685.

果表明在没有发生漏服的 1279 个周期中，没有一例怀孕发生。[1]

1960 年 5 月，Enovid 正式获批用于避孕，人类第一个口服避孕药（常被简称为 Pill）由此诞生。不过，这并非一劳永逸。甾体化合物作为口服避孕药的作用机制和不良反应的研究一直在持续，如何降低不良反应以及确保长期服用的安全性，还有待多个国家研究者的进一步努力。

从中国来讲，口服避孕药临床研究的先行者之一是天津医学院（现天津医科大学）的妇产科医生俞霭峰。[2] 她关注到了国外的研究进展，最初实验用的药物是直接从国外进口的。开始涉及的样本量很小，主要是对药物在临床上的有效性和作用机制加以考察。[3]

俞霭峰及其领导的内分泌组成员从 1963 年 12 月起对德国先令药厂（Schering）生产的阿诺夫拉（Anovlar）进行了实验。阿诺夫拉含 19 去甲基乙炔睾丸酮乙酸酯（Norethisterone acetate，后定名为醋炔诺酮）4 毫克、乙炔雌二醇（Ethinylestradiol，后定名为炔雌醇）0.05 毫克。实验的样本量只有 2 人，而且都是妇产科的工作人员。因为药物供应有限，所以每人只服用两个周期。俞霭峰等研究者对受试者进行了全面检查，涉及服药前基本情况、服药期间内分泌动态变化，以及停药后恢复过程。最烦琐的步骤就是内分泌测定，该研究组通过改良的小鼠子宫称量法测定促性腺激素、改良的科劳珀－布朗氏的氧化铝层析法测定孕二醇、布朗氏法测雌素分量。结果显示，两位受试者都未受孕，垂体－卵巢系统的内分泌动态变化表明排卵受到了抑制，而且是先作用于垂体而后才抑制排卵，并不是直接作用于卵巢。停药后排卵立即恢复正常，药物对垂体或卵巢功能无不良后遗影响。[4]

---

[1] G. Pincus, J. Rock, C. Garcia, E. Rice-Wray, M. Paniagua and I. Rodriguez. Fertility control with oral medication. American Journal of Obstetrics and Gynecology, 1958, 75（6）: 1333-1346.

[2] 编者注："俞霭峰"与"俞霭峯"系同一人名，本书正文提及时用"俞霭峰"，而在文献中出现时按发表时的名称。

[3] 肖碧莲访谈，2013 年 4 月 9 日，北京。资料存于采集工程数据库。

[4] 俞霭峯、吴淑熙、赵宝礽、周肃、李正言、张慧剑、于惠珍、胡自正：口服甾体避孕药物 Anovlar 后内分泌动态平衡的观察（二例报告）《中华妇产科杂志》，1964 年第 10 卷第 6 期，第 449-453 页。

上述研究使用的是进口药物，价格昂贵、不易获得，因此受试人数和周期数都极少，实验结果有局限性。要开展大规模的研究，必须依赖实验材料的本地化，而彼时国产口服避孕药的试制工作正在进行当中。肖碧莲所在的仁济医院妇产科内分泌实验室是最早使用中国试制的口服避孕药开展临床研究的。具体情况是：1963年在使用泼罗维拉治疗疾病的同时观察其避孕效果，次年3月开始在健康受试者身上试用泼罗维拉等仿制药。

首要步骤是药物仿制

药物的仿制是中国口服避孕药研发的首要步骤。口服避孕药属于甾体化合物，合成原料最初来自动物性的天然产物，后来多使用植物性的天然产物甾体皂苷元。早在1947年，中央研究院化学研究所（中国科学院有机化学研究所的前身）从事天然药物化学研究的朱任宏在薯蓣科中药川萆薢（*dioscorea sativa*）中分离出了皂苷，经水解后可获得薯蓣皂苷元（论文1949年发表）。[①] 其后，中国科学家陆续从薯蓣科植物及其他种类植物中提取出甾体皂苷元。1958年国家开始对甾体植物资源进行系统普查，众多化学家与植物学家都参与了进来，一起收集与分析，以期更好地为甾体药物提供原材料。[②]

中国科学院有机化学研究所的黄鸣龙为中国口服避孕药的化学合成作出了重要贡献。他是中国甾体化学和甾体药物工业的奠基人，1964年被任命为科学技术委员会计划生育专业组副组长。黄鸣龙1924年于德国柏林大学获得有机药物化学博士学位，后在德国先灵公司、美国默克公司从事研究工作多年。[③] 在默克公司任职期间，他直接参与了可的松的合成，身

[①] 朱元龙：中草药化学家朱任宏教授。《中国药学杂志》，1984年第10期，第56页。
[②] 黄鸣龙：甾体激素化学在我国近十年来的进展。《药学学报》，1960年第8卷第1期，第1页。
[③] 韩广甸，金善炜，吴毓林：黄鸣龙——我国有机化学的一位先驱。《化学进展》，2010年第7卷24期，第1230-1232页。

处甾体药物研发的前沿。[1]1952年10月回国之后，他致力于甾体药物的合成以及工业化生产，填补了中国甾体药物工业的空白。由于胆酸等动物性基本原料在中国很稀缺，他就与植物专家合作，寻找能为甾体药物提供半合成原料的植物资源，进而确定了从薯蓣皂苷元出发合成甾体化合物的方案，不断探索更经济的合成路线。1958年8月，黄鸣龙团队以国际上最短的七步路线、8%的总产率合成了可的松。在上海医药工业研究院（简称上海医工院）以及制药厂的通力协作下，次年实现了工业化生产，使中国成为当时能生产甾体激素的少数国家之一。[2] 上海医工院建于1956年，隶属化工部。在建院之初，为改变医药工业的面貌，摆脱依赖国外进口药物的局面，自行生产原料药，逐渐建立了合成制剂、抗菌素、生化、化工、分析、药理等七个专业研究室，主要任务为仿制国外新药。[3]

除可的松及其经化学改造后的强力版本之外，其他肾上腺皮质激素以及性激素类别药物中的重要品种也相继投入生产。[4]1958年7月，在有机化学研究所的指导下，上海医工院与公私合营通用药厂（简称通用药厂）协作，试制成功并投产了中国第一个甾体类性激素药物——黄体酮。[5] 在此基础上，1959年黄鸣龙和陈毓群进一步合成了 6α- 甲基 -17α- 乙酰氧基黄体酮。方案是在黄体酮的 C_6-α 位置上加入甲基以及在 C_{17} 上加入乙酰氧基，效力比黄体酮大五六十倍，被称为强效黄体酮。强效黄体酮可以口服，而黄体酮只能采取注射的方式。强效黄体酮的实验室合成工作于1959年5月基本完成，其合成路线与国外学者同期发表论文中的合成路线不谋

---

[1] 黄鸣龙，巴谷克：氰基孕烯素系的异构化及置换反应 Cortisone 21- 甲醚的合成。《药学学报》，1955年第1期，第39-49页。

[2] 韩广甸，金善炜，吴毓林：黄鸣龙——我国有机化学的一位先驱。《化学进展》，2010年第7卷第24期，第1233页。

[3] B76-4-649-123，上海医药工业研究院概况。存于上海市档案馆。

[4] 黄鸣龙：甾体激素化学在我国近十年来的进展。《药学学报》，1960年第8卷第1期，第13页。

[5] 中国避孕药具五十年编写组：《中国避孕药具五十年》。南京：河海大学出版社，2016年，第126页。

而合，有个别步骤存在不同之处，不过黄鸣龙和陈毓群路线的产率更高。[1]同年，黄鸣龙、韩广甸、周维善又合成了 $\triangle^6$-6-甲基-17α-羟基黄体酮，并准备进而合成 $\triangle^6$-6-甲基-17α-乙酰氧基黄体酮。经国外学者证明，后者的口服效力比黄体酮大二三千倍。[2] 黄鸣龙团队于1962年7月完成了该化合物的实验室合成（相关论文收稿时间为1962年8月1日）。[3]

口服避孕药的主要成分为黄体酮样作用的甾类化合物，分为黄体酮衍生物与睾丸酮衍生物两大类。这些经过改造的人工化合物规避了天然黄体酮和睾丸酮的缺点，是避孕药研发人员追求的目标。陈毓群和黄鸣龙合成的强效黄体酮在国外被称为泼罗维拉，被用作避孕药Provest的主药，配合剂为雌激素。这种强效黄体酮后来在中国被定名为甲孕酮（醋酸甲孕酮的简称，又称樸罗凡拉、百乐唯荣）。[4]

1960年1—5月，华联药厂在上海医工院协作下，曾试制了几十克泼罗维拉样品，原准备做高效黄体激素药物，但因成本高，未能及时推广应用。[5] "三年困难时期"过后，计划生育工作被重新提上日程，口服避孕药的仿制亦开展起来。1963年，华联药厂先是生产了少量泼罗维拉提供给仁济医院妇产科。为了满足临床试用的迫切需要，当年10—12月，华联药厂未及深入研究改进就重复之前的工作，又试制了一批样品交付临床试用。[6]

上海市卫生局于1964年2月28日召开了计划生育工作汇报座谈会。黄鸣龙在座谈会上介绍了国内外口服避孕药研究的方向及情况，上海第一医学院的王淑贞对临床试用问题提了建议，有关研究单位和生产部门参与了讨论。除了上述华联药厂的泼罗维拉，上海初步试制的口服避孕药还有

---

[1] 陈毓群，黄鸣龙：6α-甲基-17α-乙酰氧基黄体酮的合成。《化学学报》，1959年第25卷第6期，第424-426页。
[2] 黄鸣龙，韩广甸，周维善：6-甲基甾体激素—— $\triangle^6$-6-甲基-17α-羟基黄体酮。《化学学报》，1959年第25卷第6期，第427-428页。
[3] 黄鸣龙，韩广甸，周维善：$\triangle^6$-6-甲基甾体的合成。《化学学报》，1963年第29卷第2期，第107-108页。
[4] 俞霭峰：口服甾体避孕药物（文献综述）。《天津医药杂志》，1965年第2期，第109页。
[5] 口服避孕药百乐唯荣研究试制总结（1964年11月）。存于上海市卫生局档案室。
[6] 同⑤。

脑罗丁（Norlutin）。脑罗丁是化学家杰拉西在 1951 年合成的炔诺酮的商品名，当时在中国又名乐乐定，化学名称是 17α-乙炔基-19 去甲基睾丸酮（19-失碳妊娠素），属于睾丸酮衍生物。

  脑罗丁的试制工作，经中国科学院有机化学研究所、医药工业研究院与通用药厂中心试验室三个单位研究，于去年年底已打通合成路线，试制了少量样品，经过鉴定，质量标准全部合乎英国药典规定，预计三月底可以生产 100—200 克，只要再做一次急性毒性试验，即可供临床使用。[①]

  该座谈会还提出两种有待试制的药物，一是恩那味（Enavid，为首个避孕药 Enovid 在英国的商品名），主要成分是 17α-乙炔基-17β-羟基雌-5（10）-烯-3-酮，与上述炔诺酮只有一个双键位置区别，被称为异炔诺酮。后来在中国虽没有正式列入试制计划，但曾有样品进行过药理实验。二是美杰司脱罗（Megestrol，又称美及斯特罗、去氢百乐唯荣），是英国避孕药 Volidan 的主药，也是黄鸣龙团队于 1962 年 7 月合成的 $\triangle^6$-6-甲基-17α-乙酰氧基黄体酮。1964 年 3 月，华联药厂接受任务开始试制美杰司脱罗，最终将其定名为甲地孕酮（醋酸甲地孕酮的简称）。它与上述的甲孕酮（泼罗维拉）在结构上只在 C_6 处多一个双键，但疗效更强。[②] 甲孕酮则在华联药厂经过了中量试制（1964 年 4—8 月）和扩大试制（1964 年 9—10 月），后来在临床试用上被甲地孕酮取代。[③]

  座谈会亦提及要安排生产雌激素，与人工合成的孕激素配伍使用。加入少量雌激素一是可以增强抗排卵作用，二是为了改善子宫内膜营养状态，防止出血。国外当时常用的人工合成并改造的雌激素有乙炔雌二醇（Ethinyl Estradiol，缩写为 E.E）和乙炔雌二醇-3-甲醚（Ethinylestradiol-

---

  [①] 计划生育工作情况汇报（十八）：女用口服激素避孕药试制成功（1964 年 3 月 9 日）。存于上海市卫生局档案室。
  [②] 口服避孕药去氢百乐唯荣试制总结。存于上海市卫生局档案室。
  [③] 口服避孕药百乐唯荣研究试制总结（1964 年 11 月）。存于上海市卫生局档案室。

3-methyl-ether，缩写为 M）。① 国内后来选择试制的是前者，简称为炔雌醇，由通用药厂负责提供。②

此外，这次座谈会还初步决定由上海第一医学院妇产科学院、上海第二医学院仁济医院、国际和平妇幼保健院及第一妇婴保健院四个医院负责组织避孕对象试服。③

从避孕药试制的情况来看，上海无疑是全国的中心，这也是国家科委、卫生部、化工部选择在上海召开计划生育科研工作座谈会（1964 年 3 月 24 日）的主要原因。根据座谈会编制的"1964—1965 年计划生育科学研究工作安排"，位于上海的中国科学院有机化学研究所全面负责避孕药的试制以及工艺路线的改进，以期获得更高的反应收率，上海、武汉、北京的医药工业研究所以及南京药学院是参与研究单位。④ 有机化学研究所的黄鸣龙团队无疑是核心力量。以甲地孕酮为主药的英国避孕药 Volidan 于 1963 年问世，中国紧随其后。当时甲地孕酮的合成方法，无论国内还是国外成本都很高。在黄鸣龙与工业部门的共同努力下，1965 年改造了合成路线。当时国外比较新的方法为 5 个步骤，总收率为 27%，而黄鸣龙改后的只需要 3 个步骤，甲地孕酮总收率达 40%。⑤

除科研机构外，上海的华联药厂、通用药厂、公私合营信谊化学制药厂（简称信谊药厂）也显示出了生产能力之外的研发力量。"1964—1965 年计划生育科学研究工作安排"明确了各单位承担的试制任务。通用药厂除了试制脑罗丁和乙炔雌二醇，又加上了阿诺夫拉（又称爱乐维特）的主药。华联药厂试制的是泼罗维拉和美杰司脱罗。武汉医药工业研究所则负责研发克罗买地侬（Chlormadinone，即 Δ^6-6- 氯 -17α- 乙酰氧基黄体酮、氯甾双烯酮），是 Luteral 的主药，又称克罗美地侬或克罗卖地侬，后

---

① 俞霭峰：口服甾体避孕药物（文献综述）。《天津医药杂志》，1965 年第 2 期，第 109 页。

② B76-3-1579，1964—1965 年计划生育科学研究工作安排。存于上海市档案馆。

③ 计划生育工作情况汇报（十八）：女用口服激素避孕药试制成功（1964 年 3 月 9 日）。存于上海市卫生局档案室。

④ 同②。

⑤ 周维善：为我国甾体激素药物工业奉献一生——纪念黄鸣龙教授逝世十周年。《中国药物化学杂志》，1990 年第 1 期，第 5 页。

定名为氯地孕酮。① 信谊药厂发挥辅助作用，主要任务是试制上述雌孕激素配合起来的药片。②

国家为口服避孕药的试制投入了不少经费，在试制之初，除化工部与上海市化工局拨付款项 10 万元外，1964 年 5 月 13 日国家科委又安排上海市财政局、湖北省财政局及化工部各支付 7 万元、5 万元、2 万元，共计 14 万元以填补缺口。通用药厂、华联药厂、信谊药厂、上海医工院、武汉医药工业研究院分别获得 9 万元、7.8 万元、0.2 万元、2 万元、5 万元。③

毒理和药理实验进展迅速

在仿制口服避孕药的基础上，毒理和药理实验进展迅速。上海市化学工业局 1964 年 4 月 16 日的一份文件显示，除泼罗维拉"已在上海仁济医院临床试验中，其余的也已于 4 月初送药理实验（先做毒性、急性试验），5 月进入临床试验，预计 5 个月即可得出初步临床情况，肯定其避孕效果"。④

从上述文字可以看出研究任务的紧迫性。合成的仿制品经药检所审查通过后（主要针对熔点、比旋度、吸收系数等化学性质），当时的惯例是接着在动物身上进行毒理实验，符合要求后确定新药规格，并制成一定剂型，提供少量产品供临床试用，待临床研究得出确定结论、通过鉴定后再正式生产。⑤ 而上海市计划生育工作委员会办公室在给上海第一医学院药理教研室主任张昌绍教授的咨询信中，表示"根据 3 月份国家科委召开的计划生育科学研究座谈会会议精神，几种新仿制口服药药理、临床规格审批及临床试用可以齐头并进。"通用药厂试制的脑罗丁经上海市卫生局药

---

① B76-3-1579，1964—1965 年计划生育科学研究工作安排。存于上海市档案馆。
② 上海市化学工业局关于口服避孕新药的试制问题。存于上海市卫生局档案室。
③ B76-3-1578，批复一九六四年口服避孕药新产品试制费用。存于上海市档案馆。
④ 同②。
⑤ B76-4-649-123，上海医药工业研究院概况。存于上海市档案馆。

第五章　口服避孕药减量研究

品检验所审查合格,而阿诺夫拉主药以及乙炔雌二醇有些项目与文献规定尚有出入。该办公室认为这三种药只要通过急性毒性试验,就可以进行临床试用,且特别强调雌激素乙炔雌二醇是"其他五种新药试用时必要的配合剂,必须迅速解决"。同时要求药厂进一步研究改进那些与文献规定不符之处,提高产品质量。该信日期为 5 月 5 日,右上角标明"速"字样。①

上海第一医学院是仿制口服避孕药药理研究的负责单位,涉及药理作用的初步分析和比较评价,安全性和其他治疗作用的研究,以及药理作用机制的研究。② 针对上述 5 日来信,负责人张昌绍次日即回信,表示同意,因为尚存在规格问题的那两种制品基本上还是符合规格的,而且它们"仅仅在基本的激素制品上进行了最后的加工,加工所用原料如略有污染估计不会发生严重问题。但临床试验还需要多注意反应,同时药厂方面进一步努力提高还是必要的"。③

乙炔雌二醇的吸光系数与国外药典及药厂规格不符(通用药厂样品大于 74,国外药典为 71),但药品检验所在 5 月 14 日报送卫生局药政处的"乙炔雌二醇规格审批"文书中称,"考虑本品国外药典均有收载,是比较成熟的产品,由于吸光系数数字太小,故误差较大,今拟暂定为 68—75,待日后产品出厂时陆续积累数据,必要时再对规格进行修改"。至于阿诺夫拉的主药,药品检验所请通用药厂将其样品精制后再度审核,故急性安全实验推后进行。后来检验所的急性安全实验发现"家兔体重较对照组有显著降重现象,而该药的比旋度亦较文献记载偏低,说明该药的质量可能存在问题,有待有关方面进一步研究"。在 7 月 20 日的报告中,检验所为慎重起见,建议该药暂勿进行临床试验。④

通用药厂试制的脑罗丁,与华联药厂试制的泼罗维拉和美杰司脱罗一起,由上海市卫生局药品检验所药理室进行了急性安全实验。将这三种药在小白鼠、家兔身上大剂量(临床剂量的数十到数百倍)使用之后,药理

---

① 本局审核口服避孕药物标准规格、临床试用和质量处理的批复及往来文书。存于上海市卫生局档案室。
② B76-3-1579,1964—1965 年计划生育科学研究工作安排。存于上海市档案馆。
③ 同①。
④ 同①。

室 6 月 1 日出具的初步试验结果显示："从外观看，均未发现不良反应，对动物体重亦无影响。实验仍在继续中"。针对这一初步结果，张昌绍表示脑罗丁"现可供临床，泼罗维拉和美杰司脱罗最好给动物服用较长时间后再送临床"。该意见反馈至计划生育办公室，6 日即致电通用药厂中心实验室，告之脑罗丁可开始试制供临床试用的样品，而对该品及乙炔雌二醇的规格审批也在进行之中。①

除进行急性安全实验外，也开展了药理实验。上海第一医学院是负责单位，执行单位有武汉医学院、天津医学院、中国科学院药物研究所、中国科学院实验生物研究所、中国科学院实验医学研究所。同时，上海第一医学院和武汉医学院还负责改进药物的服用方法。② 中国科学院动物研究所虽然没有被列入最初的工作安排之中，但由于该研究所的内分泌实验室负责人张致一是当时中国为数不多的生殖生物学专家，因此也加入进来。张昌绍、张致一以及武汉医学院的吴熙瑞在药理研究中发挥了重要作用。

武汉医学院药理教研组的彭仁绣、吴熙瑞以及武汉医药工业研究所的李梧君、余敦秋合作发表论文（1964 年 6 月 22 日收稿），通过动物实验进行五种国产口服避孕药抗排卵作用和子宫内膜转化作用的比较，为临床试用提供了参考。其中，脑罗丁由通用药厂提供，泼罗维拉和美杰司脱罗由华联药厂提供，取代阿诺夫拉主药的恩那味主药由有机化学研究所和上海医工院合成并提供，克罗买地侬则来自武汉医药工业研究所。关于抗排卵的效价，该研究表明克罗买地侬最高，脑罗丁最低。但彭仁绣、吴熙瑞、李梧君和余敦利认为由于实验方法、动物种族等条件不尽相同，故效价报告不一，因此不是定论，还需要积累临床资料。该研究还显示雌激素分别与这 5 种制品配伍，弥补因抑制排卵而内源黄体酮和雌激素减少，可维持子宫内膜避免脱落，停药时则产生撤退性出血。③

张致一团队拿到样品较晚，据该团队主要研究人员石其贤回忆，1964

---

① 本局审核口服避孕药物标准规格、临床试用和质量处理的批复及往来文书。存于上海市卫生局档案室。

② B76-3-1579，1964—1965 年计划生育科学研究工作安排。存于上海市档案馆。

③ 彭仁绣，李梧君，吴熙瑞，余敦秋：五种国产口服避孕药物抗排卵作用和子宫内膜转化作用的比较。《中华妇产科杂志》，1964 年第 10 卷第 5 期，第 346-348 页。

年 6 月拿到样品后即开展药理和毒理实验。其中的一个关键实验是联体动物实验，"具体操作是将大鼠 A 的卵巢切除，大鼠 B 的脑垂体摘除，然后将两只大鼠腹部皮肤和肌肉切开，连在一起。经过一周时间血管长好之后，大鼠 A 脑垂体的作用就通过连接部分到达大鼠 B，可以通过大鼠 B 卵巢的情况来反映大鼠 A 脑垂体的功能，从而考察甾体激素的作用机理"。[①] 张致一负责的内分泌实验室后来发展良好，1985 年被中国科学院批准为首批"生殖生物学开放实验室"，1989 年又成为"计划生育生殖生物学国家重点实验室"。

率先开展临床研究

仿制口服避孕药的临床实验由上海第一医学院妇产科医院负责，参与单位除了上海的第二医学院仁济医院、第一妇婴保健院、国际和平保健院，还有北京协和医院、北京妇产医院、天津医学院、天津输血及血液学研究所、武汉医学院、南京妇婴保健院、广州中山医学院等单位。承担任务主要是"仿制口服避孕药的临床效果和不良反应的观察"以及"仿制的五种口服避孕药临床作用机制的研究"。前者意在比较其避孕效果及不良反应，如恶心、呕吐、头晕、头痛、出血等症状，计划 1964 年年底完成 1000 例观察，每种药物各 200 例，得出初步结果。后者涉及内分泌、代谢、血凝机制、中枢神经系统方面，对完成例数和进度也分别有所要求。[②] 临床研究的领军人物主要是王淑贞、郭泉清以及北京协和医院的林巧稚等。

国产口服避孕药的临床实验始自仁济医院的计划生育研究室，肖碧莲是实际的负责人。1964 年 3 月，该研究室率先对华联药厂提供的泼罗维拉进行临床试用，后来它被效力更强的美杰司脱罗取代。肖碧莲团队临床试用美杰司脱罗和脑罗丁的剂量与当时国际上的常用剂量一致，即美杰司脱

[①] 杨海燕：石其贤与生殖生理学研究。《今日科苑》，2018 年第 9 期，第 47 页。

[②] B76-3-1579，1964—1965 年计划生育科学研究工作安排。存于上海市档案馆。

罗 4 毫克 + 乙炔雌二醇 0.05 毫克，脑罗丁 2.5 毫克 + 乙炔雌二醇 0.05 毫克。除了观察临床效果和不良反应，还进行了药物避孕作用机理的探索。肖碧莲团队首先对 8 例正常育龄女性进行了整个月经周期的内分泌测定，作为服药前对照。继而在她们服药 1—6 个周期时对其做内分泌测定以及子宫内膜组织切片等工作，以反映垂体和卵巢功能的改变。肖碧莲先前建立的激素测定方法派上了大用场，涉及的方法包括①雌激素分量测定法：乙醚抽提，氧化铝热层析，光电比色法；②孕二醇：甲苯抽提，氧化铝柱层析，光电比色法；③垂体促性腺激素：白陶土沉淀，小白鼠子宫称量生物测定法。服药期间共进行了 17 个周期的内分泌测定，停药后又作了 7 个周期，以兹比较。结果发现，服药期间正常排卵功能消失，激素水平处于抑制状态；停药之后排卵功能立即恢复。[①]

这项研究最初的受试对象均为仁济医院的女职工，据洪素英医生回忆，从计划生育研究室成立到 1965 年 5 月被派去索马里之前，都由她负责发药登记。发药地点在中西药房二楼夹层的阁楼里，所发药物的名称、剂量等信息对受试者来说都是保密的，这样不会影响她们试药期间的主观情绪，比如担心药物是否有效、剂量是否过大等。每次发药的时候，都叮嘱受试者按时服药、不遗漏，并且准确记录病史，有什么症状或情况都要及时找她。刚开始以医院内部职工为对象，研究的准确性很有保证，后来肖碧莲内分泌门诊的病患也加入进来。[②] 接下来肖碧莲还到农村去调查，看口服避孕药是否有条件在农村推广。尤其是中央号召城市医务人员下乡为农民服务之后，她更加频繁地往公社跑。她经常帮农村女性看病、做检查，因此口服避孕药的受试者也逐渐扩展到这一群体。[③]

计划生育研究室的全体成员分工合作，利用已建立的测定法做尿液的激素测定。当受试者扩大到院外以后，实验员们每天都要骑自行车到受试者家里去收留尿瓶（从早晨 7 点到次晨 7 点收集 24 小时尿液）。当时的研

[①] 上海市口服避孕药协作组：减量口服避孕药的临床与实验。《避孕药科研参考资料》，1978 年第 1 期，第 77-81 页。

[②] 洪素英访谈，2013 年 1 月 29 日，上海。资料存于采集工程数据库。

[③] 张亚琴访谈，2012 年 12 月 12 日，上海。资料存于采集工程数据库。

究人员张德玮由衷地说,荣誉归于上海市广大的育龄夫妇,是他们作为实验和临床研究对象,提供了尿液、血液、子宫内膜、精液等。尤其是早期做内分泌测定需要研究对象 24 小时留尿,为了留存 24 小时的尿液,她们每天带着大玻璃瓶上班,节假日甚至春节跑娘家也不忘带上,随时还要防止瓶子被打破。不论刮风下雨、寒冬酷暑,每天定时把尿瓶送到医院。肖碧莲、张德玮以及其他研究人员收集尿液后就用生化法进行激素测定,工序烦琐,数据复杂,肖碧莲都逐一分析、整理和总结出来。①

1964 年 5 月,与上海市卫生局药品检验所开展脑罗丁、泼罗维拉和美杰司脱罗急性安全实验的同时,天津医学院俞霭峰团队也开始对这三种药物进行了临床实验。剂量分别为脑罗丁 2.5 毫克、泼罗维拉 8 毫克、美杰司脱罗 4 毫克,41 人服药,共 109 个周期。其中最短 1 个月、最长 5 个月,内分泌测定共作了 7 个周期。结果显示,排卵功能受到了抑制,避孕效果 100%,停药当月卵巢功能恢复正常,无明显不良影响。与其之前针对进口药的研究相比较,国产药的作用大致相同。此项研究发表了两次,《天津医学院学报》1964 年第 2 期发表的版本②比《天津医药杂志》1965 年第 2 期发表的版本③缺少了两张显示内分泌激素变化的图,后者对此缺失也并未加以说明。可能的解释是研究人员希望成果更早发布,由于最有技术含量的内分泌测定结果制图较复杂,因此需要时间处理,故在第二次发表时才补上去。

肖碧莲团队的研究成果并没有急于发表,临床实验中所采用的国际常用剂量相对于 Enovid 来说已经降低了不少,但随访中发现头晕、呕吐、食欲减退、乏力、嗜睡等类早孕反应仍很常见,有的女性还发生了体重增加和闭经等周期异常现象。根据该研究收集的数据,在服药第一周期恶心、

---

① 张德玮访谈,2013 年 1 月 21 日,上海。资料存于采集工程数据库。
② 吴淑熙,俞霭峯,赵宝礽,周肃,萧里,李正言,张慧剑,于惠珍,胡自正,张淑婷:三种国产口服避孕药物 109 个周期的观察结果初步报告。《天津医学院学报》,1964 年第 2 卷第 2 期,第 58–61 页。
③ 吴淑熙,俞霭峯,赵宝礽,周肃,萧里,李正言,张慧剑,于惠珍,胡自正,张淑婷:三种国产口服避孕药物 109 个周期的观察结果初步报告。《天津医药杂志》,1965 年第 7 卷第 2 期,第 105–108 页。

呕吐的发生率在35.7%—38.8%。更重要的是,长期服用较大剂量激素会加重肝肾功能的负担。特别是脑罗丁服药组中,研究显示转氨酶升高者达19.5%。[1]同时,口服避孕药长期安全性问题(尤其是心血管病、癌症风险)也受到英美国家的女性主义团体和医药界的广泛关注。[2]而且中国女性体重较轻,国外的常用剂量不一定适合中国人。[3]鉴于较大剂量对健康的危害,肖碧莲开始考虑降低口服避孕药雌孕激素的含量。

1965年7月12日,肖碧莲向仁济医院汇报1964年9月以来的工作进展,从中可以看出她的工作重心几乎完全放在了科研工作上。过去一年她没有面向医学生开课,只针对进修医生和技术员讲了10次关于内分泌测定方法的课。1965年3月讲了第二轮,授课对象是上海第二医学院附属广慈医院(今瑞金医院)、第一妇婴保健院、国际和平妇幼保健院和本院的实验室工作人员,以及进修医生和教师,包括孙清(后任贵州省人民医院妇产科主任)、葛杏林(后任河北医科大学第二医院妇产科主任)、褚离元(后任大连医科大学附属第一医院妇产科教授)、郑树衡(后就职于上海市计划生育科学研究所)。培训内容包括操作、涂片、临床分析、文献综述等。肖碧莲在口服避孕药临床研究方面投入最多,她于1965年5月作了一次总结,在相关会议上报告时反映较好。总结中提到服药人数400人左右,占全国计划受试者人数(2000多人)的1/5,完成64个周期的内分泌测定,且质量较好,比原计划超额完成,目前有新的工作计划。[4]肖碧莲在这次工作进展汇报中提到的新的工作计划,即不久之后开展的口服避孕药1/2剂量的实验。

---

[1] 上海市口服避孕药协作组:减量口服避孕药的临床与实验。《避孕药科研参考资料》,1978年第1期,第78、80页。

[2] S. W. Junod and L. Marks. Women's trials: The approval of the first oral contraceptive pill in the United States and Great Britain. Journal of the History of Medicine and Allied Sciences, 2002, 57(2): 153–160.

[3] 肖碧莲访谈,2012年9月27日,北京。资料存于采集工程数据库。

[4] 1965DZ3-108-0010,肖碧莲医师汇报计划进展情况。存于仁济医院档案室。

非常时期的减量

肖碧莲团队的口服避孕药临床研究成果于 1965 年 5 月被写进上海市委、市人委的《关于计划生育工作的报告》中。这份报告显示，上海市 1964 年人口自然增长率已经下降到 14.5‰，主要经验包括广泛深入宣传教育，加强组织领导，奖励计划生育、积极提倡晚婚，积极提倡避孕、加强计划生育各项技术措施，开展科学研究、不断提高避孕药具的质量。在避孕药研发方面，上海"去年已试制成功三种口服避孕药，经五百多人试用后，无一人怀孕"。6 月 23 日，中共中央、国务院批转了上海市委、市人委的这份报告，特别强调，"各有关部门，应当加强计划生育的各项技术措施，积极开展科学研究工作，努力提高计划生育的科学技术水平，不断改进和提高避孕用具、药品的质量，降低成本，及时组织供应"。批转意见要求各地参照上海的做法，更好地把计划生育工作开展起来。①

1965 年 8 月，上海市成立了避孕药领导小组，希望再接再厉、更进一步。② 也正是在 8 月，肖碧莲及同事率先开始进行口服避孕药 1/2 剂量的研究。她的工作愈显重要，也得到了更多的认可，被认为"工作能力强，有计划，有魄力，干劲比较足。发挥行政组织作用比较好。各方面能以身作则，严格要求自己，如实验室劳动能挑重担做。同样对同志们及工作也能严格要求"。③ 有鉴于此，肖碧莲于 9 月 7 日升任仁济医院妇产科副主任。④ 强化妇产科的科研工作是她的一个主要职责，因此她要求科里的医生都去实验室学一些测定方法，希望每个医生都能熟悉实验室环境，为科研打基础。⑤

---

① 中华人民共和国国家计划生育委员会：计划生育文件汇编 1950—1981.3。1987 年，第 38-43 页。
② 中国避孕药具五十年编写组：《中国避孕药具五十年》。南京：河海大学出版社，2016 年，第 78 页。
③ 1965DZ3-108-0011，通过支部了解肖碧莲医师表现。存于仁济医院档案室。
④ 1965DZ3-106-0012，为批复有关干部提升事。存于仁济医院档案室。
⑤ 严隽鸿访谈，2013 年 1 月 25 日，上海。资料存于采集工程数据库。

除上海外，其他省市口服避孕药相关研究单位也在从合成工艺、药理、临床几个方面向前推进。1965年10月25日，卫生部部长钱信忠向中央提交了一份《有关计划生育的几个问题》的报告，其中涉及四种女用甾体口服避孕药的试制和生产："目前已生产了几万人份，还可扩大生产。经一年多对1800多人的仔细观察，没有一个怀孕，也没有特殊的不良反应。上海还试制成一种避孕针剂，已试用了170多人，经一年的观察，效果也可靠。"口服避孕药的有效性有目共睹，不过报告对其不良反应有些轻描淡写："但这类药物初服第一个月一般有呕吐、头晕、像怀孕样的反应，少数妇女还有月经样出血等不良反应。同时，口服药要每月连服20天，针剂要每月定时注射一次，都不算方便；价格也较贵，每人每月需三角到五角，尤不便在农村推广。目前正进一步扩大试用和设法改进生产工艺，降低成本。并根据排卵、着床等生理规律，寻找新的药品"。[1]

此外，这份报告还明确了口服避孕药中孕激素的名称：泼罗维拉为甲孕酮，脑罗丁为炔诺酮，美杰司脱罗为甲地孕酮，克罗买地依为氯地孕酮。[2] "1964—1965年计划生育科学研究工作安排"中原有的阿诺夫拉主药以及后补的恩那味主药都被放弃，没有参与进一步的试制。与孕激素配伍的雌激素乙炔雌二醇后来也经国家科委统一名称为炔雌醇。[3] 张昌绍1964年5月6日曾经对命名提出建议，比如将脑罗丁命名为诺炔孕酮、乙炔雌二醇命名为乙炔雌醇。尽管后来的结果没有完全采纳他的意见，但是遵循了他提出的命名原则："尽量用化学特点，结合声音，照顾简短，又要避免化学名因过简化而引起化学上的混淆。根据效用命名是不妥的"。[4] 1965年还发生了一个变化，上海公私合营的通用药厂、华联药厂、信谊药厂陆续收归国有，转为国营工厂，分别改名为上海第九制药厂、上海第十二制药厂、上海第七制药厂。

---

　　[1] 中华人民共和国国家计划生育委员会：计划生育文件汇编1950—1981.3。1987年，第49页。
　　[2] 同[1]。
　　[3] B242-1-1816，3-甲醚炔雌醇质量标准的技术审查说明。存于上海市档案馆。
　　[4] 本局审核口服避孕药物标准规格、临床试用和质量处理的批复及往来文书。存于上海市卫生局档案室。

肖碧莲对口服避孕药的安全性没有掉以轻心，她开展 1/2 剂量研究的主要目的是为了减少不良反应对女性的伤害以及降低长期服药带来的健康风险。在 1/2 减量方案中，孕激素炔诺酮减为 1.25 毫克、甲地孕酮减为 2 毫克。肖碧莲团队在内分泌测定的基础上，首先确定了正常情况下排卵与否的激素含量标准。"根据 15 个正常排卵周期在第 8 天、第 21 天、第 23 天的孕二醇测定，平均值相应为 1.49 毫克/24 小时、3.55 毫克/24 小时、3.10 毫克/24 小时，于 21—23 天时最低值为 2.02—2.18 毫克/24 小时。因此，我们以 21—23 天时孕二醇在 3 毫克/24 小时以上者作为排卵水平；2—3 毫克作为排卵可疑水平；2 毫克以下者作为无排卵水平。"以此为标准，对全量服药者、半量服药者尿中孕二醇的水平加以比较，结果表明 1/2 剂量同样能达到抑制排卵的效果，避孕效果接近 100%。而且，临床数据显示其对肝功能的影响显著减轻，转氨酶异常的发生率从全量时的 19.5% 下降到 5.5%。在配伍的雌激素乙炔雌二醇含量应该减为多少这一问题上，肖碧莲团队发现如果雌孕激素同时减半，突破性出血率增高。其主要原因是雌激素水平不足，对子宫内膜支持不够，引起内膜脱落而造成出血。这说明"雌孕激素在体内需有一定的比例才能达到平衡，机体内必需保持一定的雌激素水平才能支持内膜的生长。过低或完全不用雌素（如国外采用的低剂量孕素连续服法），均易发生突血。"因此，他们在减量试验的同时探索了最适宜的雌激素配伍剂量，选择将乙炔雌二醇含量从 0.05 毫克减为 0.0375 毫克。①

1967 年 6 月 25—27 日，国家科委、卫生部和化工部在上海召开了"高举毛泽东思想伟大红旗口服避孕药鉴定会议"。开会时间的选择是为了纪念毛泽东两年前提出的"六二六"指示，即要将医疗卫生工作的重点放到农村去，这是当时医疗服务发展的方向。北京市科学技术委员会的田野司长也来上海参会，作了计划生育总结报告。因为会议在"文化大革命"期间召开，郭泉清这一代的老专家都"靠边站"了。时年 28 岁的仁济医院妇产科医生林其德是鉴定会组委会（时称勤务组）的成员。但他知道此次

---

① 上海市口服避孕药协作组：减量口服避孕药的临床与实验.《避孕药科研参考资料》，1978 年第 1 期，第 77-81 页。

会议事关业务，必须有权威声音，而不能只有像他一样的年轻一代，因此一定要邀请肖碧莲参会。会上肖碧莲不仅报告了研究结果，积极参与讨论，还为鉴定会作了很多组织工作，在避孕药临床研究方面挑起了大梁。①

肖碧莲代表仁济医院计划生育研究室汇报了上述减量口服避孕药的临床和实验工作，包括临床效果和不良反应的观察，以及内分泌和子宫内膜的实验研究。结果肯定了 1/2 剂量复方炔诺酮和复方甲地孕酮同样能抑制排卵、避孕效果接近 100%，同时不良反应显著减轻。肖碧莲团队的结论得到了参会代表的认可，其确定的减量方案（炔诺酮减为 1.25 毫克、甲地孕酮减为 2 毫克、配伍的乙炔雌二醇减为 0.0375 毫克）通过了国家科委的鉴定。除了出于减少不良反应、提高安全性之目的，由于避孕药原料薯蓣类植物资源紧张，"节约闹革命"的诉求亦成为减量背后的推动力之一。② 这次鉴定会采纳了肖碧莲团队的 1/2 剂量研究结果，同时进一步强化了她的认识，即寻找避孕药的最低有效剂量、最大程度护佑女性健康是避孕药研究中的一项重要任务。

根据 7 月 2 日鉴定会提交的材料，会议认为口服避孕片"通过三年多时间 23000 多例临床试用，证明其避孕效果达 99.9% 以上，对人体无害，且不影响今后生育"，"是目前较好的避孕方法之一，可以在医务人员指导下推广使用"。复方炔诺酮被称为口服避孕药 1 号，规格为主药炔诺酮 1.25 毫克、辅药炔雌醇 0.0375 毫克；复方甲地孕酮被称为口服避孕药 2 号，规格为主药甲地孕酮 2 毫克、辅药炔雌醇 0.0375 毫克。口服避孕药 1 号还有另一个更低剂量规格，炔诺酮含量不变，仍为 1.25 毫克，雌激素炔雌醇含量减至 0.025 毫克。除药物名称和规格外，鉴定会还明确了作用机制、服用方法以及多条注意事项。③ 综合各方面的研究反馈，复方甲孕酮和复方氯地孕酮被弃用，原因是甲地孕酮与甲孕酮同属一类，但前者效力更大；复方氯地孕酮在武汉临床试用时曾出现疑似不良后果，为慎重起见而放弃。④

---

① 林其德访谈，2012 年 12 月 11 日，上海。资料存于采集工程数据库。
② 同①。
③ B242-3-51，口服避孕药使用说明书。存于上海市档案馆。
④ 石其贤访谈，2013 年 4 月 24 日，杭州。资料存于采集工程数据库。

第五章　口服避孕药减量研究

1967年8月，上海市卫生局向卫生部药政局报请审批口服避孕药的暂行质量标准，9月19日即获批准。上海市卫生局药政处胡纹在申请中引用了卫生部药政局张景霖在鉴定会上的意见："各口服避孕药是否可以正式生产按一般药品供应问题，则要由卫生部妇幼司、国家科委十局以及国务院计划生育办公室作决定。但为了使口服避孕药暂行质量标准能早些确定下来，卫生部药政局与上海卫生局药政处可以先将要办理的手续先行办妥，以便待国务院计划生育办公室批准作正式药品生产推广使用时能争取很快地下达各药暂行质量标准。又因为这几个药过去在卫生部药品生物制品检定所均没有插手过，而在上海市已做过大量的检验工作。所以上报暂行质量标准时可不必送卫生部药品生物制品检定所"。①

1967年9月19日，国家给出了关于口服避孕药质量标准问题的批复：关于口服避孕药炔诺酮、炔雌醇、甲地孕酮、复方炔诺酮片的质量标准，根据口服避孕药鉴定会的意见，经研究同意上海市卫生局报来的质量标准作为地方标准执行，并结合实际生产情况不断改进。② 1/2剂量的口服避孕药1号（复方炔诺酮片）和口服避孕药2号（复方甲地孕酮片）获得批准正式投产和供应。③ 国家科委曾于1966年在上海第九制药厂投资建立一个口服避孕药新车间，是全国首个专门生产口服避孕药的车间，1968年竣工。其他制药厂也扩大了生产能力。④

1967年7月初鉴定会结束时，成立了上海市避孕药研究协作组。上海市卫生局在对1967年医学科学研究计划的意见中表示，要"积极搞好研究所、医学院、医院、工厂等单位之间的大协作，发扬集体主义精神和共产主义风格，不但原有协作关系不应中断，而且要进一步发展新的协作关系"。⑤ 避孕药研究协作组的任务要继续改进药物的用法用量，主要是进一

---

① B242-3-51，关于口服避孕药质量标准问题的批复（1967年9月19日）。存于上海市档案馆。

② 同①。

③ B242-3-51，关于同意口服避孕片生产供应的函（1967年10月20日）。存于上海市档案馆。

④ B242-2-46，为组织医疗小分队赴农村及山区推广口服避孕药的请示报告（1968年2月8日）。存于上海市档案馆。

⑤ 关于制订一九六七年医学科学研究计划的几点意见。存于上海市卫生局档案室。

步减量。正如后来"口服避孕药 1/4 剂量临床研究工作总结"中所言:"从我国有七亿人口出发,贯彻勤俭建国、'节约闹革命'的原则,按照全国鉴定会议提出的要求,进一步开展减量试验的研究工作,为基本消除药物的不良反应,进一步降低药物成本而努力"。[1]

仁济医院[2]是上海市避孕药研究协作组的主要成员,与妇产科医院一起负责临床研究,进一步从剂量和使用方法上改进现有药物。[3] 1967 年 7 月开始,肖碧莲带领计划生育研究室进一步研究 1/4 剂量的有效性、安全性和可逆性。剂量定为炔诺酮 0.625 毫克 + 炔雌醇 0.03 毫克;甲地孕酮 1 毫克 + 炔雌醇 0.03 毫克。根据来自 4 个医院(另外三个是上海第一医学院妇产科医院、国际和平妇幼保健院及第一妇婴保健院)的数据汇总,在药物机制实验室研究阶段,共完成 59 名来自工厂、地段、门诊的 1/4 剂量受试者 108 周期的尿液孕二醇测定,进而与过去半量及全量服药者孕二醇测定数值作了比较,结果相似,全部为无排卵水平。在服药不良反应方面,恶心、纳差、头晕、乏力较半量有所减少,但突破性出血未见减少。在临床试验阶段,共试用了 1416 例、6826 周期,凡按规定服药者无一例失败,避孕有效率为 100%。在服药不良反应方面,突破性出血的发生率较半量高,尤以 1/4 甲地孕酮更为突出。对此,研究人员进一步调整雌激素的配伍剂量,以减少突破性出血的发生率。从 1968 年 12 月到 1969 年 3 月,将雌激素配伍剂量分为三组:0.03 毫克、0.035 毫克、0.0375 毫克。在服炔诺酮的对象中另外增加两组,第 1 周期雌激素量为 0.035 毫克及 0.0375 毫克,第二周期开始仍改用 0.03 毫克。观察比较不良反应的发生率,着重解决突破性出血问题,但同时也要兼顾其他不良反应不能随雌激素含量增加而增加。观察结果表明,0.035 毫克配伍剂量时突破性出血的发生率较低,与 1/2 剂量服用者突破性出血的发生率接近。因此,1/4 剂量炔诺酮配伍炔雌醇 0.035 毫克,有利于全面降低不良反应。在服用 1/4 剂量甲地孕酮者的各

---

[1] B89-2-834-004,口服避孕药 1/4 剂量临床研究工作总结(1969 年 3 月 7 日)。存于上海市档案馆。
[2] 仁济医院 1967—1971 年名为工农兵医院,1972 年改为第三人民医院,1984 年改回原名。
[3] B242-2-12,一九六七年科学技术研究重点课题计划表。存于上海市档案馆。

组不同剂量配伍比较中，虽然 0.0375 毫克组突破性出血的发生率最低，但综合考虑仍以 0.035 毫克配伍较适宜。由于此阶段服药者大多在三个周期以内，根据药物反应规律，估计连续服药出血发生率尚有可能继续下降。

避孕药研究协作组建立了科研小分队，把 1/4 剂量口服避孕药临床科研工作的基地放到崇明、太仓等农村中，进行发药、随访、留尿、记录等，为将来全面推广提供了大量数据。经过一年多的实验室研究和临床试用，两种 1/4 剂量口服避孕药共服用 5313 例（其中农村服药人数 2988、城市服药人数 2325）、18730 周期，避孕有效率为 100%。肝功能测定分析中，转氨酶异常率较之半量进一步下降至 1.11%，有明显改善。1/4 剂量孕激素配伍 0.035 毫克雌激素的情况下，恶心、纳差、头晕、乏力较半量显著减少，闭经发生率降低，皮疹、乳胀、腹痛等极少发生。1/4 炔诺酮与半量出血率接近，1/4 甲地孕酮出血率则略高于半量，不甚理想，但个别反复出血者可通过调整雌激素剂量或者换用炔诺酮来解决，总体衡量其优点值得肯定。①

1/4 剂量口服避孕药的临床研究结果显示，该剂量并不影响药物的避孕效果，且总体不良反应大为降低。1969 年 3 月初，1/4 剂量 1 号药复方炔诺酮片（炔诺酮 0.625 毫克 + 炔雌醇 0.035 毫克）、1/4 剂量 2 号药复方甲地孕酮片（甲地孕酮 1 毫克 + 炔雌醇 0.035 毫克）通过了上海市卫生局革命委员会主持的鉴定。同月，国家科委、卫生部和化工部革命委员会在上海召开了"全国避孕药工作活学活用毛泽东

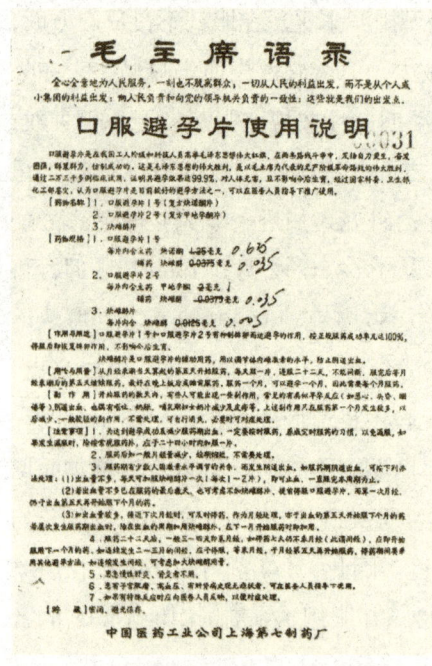

图 5-1　1969 年口服避孕片使用说明剂量修改（上海市档案馆提供）

① B89-2-834-004，口服避孕药 1/4 剂量临床研究工作总结（1969 年 3 月 7 日）。存于上海市档案馆。

思想讲用会",1/4剂量口服避孕药获批在全国推广,并且正式下达了上海相关药厂当年生产 1000 万人份用药的任务。① 在口服避孕片使用说明中,两种药的剂量从 1/2 改为 1/4。②

一项针对美国口服避孕药剂量变化的研究表明,1964 年到 1988 年,各种口服避孕药的孕激素、雌激素含量显著降低。但是 1968 年,雌激素含量低于 0.05 毫克的避孕药不到临床使用量的 1%。以复方炔诺酮类避孕药为例,1976 年,孕激素和雌激素的平均剂量分别降到了 1.14 毫克和 0.047 毫克,一直到 1988 年才分别降到了 0.89 毫克和 0.035 毫克。③ 而中国 1967 年开始生产试用、1969 年鉴定后全国推广的 1/4 剂量复方炔诺酮只含 0.625 毫克孕激素和 0.035 毫克雌激素,是当时世界上临床大量应用的最低剂量。为避孕药问世作出关键贡献的华裔生殖生物学家张民觉和化学家卡尔·杰拉西在 20 世纪 70 年代初访华期间对此都印象深刻。杰拉西撰文指出美国的食品药品监督管理局 1973 年才刚开始考虑审批类似的低剂量避孕药。④

中国的口服避孕药的研发过程是由政府自上而下推动的。在很大程度上,科研人员的选题方向、进展速度、研究方式都受到政治因素的影响。由于国家在人力、财力、物力上的支持,研发初期进展还是比较顺利的,但 1966 年 6 月"文化大革命"后遭遇了不少困难。郭泉清、王淑贞、林巧稚和张昌绍这一辈人首当其冲受到"文化大革命"的波及。肖碧莲也未能幸免,她被挂牌挨斗、强制劳动、"开除"党籍。随后由于地下党、留苏、家庭出身等原因被隔离审查近一年半,正常的医教研工作受到很大干扰。⑤

---

① B89-2-834-019,关于四分之一剂量口服避孕药生产、使用情况调查汇报(1969 年 3 月)。存于上海市档案馆。

② B123-8-204,全国避孕药工作活学活用毛泽东思想讲用会情况汇报(1969 年 4 月 9 日)。存于上海市档案馆。

③ B. B. Gerstman, T. P. Gross, D. L. Kennedy, R. C. Bennett, D. K. Tomita, B. V. Stadel. Trends in the content and use of oral contraceptives in the United States, 1964-1988. American Journal of Public Health, 1991, 81(1): 92.

④ C. Djerassi. Fertility limitation through contraceptive steroids in the People's Republic of China. Studies in Family Planning, 1974, 5(1): 20.

⑤ 肖碧莲档案:中国共产党党员登记表(1985 年 9 月 3 日)。存于国家卫生健康委科学技术研究所档案室。

不过，由于避孕药具的研究受到国家政策以及仁济医院管理层面的支持，她得以断断续续开展相关科研。从计划生育研究室的层面看，肖碧莲无法正常工作的时候研究室还能勉强维持运转，并没有完全关闭过。最困难的时候是她1968年末被关进"牛棚"隔离审查期间，实验进展基本停顿，只能做一些后期随访工作。①

在彼时政治运动的号召下，卫生管理部门的要求是"不论是医护人员或实验研究人员均应轮回参加农村医疗队，或到工厂农村去参加生产劳动"，要深入工厂和农村，和工农群众相结合。② 为了扩大口服避孕药的临床试用规模，肖碧莲团队多次组织人员到工厂和农村中。受政治因素影响，中国的口服避孕药研究涉及的样本量非常大，受试者的依从性也很强，这与其他国家的情况不尽相同。口服避孕药在美国的诞生离不开女性主义者的直接推动，其主要的诉求是为女性争取生育自主权。而在中国，作为药物受试者和使用者的广大女性，对集体召唤的服从往往遮蔽了她们的自主选择。

---

① 张亚琴访谈，2012年12月12日，上海。资料存于采集工程数据库。
② 关于制订一九六七年医学科学研究计划的几点意见。存于上海市卫生局档案室。

第六章
等待科学之春

  1/4 剂量口服避孕药于 1969 年通过鉴定之后，随即在全国范围内推广使用。根据周恩来总理的指示，财政部和卫生部于 1970 年 5 月 20 日联合发文，决定从 1970 年起在全国实行避孕药免费供应。[①] 既有的减量口服避孕药毋庸置疑降低了不良反应，避孕效果也比较可靠，但仍有进一步降低剂量的空间，而且每月连续服用 22 天的方式比较烦琐，长期服药的远期安全性也有待评估。因此，避孕药具的研发与其说告一段落，不如说刚刚起步。

  "文化大革命"发动以来，计划生育相关工作由国家科委、卫生部军事管制委员会、燃料化学工业部军事管制委员会来负责。由于缺乏有效的协调管理和宣传推广，曾出现过一方面口服避孕药片库存积压，另一方面某些地区百姓来信向商业部门索药的现象。[②] 避孕药具研发也一度出现了停滞，直到 1973 年 7 月国务院计划生育领导小组成立之后才又重新开展起来。该领导小组的工作重点是制订计划生育科研规划以及避孕药具生产计

  [①] 中华人民共和国国家计划生育委员会：计划生育文件汇编 1950—1981.3。1987 年，第 132 页。

  [②] B89-2-800，关于口服避孕药，复方炔诺酮、复方甲地孕酮因库存积压要求减少生产计划的请示报告（1971 年 2 月 23 日）。存于上海市档案馆。

划。① 上海市随之制定了 1974—1975 年避孕药科学研究计划以及十年规划草案，组建了多个避孕药具科研协作组。② 肖碧莲带领研究室人员先后加入了复方甲地孕酮避孕针三结合科研协作组、1/8 量避孕药科研协作组、枸橼酸氯菧酚胺科研协作组等，和其他研究者一同开拓了更多的研究方向。

未 曾 止 步

1969 年两种 1/4 剂量口服避孕药通过了鉴定，肖碧莲并未止步，而是立即开始了最低有效剂量的进一步探索。因为 1/4 剂量复方甲地避孕片的突破性出血问题较为明显，因此未被选择进行更低剂量的研究。她带领团队对 16 位试用 1/8 剂量复方炔诺酮避孕片（炔诺酮 0.3 毫克 + 炔雌醇 0.03 毫克）的女性作了内分泌测定，以判断排卵抑制情况，考察避孕作用机制。该研究"初步肯定了 1/8 剂量的排卵抑制率为 93.1%，并曾在临床上试用了数百例"。③ 但是"由于种种原因而暂停临床科研，于 1974 年又继续试用"。减量背后的原因一以贯之，一是薯蓣皂苷元资源紧张，二是不良反应尚有待改善。这回应了毛泽东"节约是社会主义经济的基本原则之一"以及周恩来总理 1969 年关于"口服避孕药是一件大事……现在还有不良反应，要改进""成本要进一步降低"的指示。降低不良反应不仅惠及服药对象，也包括药厂的工人。④

1974 年 9 月，减量试验三结合科研协作组正式在上海成立，即科研、临床和生产三方面的密切合作。协作组不仅包括上海的第一妇婴保健院、

---

① 中国避孕药具五十年编写组：《中国避孕药具五十年》。南京：河海大学出版社，2016 年，第 10 页。

② 肖碧莲档案：上海市避孕药科学研究计划（1974—1975），上海市计划生育避孕药科研十年规划草案初稿（1974 年 8 月 7 日）。存于国家卫生健康委科学技术研究所档案室。

③ 上海第二医学院附属第三人民医院计划生育研究室：复方 1/8 量炔诺酮避孕作用原理的探讨。《避孕药科研参考资料》，1977 年第 3 期，第 166 页。

④ 1/8 量避孕药科研协作组：复方炔诺酮 1/8 量避孕药工作总结。《避孕药科研参考资料》，1977 年第 3 期，第 158, 161 页。

第一医学院妇产科医院、第二医学院第三人民医院（即仁济医院）、医药工业研究院、第七制药厂、第九制药厂、第廿一制药厂以及有关的区县单位，还包括昆明市延安医院、首都医院（现北京协和医院）、天津医学院总医院（现天津医科大学总医院）、山东省人民医院、南京市妇幼保健院等单位。自1974年9月至1976年10月共试用4519例、35149周期，有2例受孕（其中1例因未按规定服药而受孕），避孕效果为99.97%。根据临床对垂体、卵巢、子宫内膜和宫颈黏液方面实验的结果表明，1/8剂量复方炔诺酮避孕片对垂体－卵巢功能影响的程度较轻，子宫内膜出现退行性变化、具有抗着床作用，而且宫颈黏液的物理性能改变、不利于精子穿透。[①]

1977年6月7—11日，上海市避孕药领导小组办事组在上海组织召开科研成果鉴定会。会议代表经充分讨论后，认为"减少剂量对垂体－卵巢功能干扰较少，更符合正常生理，月经情况亦较满意，胃肠道与神经系统反应少，对乳汁分泌无影响，有利于在早期哺乳期服药；且可节省药物资源、国家资金。同意通过鉴定、投入生产、扩大使用"。但是该药仍存在突破性出血发生率稍高的问题，需要进一步研究克服办法。[②]

肖碧莲团队在1974年开始的扩大试用中继续发挥重要作用，测定了44例受试者尿中孕二醇的含量，对4例服药者进行了10个周期的系统内分泌测定，包括雌激素分量、孕二醇和垂体促性腺激素。在此肖碧莲率先引入了国际上先进的同位素放射免疫法，测定了10例女性月经中期血清中的黄体生成激素，这种方法更为准确，成为日后通用的激素测定法。由于条件限制，当时仅在很小范围内进行了应用。此外，她还进行了垂体兴奋试验和宫颈黏液精子穿透试验。激素测定结果表明，该药对垂体－卵巢功能的抑制是有限的，仅少数周期显示完全抑制状态。结合高达99.97%的避孕有效率来分析，说明其避孕作用环节与之前更大剂量时不完全相同，即并不全在于抑制排卵，还有可能主要通过改变子宫颈黏液的物理性能起到避孕作用。不过，肖碧莲在论文分析中也实事求是地指出，由于激素测

---

① 关于分发三项避孕药科研成果鉴定报告的通知（1977年11月12日）。资料存于采集工程数据库。

② 同①。

定方法不够精确、精子穿透实验方法有缺点，以及针对垂体、卵巢、宫颈黏液的实验不是在同一组对象中全面系统进行的，加之样本量较少，因此有待进一步研究。①

1976—1981年，上海第七制药厂和第九制药厂间断生产1/8剂量复方炔诺酮避孕片，由国家统一收购、全国免费发放。但是由于在服药前3个周期中突破性出血发生率稍高于1/4剂量复方炔诺酮避孕片，所以于1982年停止了生产供应。②

对于两种1/4剂量的口服避孕药，肖碧莲团队也进行了持续、细致的随访研究。1973年，他们对长期服1/4剂量（大部分在50—60周期）的女性进行了子宫内膜变化的检查。结果显示，其基本变化与服全量者相似，但与正常周期的内膜显著不同，不利于孕卵的种植，且停药后内膜可以恢复正常。1974年，他们对123例服用1/4剂量8年以上的女性进行了详细的病史询问和体格检查，并对其中108例作了代谢和内分泌方面的检查，包括肝功能、蛋白电泳、血糖、胆固醇、三酸甘油酯、甲状腺吸碘试验和肾上腺皮质功能（17酮、17羟基皮质酮）等测定。所得到的较为全面的数据显示，长期服用对人体健康亦无明显影响。"对体重、血压、代谢和内分泌方面的影响属少数，亦无临床症状。而且，在血压和代谢方面的改变还与服药者的年龄、家族史或过去高血压史的因素有关。在这些长期服药的女性中亦未发现癌肿、肝肾或心血管疾病。因此，药物的安全性是可以肯定的。"肖碧莲还对国内外广泛采用的避孕药剂量进行了对比，如Ortho-Novum 1/50（1毫克炔诺酮+0.05毫克三甲醚炔雌醇）服用1—6周期突破性出血发生率为13.2%—3.4%，恶心发生率7.4%—1.7%，而中国的Ⅰ号片（0.625毫克炔诺酮+0.035毫克炔雌醇）服用1—3周期突破性出血发生率为5.8%—0.65%，恶心发生率7.75%—0%，不良反应大为降低，而避孕效果仍为100%。③

---

① 上海第二医学院附属第三人民医院计划生育研究室：复方1/8量炔诺酮避孕作用原理的探讨.《避孕药科研参考资料》，1977年第3期，第166-176页。

② 中国避孕药具五十年编写组：《中国避孕药具五十年》。南京：河海大学出版社，2016年，第129页。

③ 上海市口服避孕药协作组：减量口服避孕药的临床与实验.《避孕药科研参考资料》，1978年第1期，第87-97页。

减量口服避孕药在上海通过鉴定之后并没有公开报道和发表论文，一是存在专利问题；二是毛泽东主席对计划生育的态度有所保留。[①] 当然还有一个原因："文化大革命"期间很多学术期刊都停办了。因此，肖碧莲带领研究室、协同其他单位完成的减量口服避孕药研究，直到 20 世纪 70 年代末才发表于《避孕药科研参考资料》上。其中，《复方 1/8 量炔诺酮避孕作用原理的探讨》发表于 1977 年第 3 期，"减量口服避孕药的临床与实验"发表于 1978 年第 1 期。这两篇文章对口服避孕药减量工作的临床和实验资料进行了综合分析。通过临床观察全剂量与减量后避孕药的避孕效果，比较不良反应种类和程度，分析雌激素配伍与突破性出血的关系，探讨避孕作用原理，比较服药前、服药期、停药后的内分泌方面的数据和子宫内膜的改变，以及追踪长期服药对代谢和内分泌的影响，文章结论表明，减少剂量后药物的安全性和有效性是可以肯定的。

拓展研究方向

已获推广的复方炔诺酮片和复方甲地孕酮片属于短效避孕药，需要每月连续服用 22 天，比较麻烦，容易漏服，因此长效手段的研发受到了研究者的重视。1963 年，国外开始有每月注射一次的避孕针剂研究，中国紧随之后，从 1964 年开始在上海国棉十厂试用复方己酸孕酮（又名己酸羟孕酮、长效黄体酮）避孕针，己酸孕酮含量减为国外剂量的一半。受试女性每 28 天注射一次，观察了 171 例，并作了子宫内膜检查及内分泌测定，肯定了该针剂的避孕有效性。[②] 1965 年 10 月，时任卫生部部长钱信忠向中央提交的"有关计划生育的几个问题"的报告中，也提到了上海避孕针剂的研究进展。[③]

[①] 杨海燕：石其贤与生殖生理学研究。《今日科苑》，2018 年第 9 期，第 48 页。

[②] 上海第二医学院附属第三人民医院计划生育研究室：长期注射 I 号避孕针的临床和实验结果分析。《避孕药科研参考资料》，1978 年第 1 期，第 99 页。

[③] 中华人民共和国国家计划生育委员会：计划生育文件汇编 1950—1981.3。1987 年，第 49 页。

肖碧莲团队对复方己酸孕酮避孕针进行了长期的研究。1964年，她开始指导首个硕士研究生周良玉（由郭泉清招收的在职学生），论文题目为"己酸孕酮长效避孕针的临床和实验研究"。1965年，周良玉报告了初步临床观察和实验结果，但后来因"文化大革命"，毕业和学位问题都不了了之。[①]肖碧莲团队分别于1965年、1967年、1969年"对药物的剂量、注射方式、对肝功能的影响，以及避孕作用原理等方面作过多次临床及实验工作的报道。"这些报道均未正式发表，采取的多是工作总结的方式，例如1965年与上海通用药厂合作完成的"国产复方长效黄体酮肌注避孕的初步临床观察及作用机制"，1967年"复方长效黄体酮针剂避孕药工作总结"，1969年以上海市避孕药研究协作组名义完成的"上海市复方己酸孕酮注射避孕药临床应用小结"。[②]依据上述研究结果，长效注射针剂与1/4剂量Ⅰ号药、Ⅱ号药同时通过了上海市卫生局革命委员会的鉴定，被命名为Ⅰ号避孕针，每针1毫升，剂量配比是己酸孕酮250毫克、戊酸雌二醇5毫克。[③]

直到1978年，上述报告中的数据才与后续研究汇总在一起，发表于《避孕药科研参考资料》上。这项长达十余年的研究采用的注射方法为：首次月经周期第5天注射双针，以后每月在月经周期的第10—12天注射单针，遇个别周期短的情况可注射2针或1.5针。对注射针剂两年以上的1900例女性（2—4年者1262例、4—8年者642例）作了全面体检和宫颈刮片，1964—1972年作了11例29周期的垂体和卵巢功能的系统内分泌测定，以及80例子宫内膜活检。此外，还对790例已停药者进行了随访，分析其停药原因以及月经和生育功能恢复的情况。结果显示，排卵受到了抑制，但难以确定药物是直接作用于卵巢还是通过垂体抑制卵巢功能。药物能够使子宫内膜出现退行性改变、不利于受精卵着床，故加强了避孕功能。由于注射长效避孕药后干扰了下丘脑-垂体-卵巢的调节作用，会引

[①] 肖碧莲档案：科学技术干部业务考绩档案（1986年7月5日）。存于国家卫生健康委科学技术研究所档案室。

[②] 上海第二医学院附属第三人民医院计划生育研究室：长期注射Ⅰ号避孕针的临床和实验结果分析。《避孕药科研参考资料》，1978年第1期，第99—113页。

[③] B89-2-834-019，关于四分之一剂量口服避孕药生产、使用情况调查汇报（1969年3月）。存于上海市档案馆。

起月经紊乱（如经期长、周期短、突破性出血发生率高），这是导致停药的一个主要原因（在一年内因药物反应而停药者占 61.41%）。部分受试女性根据实际情况加以调整（注射 1.5 针、2 针，或者服用口服避孕药），月经紊乱可以得到缓解。在检查中发现，肝功能、糖和脂肪代谢、甲状腺和肾上腺皮质功能均有一些异常，虽然发生率较低，且无临床症状，但仍需密切观察。普查服药者后发现了 3 例子宫颈癌，虽然比非服药者宫颈癌发生率低，但雌激素水平暂时升高的现象值得关注。甾体激素避孕药物是否会致癌尚有争论，有待于深入研究。该项研究认为，月经紊乱导致停药是该针剂的最大缺点，需要进一步改进。停药后月经、妊娠和胎儿发育情况均属正常，这可以减少女性对用药的顾虑。[①]

肖碧莲带领研究室开展的若干项研究都是以科研协作组的方式进行的，这些协作组为解决具体问题而设，研究目标明确，将生产、科研和临床结合在一起，能够促进多方合作、缩短科研周期、加速成果转化。尤其是在"文化大革命"时期，这样的机制为避孕药具的研发提供了难得的协调通道。

用枸橼酸氯蔗酚胺治疗避孕药等节育措施引起的月经不调，是面对具体问题、通过组织协作来解决问题的一个实例。经过若干年的推广使用，发现口服避孕药和注射避孕药的使用者中有部分女性出现经量减少、闭经、淋漓不净、周期紊乱等问题。枸橼酸氯蔗酚胺是一种抗雌激素化合物，可用于诱发排卵，1972 年上海医工院和第九制药厂曾小量试制，经初步临床观察确有效果。[②]1974 年，肖碧莲所在医院与上海医工院、第九制药厂等单位组成了枸橼酸氯蔗酚胺科研协作组。由肖碧莲团队整理的资料显示，1974 年 5 月—1975 年 8 月，应用该药治疗了 114 例月经失调（由避孕药等措施引起）的患者，计 327 个周期。治疗后月经规律者约占 75%，排卵恢复者占 55%。经过内分泌测定（尿中雌激素分量和孕二醇值）、垂体促黄体生成激素释放激素兴奋试验（注射促黄体生成激素释放激素前后

---

① 上海第二医学院附属第三人民医院计划生育研究室：长期注射Ⅰ号避孕针的临床和实验结果分析.《避孕药科研参考资料》，1978 年第 1 期，第 99-113 页。

② 上海医药工业研究院，上海第九制药厂：枸橼酸氯蔗酚胺的合成工艺.《避孕药科研参考资料》，1977 年第 3 期，第 24 页。

通过放射免疫法测定血液中黄体生成激素的值）和阴道涂片伊红指数的观察，初步推测枸橼酸氯蔗酚胺作用于垂体和下丘脑，而不是卵巢。其可促使体内雌激素水平升高，这可能是垂体分泌大量卵泡刺激素导致卵泡持续增大所致。研究者观察到雌素过量及其代谢紊乱的现象，对人体健康有何影响有待进一步研究。该协作组还对江苏省苏州市太仓县沙溪公社21个大队1876名口服避孕药（全部为Ⅰ号片）试用者进行了月经不调情况的调查，结果发现闭经发生率为10.61%。不过"绝大多数是间歇性闭经2—3个月，停药后能自然恢复，无须治疗。闭经4—6个月者56例，占总人数的2.8%，而闭经时间较长的（7个月—2年）仅9例，占0.46%"，而国外研究者报道停药后闭经6个月以上者占0.7%—0.8%。两相比较，此人群的闭经发生率国内比国外要低得多，体现出了中国低剂量口服避孕药的优势。枸橼酸氯蔗酚胺科研协作组根据研究数据提出了以下建议：一是服药3—4年间歇停药2—3个月再继续服药，二是服药至45岁左右或出现更年期症状时即可停药，改用其他节育措施。①

1976年1月8—12日，上海市避孕药领导小组在上海组织召开"五个新品种避孕药具鉴定会议"，枸橼酸氯蔗酚胺是其中之一。与会代表对枸橼酸氯蔗酚胺的合成工艺、质量规格和临床治疗等方面进行了讨论和审定，一致认为：

> 随着避孕药物广泛和较长期的使用，确有一部分用药对象出现闭经等并发症，对这部分对象的治疗是落实党的计划生育政策的大事，一年多来临床科研证明，枸橼酸氯蔗酚胺有较好的治疗效果，而且生产工艺基本成熟，原料全部立足国内，同意通过鉴定，建议投产，以满足对节育措施引起闭经等治疗的需要。②

---

① 上海市枸橼酸氯蔗酚胺科研协作组：氯蔗酚胺治疗避孕药并发月经失调的临床和实验。《避孕药科研参考资料》，1977年第3期，第26—43页。

② 关于分发五个新品种避孕药具鉴定报告的通知（1977年4月20日）。资料存于采集工程数据库。

上海作为研发中心

上海市计划生育的组织是在"文化大革命"前就已建立的,早在1963年4月10日即成立了上海市计划生育工作委员会。1965年8月上海市避孕药领导小组成立后,对上海市避孕药的研究、生产、试用和鉴定等工作进行统一领导。该领导小组及其下设的办事组有效地组织多方力量,包括医药卫生等部门的科研机构、高等院校和工厂企业的科技人员,以协作组的形式开展避孕药具的研发。因此,上海当之无愧成为当时中国避孕药具科研和生产的基地。[1]

肖碧莲昔日的同事张德玮[2]曾有一个"五路大军"的说法,即中国科学院在沪研究所与上海医工院、高等院校、医疗卫生单位、地方研究所、制药和医疗器械厂一起形成研发合力。[3]据张德玮回忆,"文化大革命"开始后,中国科学院设在上海的研究所大多处于停顿状态,不能开展原有工作。张德玮就将毛泽东1965年1月会见美国友好人士斯诺时说过的"最好能制造一种简便的口服避孕药品"这句话当作尚方宝剑,动员研究所领导允许相关领域的学者做计划生育方面的课题。对其他单位的"赋闲者",她也如法炮制,就这样形成了上海的五路大军。这样的力量调动有点儿钻空子的意思,也是非常时期的非常举措。[4]上海市避孕药领导小组1974年7月发布了关于下达1974—1975年避孕药(实为避孕药具)科研计划的通知,这份详细计划非常清楚地反映出协作研究的特性。[5]

---

[1] 中国避孕药具五十年编写组:《中国避孕药具五十年》。南京:河海大学出版社,2016年,第78页。

[2] 1970年通过借调加入上海市避孕药领导小组办事组开展工作,后担任上海市计划生育委员会科研处处长,并于1993年荣获首届中华人口奖"工作奖"。

[3] 陈小红,从蓉:一颗不可或缺的螺丝钉。见:中华人口奖组织工作委员会,中国人口福利基金会,《功在千秋》。北京:中国人口出版社,2003年,第81页。

[4] 张德玮访谈,2013年1月21日,上海。资料存于采集工程数据库。

[5] 肖碧莲档案:上海市避孕药科学研究计划(1974—1975)。存于国家卫生健康委科学技术研究所档案室。

学术交流是推动科研发展的必要途径，其中一个重要渠道就是研究成果的出版。在上海市避孕药领导小组的组织下，《避孕药科研参考资料》于1972年创刊，延续至1979年，共计17期。编印该资料的目的是"为了交流和总结避孕药具研制过程中的宝贵经验，汇编工厂、临床、科研三方面大协作研制成功的避孕药具的总结资料；报道国内外研究避孕药具的动态和新的实验方法及技术；介绍一些切实结合研制避孕药具实际工作需要的较新的生殖生理的基本知识"。该刊属于内部参考资料，不定期出版，每期约120页，刊印份数约为1500份，由上海市避孕药领导小组办事组发送国内各相关单位。据有关工厂、临床、科研单位反映，"内容较切合科研工作实际的需要，编印较灵活、及时，对促进避孕药具科研的进展、促进计划生育工作的开展、培养新生力量起着较大的作用"。①

上海市避孕药领导小组于1978年更名为上海市计划生育科研领导小组，1984年并入上海市计划生育委员会。在国家政策的支持下，1978年上海市计划生育科学研究所成立，为国内首个该领域的研究中心。1980年，《避孕药科研参考资料》被上海市计划生育科学研究所创办的《生殖与避孕》取代，肖碧莲担任该刊编委。在学术出版贫瘠的时代，这些刊物对国外研究前沿的译介、国内新突破的交流起到了重要作用。肖碧莲为这些刊物提供了不少译文和论文，甚至承担了一些看似不起眼、实则很有价值的校

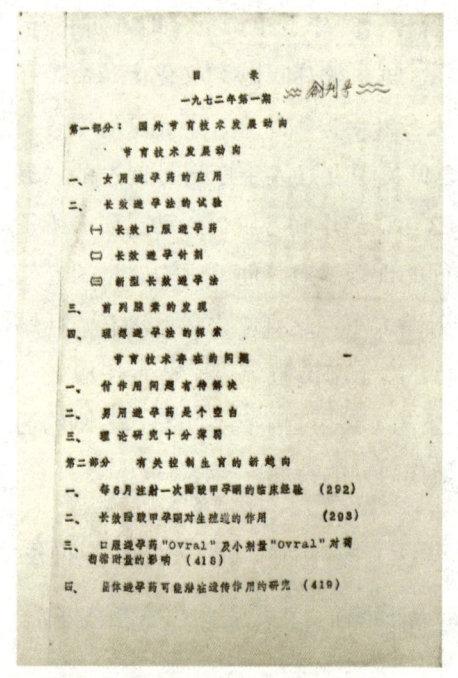

图6-1 《避孕药科研参考资料》1972年创刊号目录（曹霖提供）

---

① B246-3-56-35，关于重新申请印制避孕药科研参考资料的报告（1976年8月9日）。存于上海市档案馆。

对工作，如为《计划生育》译丛中的译文做校对。上海的避孕药具研发在整体上处于国内领先地位，与这些基础性的学术滋养密切相关。

除短效减量Ⅰ号药和Ⅱ号药、长效避孕针剂外，在上海首先研制的避孕药具还有为解决部分Ⅰ号药和Ⅱ号药服用者突破性出血和闭经反应的替代药0号片（炔诺酮0.3毫克＋甲地孕酮0.5毫克＋炔雌醇0.035毫克），速效口服避孕药主要有甲地孕酮片（又名探亲1号，含甲地孕酮2毫克）、复方双炔失碳酯片（又名探亲53号，含双炔失碳酯7.5毫克＋咖啡因20毫克＋维生素B_6 30毫克）。① 此外，带见的长效口服避孕药有复方炔雌醚（氯地孕酮12毫克＋炔雌醇环戊醚3毫克），宫内节育器有单圈式金属节育环、金属V型宫内节育器、硅橡胶带铜V型宫内节育器、带铜塑T宫内节育器，以及非离子表面活性剂外用避孕药膜，等等。②

在剂型和包装方面，上海创制了口服避孕药的纸型片（又称薄型片）和滴丸。受pH试纸和纸上层析法的启发，上海第七制药厂以纸代粮作为药物载体，于1970年7月试制成功了纸型口服避孕片。纸型片雌孕激素含量与1/4剂量口服避孕糖衣片相同，按每人每月的用量吸附于水溶性药用纸上，而后排版打格，日服用量为一格。相较于糖衣片，纸型片可以节约粮食和砂糖，而且能显著缩短生产周期、改善劳动条件。③ 不过由于纸型片每次服用时要用手撕下一格，余下的纸型片容易受到污染等原因，于1986年停止生产供应。④

当然，上海之外的产学研机构也有不少突破，尤其是北京、天津、武汉、杭州。比如，1969年中国医学科学院药物研究所、北京医药工业研究院与药厂协作完成了18-甲基炔诺酮的合成。它是不使用薯蓣皂苷元原料、

---

① 062-002-224-55，关于分发《探亲53号、1号女用口服避孕药鉴定报告》的通知（1973年8月8日）。存于上海市黄浦区档案馆。

② 中国避孕药具五十年编写组：《中国避孕药具五十年》。南京：河海大学出版社，2016年，第130-161页。

③ 关于分发五个新品种避孕药具鉴定报告的通知（1977年4月20日）。资料存于采集工程数据库。

④ 中国避孕药具五十年编写组：《中国避孕药具五十年》。南京：河海大学出版社，2016年，第78页。

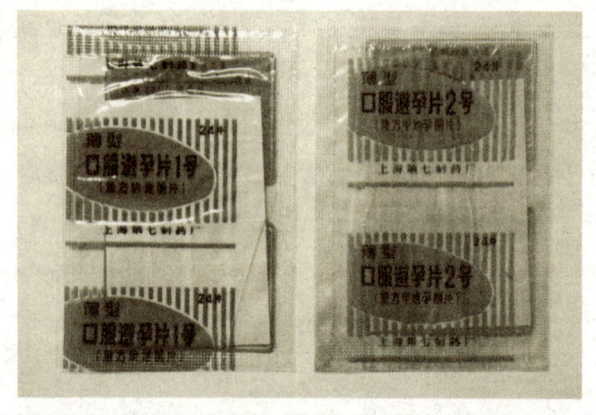

图6-2 20世纪70年代的口服避孕药纸型片（张民觉家人提供）

通过全合成工艺路线制备的孕激素，是第二代口服避孕药的主药，效力更高。复方18-甲基炔诺酮片（后称为复方炔诺孕酮，炔诺孕酮0.3毫克＋炔雌醇0.03毫克）1970年通过鉴定，由北京制药厂量产。20世纪70年代初，天津率先研发速效口服避孕药，即探亲药，适用于两地分居的夫妇。1973年，经过鉴定的炔诺酮滴丸（又称天津速效探亲丸）在天津力生制药厂正式投产。初始剂量为炔诺酮5毫克，探亲前1天或当天开始服用，每日1粒，如超过15天则改服短效避孕药。1979年经天津卫生局批准，剂量减为3毫克。在长效口服避孕药中，北京的复方18-甲基炔诺酮长效片（后称为炔诺孕酮炔雌醚片，18-甲基炔诺酮12毫克＋炔雌醚3毫克）1977年获批试生产。此外，还有杭州的复方庚酸炔诺酮避孕针，天津的烷苯醇醚外用避孕药膜和钢麻花节育环，北京的金属塑料混合环，等等。①

几个重点研发城市各有专长，通过各单位协作发挥优势，而在全国范围内同样存在从上到下的组织和水平协作。这种自上而下、集中化的科研协作体现了国家层面对计划生育及避孕药具科研的支持。尤其是避孕药具免费供应的政策，从药具使用一端反过来推动研发一端的持续发展。继1970年实行避孕药免费供应后，1974年1月9日，国务院计划生育领导小组、卫生部、商业部、财务部、燃料化学工业部联合发布"关于全国实行免费供应避孕药和避孕工具的紧急联合通知"。当时纳入全国范围免费供应的避孕药具有口服避孕药Ⅰ号、口服避孕药Ⅱ号、复方18-甲基炔诺

① 中国避孕药具五十年编写组：《中国避孕药具五十年》。南京：河海大学出版社，2016年，第130-132, 135-136, 138, 146-147, 151, 161页。

酮短效片、避孕套、子宫帽、避孕栓、避孕膏、避孕膏注入器、外用避孕药片、探亲 1 号、探亲 53 号、1 号长效避孕针、天津探亲药片。① 通过地方鉴定的避孕药具不一定会正式投产，比如上海研制的复合孕激素甲醚抗孕丸（甲地孕酮 0.55 毫克 + 醋炔醚 0.88 毫克）于 1974 年 12 月通过鉴定，但没有正式投产。② 纳入全国避孕药具免费供应的品种范围才是投产应用的最终保证。

等 待 春 天

"文化大革命"的动荡岁月中，全国的内分泌实验室大多被迫停工，采集不到尿液激素的标本。由于得到仁济医院管理层面的支持，肖碧莲负责的计划生育研究室相对来说受影响较小。她勉力坚持，在图书馆中查阅最新文献，设计研究方案，实验台前摇瓶、测定，下乡采样、发药、随访，亲力亲为。有些工作虽有中断，但一有机会就恢复起来、继续前行。③

肖碧莲团队持续对长期服药者进行随访和研究，主要涉及停药后生育力的恢复、药物对代谢的影响、用药后闭经的调查和治疗、用药后出生儿童的健康调查和染色体分析等。肖碧莲不断查阅文献资料，把国外最新的研究方向引进来。她所涉及的很多内容已经超出了计划生育的范畴，例如她在临床内分泌门诊和产科建立染色体检查和尿中雌三醇的测定方法，为高危妊娠和分娩提供诊断和处理依据。④ 此外，1977 年和 1978 年肖碧莲就提出想做试管婴儿方面的研究，以解决不孕不育的问题，但由于调离上海

---

① 中华人民共和国国家计划生育委员会：计划生育文件汇编1950—1981.3。1987年，第134页。
② 中国避孕药具五十年编写组：《中国避孕药具五十年》。南京：河海大学出版社，2016年，第 135 页。
③ 林其德访谈，2012 年 12 月 11 日，上海。资料存于采集工程数据库。
④ 同③。

而未能在仁济医院开展起来。①

"文化大革命"结束后,科研工作终于重回正轨。从1960年留苏期间的研究成果正式发表算起,肖碧莲间隔了17年才开始重新发表论文。由于条件限制,也只发表于内部刊物《避孕药科研参考资料》上,如1977年的《复方1/8量炔诺酮避孕作用原理的探讨》和《氯蔗酚胺治疗口服避孕药并发月经不调的临床和实验》,1978年的《减量口服避孕药的临床与实验》等。关于雌三醇的测定,1973—1977年,肖碧莲团队采用布朗—柯伊尔氏法共测定389例、588次,以指导临床实践。研究成果"尿雌三醇在产科临床应用价值的探讨"1979年发表于《中华妇产科杂志》上,1982年又以英文形式在《中华医学杂志》英文版上刊登。② 该论文是当时国内同领域质量最好的一篇论文,是肖碧莲带领年轻人摇了几年尿瓶作出来的成果。③

"文化大革命"结束后的思想解放运动首先在科技教育领域酝酿成型。经过紧张筹备,1977年9月18日,中央政治局会议审议通过了《关于召开全国科学大会的通知》,该日也是国家科技委员会恢复建制的日期。④ 这份通知批判了"四人帮"的倒行逆施,肃清其散布的"技术知识分子危险""科技界是资产阶级世袭领地"等谬论,阐明了新时期科技事业的路线方针和政策。⑤ 全国科学大会的一个重要内容是对中华人民共和国成立以来的科技成果进行奖励。奖项评审工作的程序是,各基层单位先向市评审小组提出申请,经过市一级和省一级两层筛选后直接上报全国科学大会筹备办公室下设的评选组,再由评选组依照行业分类报送各部委进行评审。⑥ 因此,在全国科学大会召开之前,上海市首先组织了科技成果评选。1977年12月,肖碧莲所在单位仁济医院(时称上海第二医学院附属第三

---

① 张亚琴访谈,2012年12月12日,上海。资料存于采集工程数据库。

② Xiao Bilian. Urinary estriol evalution in obstetrics. Chinese Medical Journal, 1982, 95 (2): 121-128.

③ 林其德访谈,2012年12月11日,上海。资料存于采集工程数据库。

④ 胡卫娜,胡恩燕:1978,我在现场.《中国科技奖励》,2009年第10期,第22页。

⑤ 17-1-18,关于贯彻《中共中央关于召开全国科学大会的通知》和上海市科技工作会议的精神的几项措施(讨论稿)(1977年11月)。存于上海市闸北区档案馆。

⑥ 胡卫娜,胡恩燕:1978,我在现场.《中国科技奖励》,2009年第10期,第22-23页。

人民医院）负责研制的短效口服Ⅰ号、Ⅱ号避孕片（包括1/2、1/4、1/8剂量及纸型片）获得了上海市重大科学技术成果奖。

肖碧莲还被上海市卫生局选报为市科学大会医药卫生先进科技工作者，登记表中记录了她的贡献："1. 自1963年开始对口服避孕药的研究，国内从临床试用到作用机理的研究。2. 自1965年开始进行口服避孕药的减量试验，至今已减量至1/8低剂量，付（副）作用少，并可节约药物资源。3. 避孕药的长期安全性的研究。4. 月经不调（闭经、功能、内分泌疾病）的研究。5. 建立了妇产科内分泌实验室"。[1]

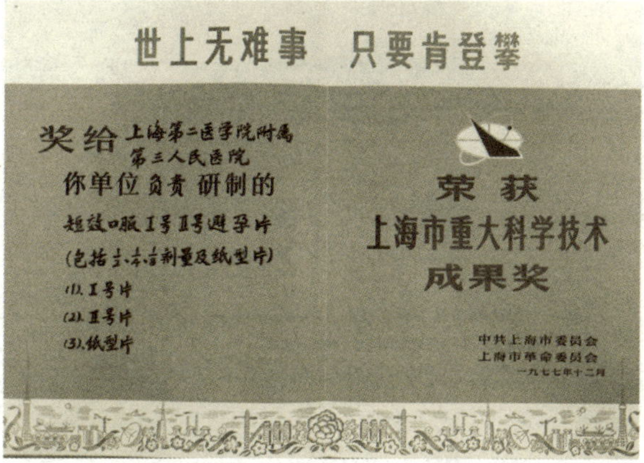

图 6-3　1977年上海市重大科学技术成果奖奖状（仁济医院档案室提供）

1978年3月18日，全国科学大会在北京盛大召开。"短效Ⅰ号、Ⅱ号避孕片"获颁"全国重大科技成果"奖。这是新中国第一次大规模颁奖，也是首次在奖状上加盖国徽印章。全国共有7657项科技成果获奖，由于一直强调集体研究，所以大部分成果署的是集体名称。[2]而且因科研大协作之故，全国共有14个单位因"短效Ⅰ号、Ⅱ号避孕片"获奖。[3]

全国科学大会是中国科技发展的一个重要节点。尽管领导层在关于知识分子的阶级属性等问题仍有不同意见，但邓小平"知识分子是工人阶级的一部分"的论断起到了拨乱反正的目的。他在讲话中诸如"要尊重知识、

---

[1] 本局报送市科学大会医药卫生科技成果登记表、先进科技单位、先进科技工作者登记表。存于上海市卫生局档案室。
[2] 胡卫娜，胡恩燕：1978，我在现场.《中国科技奖励》，2009年第10期，第22-23页。
[3] 张德玮访谈，2013年1月21日，上海。资料存于采集工程数据库。

第六章　等待科学之春　　*113*

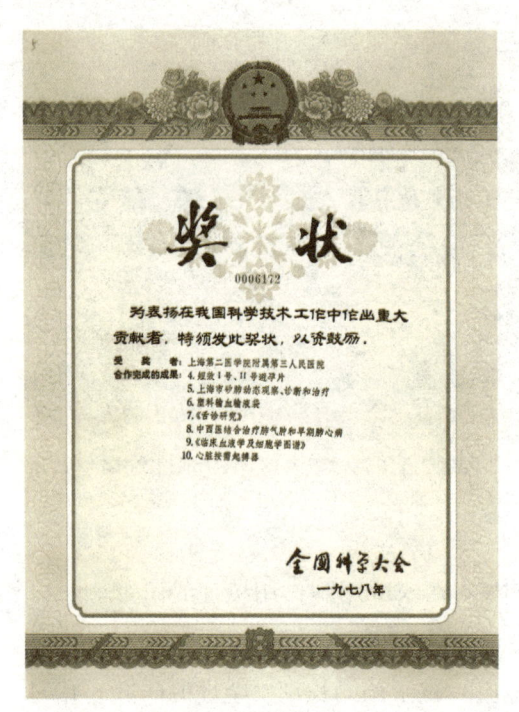

图 6-4 1978 年全国重大科技成果奖奖状（仁济医院档案室提供）

尊重人才"之类的表态，极大调动了科技人员的积极性。①

为了落实知识分子政策，1978 年前后上海第二医学院晋升和提升了一大批人的职称和职务。②肖碧莲作了 13 年讲师，1978 年 4 月升任上海第二医学院医疗系二部妇产科教研组副教授，5 月 3 日升任该教研组副主任。校（院）务委员会的审查意见这样写道：

敢于实践，勇于创造，以身作则，诲人不倦。在医疗教学过程中，能大胆放手，耐心指导，而且手把手地带教学员，开展妇科难度较高的手术。在山区农村开门办学过程中，克服困难，因地制宜，收治了许多常见病病员，并抢救了一些前置胎盘等大出血的患者，深受贫下中农的欢迎。……和同志们一起白手起家，土洋结合，建立了国内较完整的女子计划生育实验室。在研制推广我国的女子口服避孕药全量、半量、1/4 量的工作中作出了贡献。在科研工作中培训出一批技术熟练的科技人员。③

半年后，肖碧莲因参与国际合作谈判以及筹备北京计划生育科研所的需要调往卫生部妇幼司。从 1960 年到 1978 年，她在仁济医院工作了十八

---

① 郭日方：走进科学的春天——科学大会记事．《民主与科学》，2008 年第 1 期，第 15-16 页。
② 朱明德，陈佩：《仁济医院 155 年》。上海：华东理工大学出版社，1999 年，第 38 页。
③ 肖碧莲档案：高等学校确定与提升教师职务名称呈报表（1978 年 4 月 10 日）。存于国家卫生健康委科学技术研究所档案室。

年，这段经历是她毕生为之努力的生殖健康事业的重要组成部分。

这段时间也是肖碧莲夫妇三个子女的重要成长期，由于工作繁忙，肖碧莲并没有太多时间陪伴孩子成长。她不但要管理实验室，妇产科的诸多专业与政治事务也需要她。忙的时候她顾不上回家按时做饭，孩子们就吃干奶粉填肚子。尤其是"文化大革命"期间，她被关进"牛棚"隔离审查，只能将孩子们托付给在徐汇区党校任副校长的姐姐肖曙英照看。[①] 儿子王冀平有体育特长，被招进空军，由于她被隔离审查还差点儿泡汤。大女儿王颖去黑龙江当知青，后来作为工农兵学员回城到上海外国语学院读书。1972年，丈夫王亦洲调到国家体育运动委员会国际司做外事工作，与子女共处时间也很有限。

图6-5 20世纪70年代肖碧莲（左一）与同事在仁济医院合影（左三为郭泉清，王蕾提供）

适应于中国本地的社会和经济条件，源自西方的短效口服避孕药在中国产生了若干创新，除低剂量外，还研发出了新剂型（纸型片、滴丸）。在每月服用22天的传统方法之外，每月一次的长效片剂以及长效针剂亦得到发展。仅房事前后服用的速效类避孕药更是体现出中国研究者的原创性，其中探亲53号已列入世界卫生组织的规划课题。除了甾体激素类药物，宫内节育器、输卵管结扎、输精管结扎、人工流产等节育手术的安全性和有效性在过去十年间都有令人瞩目的改进。其中宫内节育器和输卵管结扎在新中国开展计划生育的初期（1956—1963年）是主要措施，到20

---

① 张亚琴访谈，2012年12月12日，上海。资料存于采集工程数据库。

世纪 70 年代末仍为主要措施之一。宫内节育器 1958 年开始国产化，在 20 年间开发出了具有不同材质和形状的多种产品，其中某些类型（如广东省研发的花瓣型宫内节育器具有根据子宫大小、形态而调整的可塑性）在国际会议上受到好评。在四川和山东，输精管结扎有很大的发展，在国际交流中引人瞩目，除技术本身外，国外学者还好奇于如何有效动员男性承担节育责任。[1]

此外，中国研究者从祖国医学的"伟大宝库"中找寻研发线索的努力一直没有停歇，在中草药用于催经止孕和引产方面开展了大量调查和筛选工作。肖碧莲曾到云南西双版纳调查有避孕节育作用的中草药。她跋山涉水，背包露营，跑了很多地方。[2] 在植物中寻找抗生育药物的调研，推动了男用避孕药棉酚的发展，该项研究曾产生了很大国际影响。[3]

这些"文化大革命"期间的研究工作，展现出中国研究者克服干扰、勉力向前的风貌。而避孕药具免费供应等支持性的国家政策，推动了相关的科技研发。不过，纵然有上述这些成果，肖碧莲等研究者都非常清楚，在基础理论、男女生理基线数据、内分泌测定等技术手段以及既有避孕药具远期安全性评估方面，中国都面临诸多短板。要想有所弥补和改进，还有待科学之春的真正到来。

---

[1] 肖碧莲档案：参加世界卫生组织人类生殖研究特别规划长效避孕药专题小组指导委员会会议情况汇报（1981 年 1 月）。存于国家卫生健康委科学技术研究所档案室。

[2] 王一飞访谈，2013 年 1 月 22 日，上海。资料存于采集工程数据库。

[3] 肖碧莲档案：建国三十年来我国计划生育科学技术的发展（1978 年）。存于国家卫生健康委科学技术研究所档案室。

第七章
在京城白手起家

1978年2月，国务院下达文件，提出1980年之前要建立两个综合性的全国计划生育科学研究中心，以开展生殖医学和避孕技术的研究。上海先行一步，当年即成立了上海市计划生育科学研究所。尽管有一定基础，但离全国计划生育科学研究中心的目标还有很大距离，"关键在于基础理论研究薄弱"。[1] 在北京，拟以中国医学科学院基础医学研究所为依托，成立北京计划生育科学研究所。中国医学科学院的相关研究所和北京协和医院20世纪60年代中期开始参与国家科委组织的避孕药具研发。1974年，北京协和医院（时称首都医院）妇产科成立了一个计划生育研究室，但规模很小，只有两人。在国务院计划生育领导小组办公室申请建立北京计划生育科学研究所的报告中，提到该研究室"四年多来，由于缺乏人员和设备一直无法开展工作，更谈不上取得什么成果"。来华考察计划生育工作的外国友人要求参观北京的计划生育科研机构，每每令接待人员感到棘手。因此，在北京建立这样一个研究所非常有必要。[2]

---

[1] B1-8-14，关于在本市建立全国计划生育科学研究中心的报告（1978年12月20日）。上海市档案馆。

[2] 付伟：执着奉献三十年：纪念国家人口计生委科学技术研究所建所30周年。2009年，第66-67页（未正式出版）。

1978年3月，第五届全国人民代表大会第一次会议通过的《中华人民共和国宪法》第53条规定，"国家提倡和推行计划生育"。同月，全国科学大会在北京召开，计划生育药具和技术措施方面的科研被列入《1978—1985年全国科学技术发展规划纲要》。为了加强对相关科研工作的领导，会后成立了国家科委计划生育专题组，办事机构设在国务院计划生育办公室，该办公室是1973年7月与国务院计划生育领导小组同时成立的，位于卫生部妇幼司。成立伊始，办公室主任由领导小组委员栗秀真兼任，1976年她升任领导小组副组长后仍兼任办公室主任。1963年肖碧莲曾陪同栗秀真考察保加利亚的妇幼卫生状况，因而栗秀真深知她的工作能力。于是肖碧莲接受调令来到北京，最初的身份是国家科委计划生育专题组秘书，主要任务是参与国际合作谈判以及筹建北京计划生育科学研究所。[①]

要以中国医学科学院基础医学研究所为依托，在北京创建一个综合性的全国计划生育科学研究中心，有大量的建制和业务工作要做，肖碧莲被委以重任。从筹备和创建，到该研究所被确定为世界卫生组织人类生殖研究合作中心，再到生殖健康学科的大发展，肖碧莲在北京又继续奋斗了三十余年。

寄居基础所

1978年10月，肖碧莲离开生活了半个多世纪的上海，这一年她55岁。对大多数女性来说，这个年龄意味着职业生涯的收尾，但肖碧莲面对的是在京城白手起家、再次创业。上海这座哺育了她的城市，仁济这所她奉献了十八载的医院，都留下了太多记忆。临行前，妇产科教研组举行了一个简单的送别仪式。张亚琴，这位她手把手带出来的技术员，留下了不舍的

[①] 肖碧莲档案：科学技术干部业务考绩档案（1986年7月5日）。存于国家卫生健康委科学技术研究所档案室。

眼泪。① 老主任郭泉清教授已经到了古稀之年,他请肖碧莲对妇产科里的同事做评估,就计划生育研究室的主任人选提供参考意见,为她服务多年的机构站好最后一班岗。②

肖碧莲的丈夫王亦洲在国家体育运动委员会国际司担任处长,彼时已在北京工作六年;小女儿王小娥从复旦中学毕业考入北京大学历史系;大女儿王颖大学毕业后支援边疆建设,在西藏日喀则亚东边防委员会做外事干部;儿子王冀平在广州空军部队(佛山)担任调度室干部。③ 而与肖碧莲相伴多年、终身未婚的姐姐肖曙英已不幸因病离世。肖碧莲在上海已没有多少亲情牵绊,生活和事业都转移到了北京。

中国医学科学院基础医学研究所大楼位于东单三条5号,就是在那里,入读基础医学研究所不久的硕士研究生施少清见到了"从上海调来的肖医生"。肖碧莲给他的第一印象是精神矍铄、精明能干,说话办事很果断,眼神中透着坚强,是一个很有气场的人。④ 那时她刚从上海调来,主要忙于国际组织合作谈判。

当时国际上主要有两个渠道资助生殖医学及计划生育领域的研究:一是世界卫生组织人类生殖研究、发展和研究培训特别规划署(简称世界卫生组织人类生殖研究特别规划署,英文缩写为WHO-HRP),二是联合国人口活动基金(UNFPA)。前者1972年成立,是一个全球范围的专业性协作规划机构,致力于促进、协调、执行、支持和评价人类生殖健康的研究。联合国大会早在1966年就通过了一项促请联合国所属组织在人口方面提供技术援助的决议,1967年秘书长设立人口活动信托基金,1969年定名为联合国人口活动基金,1987年更名为联合国人口基金,英文缩写保留,总部设在纽约。1971年10月25日中国恢复在联合国的合法席位,国际组织开始对中国的计划生育工作产生兴趣。1978年12月中国改革开放政策出台,进一步促进了相关科研的国际合作。世界卫生组织人类生殖研究特别规划署和联

---

① 张亚琴访谈,2012年12月12日,上海。资料存于采集工程数据库。
② 严隽鸿访谈,2013年1月25日,上海。资料存于采集工程数据库。
③ 肖碧莲档案:高等学校确定与提升教师职务名称呈报表(1978年4月10日)。存于国家卫生健康委科学技术研究所档案室。
④ 施少清访谈,2012年7月26日,美国。资料存于采集工程数据库。

合国人口活动基金派代表团访华，积极寻求与中国的合作，提出要拿数额不菲的经费资助相关研究机构的建立，推动中国的人口控制。

作为国家科委计划生育专题组秘书，肖碧莲开始大量参与国际合作谈判，充分发挥了她的英语特长和专业优势。在中国与国际组织合作解决人口问题的起步阶段，这些谈判发挥了至关重要的作用。1979年2月21日—3月2日，她参加了国务院计划生育领导小组办公室与世界卫生组织人类生殖研究特别规划署举行的会谈。这次会谈由办公室主任栗秀真主持，就援建上海市计划生育科学研究所达成了正式协议。当时上海在相关科研领域走在前面，政府签订这样的国际合作大项目也有希望上海先试水之考量。①

其后不久，联合国人口活动基金提出在人口问题方面与中国建立全面合作。为此，1979年4月5日国务院批准成立国务院人口小组，任命栗秀真为组长。小组对外负责与人口活动基金的联系与合作，对内负责协调外援资金、设备的分配与使用。该小组下设联络处，归属于国务院计划生育领导小组办公室。5月初，肖碧莲参加了国务院人口小组与联合国人口活动基金的合作商谈。栗秀真和人口活动基金执行副主任吉尔（A.S.Gill）在北京签署了谅解备忘录，决定接受该会15个项目5000万美元的援助，初步商定了合作项目的方向。"人类生殖和计划生育科学研究"是合作方向之一，包括避孕药具的研制和临床试验。在这次商谈中，初步确定了由联合国人口活动基金在北京援建计划生育科学研究所的意向。

图7-1 1979年5月联合国人口活动基金代表团与国务院人口小组合影（第一排右四为吉尔，左四为栗秀真；第二排右二为肖碧莲。国家卫生健康委科学技术研究所提供）

① 张德玮访谈，2013年1月21日，上海。资料存于采集工程数据库。

由于人口活动基金不是科研机构，因此委托世界卫生组织人类生殖研究特别规划署代为执行此类项目。[1]

1979年7月11日，经卫生部党组批准，北京计划生育科研所筹备组正式成立。筹建工作由国务院计划生育领导小组直接领导，科研方面则由该小组与中国医学科学院科研处协商管理。筹备组有8名成员，在中国医学科学院负责计划生育研究的张茝芬（1915—2010）担任筹备组副组长，主管业务工作，肖碧莲和来自中国医学科学院药物研究所的雷海鹏是她的得力助手。[2]1979年2—5月，张茝芬作为人类生殖与计划生育考察组成员，对世界卫生组织总部以及6个国家的多个世界卫生组织合作中心进行考察，深入了解生殖医学和计划生育的研究前沿，也对这些机构与世界卫生组织人类生殖研究特别规划署的合作方式有了直观感受。[3]

北京计划生育科研所筹备组是一个全新机构，没有办公室，就在后海卫生部的院里临时搭建了一个简易的木板办公室。1980年，张茝芬被任命为中国计划生育委员会与联合国人口活动基金合作项目主任，国际合作方面主要由她和肖碧莲负责。但由于张茝芬身体欠佳，出国开会等具体事务很多是由肖碧莲完成的。[4]

经过紧张筹备，1979年9月18日，经国家科委、计划生育委员会同意，报请国务院领导审批，国务院城市建设领导小组批准正式成立了北京计划生育科研所。当时的北京计划生育科研所仍寄居于中国医学科学院基础医学研究所，借用其中的一些实验室开展科研工作。北京计划生育科研所最初设有生殖生理、生殖内分泌和药理三个研究组，科研人员主要从中国医学科学院基础医学研究所、药物研究所和北京协和医院抽调或聘请兼任的。肖碧莲负责的是生殖内分泌研究组，在有限的条件下她和同事建立了尿中孕二醇的气谱测定法、雌素总量的荧光测定法，开展了染色体检查

---

[1] 彭佩云：《中国计划生育全书》。北京：中国人口出版社，1997年，第340页。

[2] 肖碧莲档案：北京计划生育科学研究所筹备工作简报（第一期）。存于国家卫生健康委科学技术研究所档案室。

[3] 人类生殖与计划生育考察组，张桂元：人类生殖与计划生育考察报告（一）。《中华妇产科杂志》，1980年第15卷第2期，第125—128页。

[4] 张燕滨访谈，2012年8月12日，美国。资料存于采集工程数据库。

和经血量测定等工作。从当时的一份干部考核意见中，可以看出肖碧莲的工作状态：

> 从打扫卫生、跑设备、安装仪器等，都亲自动手，不辞辛苦，克服各种困难。在人手少、任务重、条件差的情况下，经过短时间的准备，即开展了科研工作。没有助手就耐心培养年轻同志，没有图书资料，用自己的钱买字典和业务书籍，供同志们学习。……国际学术交流中，积极主动地完成上级交给的任务，从不计较个人得失，做好翻译。甚至外送的英文打字材料，因没有打字员，也是她来完成。学习与工作经常到深夜，第二天仍是精力充沛地工作。[①]

1979年11月，作为联合国人口活动基金项目执行机构的世界卫生组织人类生殖研究特别规划署派代表团来华商议制定具体的合作项目。对方来的是官员斯坦来夫人（C.C.Standley）和顾问迪克斯法鲁西教授（Egon Diczfalusy），中方代表团由栗秀真、苏群、张蓝芬、肖碧莲和雷海鹏组成。与世界卫生组织人类生殖研究特别规划署援建上海市计划生育科研所相平行，联合国人口活动基金为北京计划生育科研所的建设提供资助343万美元。援建的具体方案主要涉及提供图书设备、培训人员、聘请顾问、召开国际会议等，由世界卫生组织人类生殖研究特别规划署代为执行。[②]

1980年，北京计划生育科研所开始接受人口活动基金第一个周期350万美元的援助（项目编号为CPR/80/P07）。4月21日—5月3日，世界卫生组织派来一个顾问小组，帮助北京计划生育科研所制订具体计划和实施方案。工欲善其事，必先利其器。对生殖内分泌专业来说，激素测定方法至关重要。国内从尿液测定激素的通用方法既不方便，准确度也欠佳，亟须更新。[③]在肖碧莲的积极联系下，通过世界卫生组织人类生殖研究特别

---

① 肖碧莲档案：干部考核登记表（1980年1月）。存于国家卫生健康委科学技术研究所档案室。

② 栗秀真：《新中国预防医学历史经验（第四卷）》。北京：人民卫生出版社，1990年，第277页。

③ 肖碧莲访谈，2013年1月10日，北京。资料存于采集工程数据库。

规划署的技术支持，4月生殖内分泌研究组获得了放射免疫测定的配对试剂和相关设备。这项技术于20世纪60年代在美国发展起来，发明者之一雅洛（R.S.Yalow）曾因此荣获1977年诺贝尔生理学或医学奖。它利用放射性同位素的灵敏性和抗体—抗原反应的特异性，大大提高了测定的精确性和实用性。70年代中期，肖碧莲曾在1/8剂量避孕药研究中做过放射免疫测定的少量尝试，但由于条件所限而迟迟没有在中国发展起来。在联合国人口活动基金和世界卫生组织人类生殖研究特别规划署帮助下，经过近半年时间的技

图7-2 1980年肖碧莲（左一）、雷海鹏（右一）与世界卫生组织顾问小组合影（国家卫生健康委科学技术研究所提供）

图7-3 1980年首届放射免疫测定技术学习班合影（第一排右二为肖碧莲，右三为吴欣汉，右四为孙亦彬；第二排右一为张燕滨，右三为张桂元。国家卫生健康委科学技术研究所提供）

术摸索，9月15日—10月11日在北京计划生育科研所举办了首届放射免疫测定技术学习班。来自新加坡竹脚医院（Kandang Kerbau Hospital，今竹脚妇幼医院）的专家吴欣汉（Victor Goh）担任主讲，肖碧莲承担了繁重的联络、筹备、翻译和总结工作。[①]

1980年9月2—5日，卫生部和世界卫生组织人类生殖研究特别规划署联合在北京友谊宾馆召开国际生育调节新进展学术讨论会。张苾芬负责

---

① 肖碧莲手稿：关于放射免疫测定技术学习班的计划、总结（1980年）。资料存于采集工程数据库。

第七章 在京城白手起家

组织和评审所有论文,肖碧莲负责翻译团队,撰写了"The Research Work of Family Planning in China"初稿,并作了两篇国外文章的文字翻译和同传。这次会议汇集了14位外国学者以及109位中国科学家、医生和管理者,后来听众增加到400人。华裔生殖生物学家张民觉也到会,作了关于"移植生理学"(The Physiology of Implantation)的发言。① 学术讨论会的中英文论文集随后出版,颇具影响。会后不久,中国政府正式签署了与联合国人口活动基金之间的方案协定。②

图7-4 1980年国际生育调节新进展学术讨论会代表合影(第一排右三为栗秀真,右四为迪克斯法鲁西,右五为钱信忠;第二排左一为肖碧莲;第三排左二为张蓝芬;第四排左三为张民觉。国家卫生健康委科学技术研究所提供)

北京计划生育科研所刚刚成立,就面临空间严重不足的问题。中国医学科学院基础医学研究所本身就很拥挤了,北京计划生育科研所难以在此发展壮大。当时北京计划生育科研所进口了全国第一台液体闪烁计数器,用于放射免疫测定。由于没地方放,只好跟北京协和医院的核医学实验室商量,把仪器放在那里,双方都可以用。③ 1980年,北京计划生育科研所

---

① 国际生育调节新进展学术讨论会日程(1980年)。资料存于采集工程数据库。
② 邓小平会见萨拉斯一行 中国政府和联合国人口活动基金之间的方案协定在京签字。《人民日报》,1980年9月10日。
③ 张燕滨访谈,2012年8月12日,美国。资料存于采集工程数据库。

获批在海淀区大慧寺 12 号建所，建设工程正式启动。出于权宜之计，就先在附近选了大钟寺旅馆作为临时所址，两地距离三四千米。

转战大钟寺

大钟寺旅馆位于原北环西路 18 号，北京计划生育科研所在那里租用了几排平房作为办公室和实验室。1981 年几个研究组从中国医学科学院基础医学研究所搬过来，有了自己的研究室。每个室差不多有七八个人，除了原有人员，张蔼芬、肖碧莲又从各地招兵买马，同时新招了一些高中毕业生做技术员，还有一些临床医生过来合作课题。那时搬过来的大部分仪器都是用联合国人口活动基金提供的资金新购进的，那台液体闪烁计数器也有了安身之处。

肖碧莲忙于生殖内分泌研究室的建设和科研工作的开展，经常组织召开研究室的学术研讨会。在首届放射免疫测定技术学习班举办后，研究室在几年时间建立了七种激素的放免测定方法。当时这种方法在国内方兴未艾，在妇产科临床和生殖生理学科研中都有应用。但由于缺乏质量控制的指标，无法检测不同批次结果的稳定性和可信度，不同实验室之间也无法进行比较。因此，肖碧莲带领技术人员摸索了一套标准化方法和质量控制指标，确保了放射免疫测定结果的可靠性。她尤其强调实验记录的重要性，对每批实验的试剂规格、批号、配制日期、实验室温度等方面都要详细记录。"这对于分析实验结果，寻找产生偏差的原因甚为重要。强调实验记录，保持严

图 7-5　1985 年大钟寺旅馆外景（国家卫生健康委科学技术研究所提供）

第七章　在京城白手起家　125

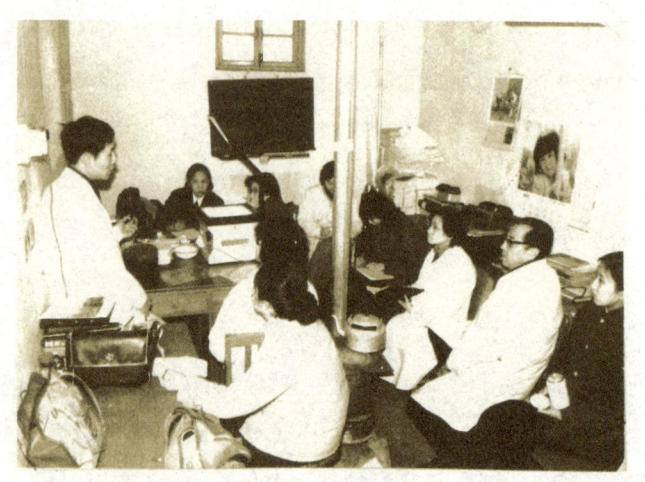

图 7-6　1981 年生殖内分泌研究室研讨会（左一为贾孟春，左二为肖碧莲，右二为张桂元。国家卫生健康委科学技术研究所提供）

格的科学作风，对提高实验质量、发展新技术是非常重要的"。[①] 经过申请，肖碧莲领导的生殖内分泌研究室被世界卫生组织人类生殖研究特别规划署确定为中国的放免质量控制中心，她受邀担任特别规划署实验方法标准化和质量控制专题小组指导委员会成员。她将全国 15 个使用世界卫生组织配对试剂的单位组织起来，成立了质量控制协调组，对提高实验研究的规范性发挥了重要作用。

　　1982 年北京计划生育科研所更名为国家计划生育委员会科学技术研究所（简称国家计生委科研所），次年肖碧莲被正式任命为生殖内分泌研究室主任。她带领团队先后开展了以下研究：缓释孕酮和 18- 甲基炔诺酮宫内节育器的比较研究（世界卫生组织多中心研究项目）；18- 甲基炔诺酮阴道环的药代动力学；长期服用长效口服避孕药后生育力的改变（"六五"国家攻关课题分专题）；中国妇女月经周期的内分泌改变；月经周期中唾液、尿液、血清中五种激素水平的比较；中国妇女月经周期长短和排卵率的研究；正常月经周期中睾酮、雄烯二酮和 17 羟基孕酮的变化；雌二醇化学发光测定法与放射免疫测定法的比较；人和猕猴卵泡液中激素水平比较；避孕药对猕猴卵巢功能的影响。这些研究大致分为三类：一是激素测定方法的比较；二是避孕药具有效性和安全性的研究；三是女性生殖生理基线数据的测定和分析。

[①] 肖碧莲，张旭玲，颜文清，董琳. 质量控制在放射免疫测定中的作用.《生殖与避孕》，1984 年第 4 卷第 1 期，第 58 页。

其中第三类研究的意义尤为重大，肖碧莲团队建立了中国妇女月经周期中五种生殖激素的生理常数，总结出激素变化的规律和高峰平均值。此类研究属于奠基性的工作，很多研究者不愿意做，而肖碧莲早在上海时就有这个想法，但囿于精确测定方法的缺乏而没有正常开展。[1] 如今放射免疫测定方法已经建立，但由于一个周期内要天天抽血，志愿者难以寻找。除了到工厂找志愿者，北京计划生育科研所内部人员甚至亲属、朋友都被发动起来。[2] 这项研究"填补了国内空白，为计划生育措施和妇科内分泌疾患提供了参考数据"。[3] 肖碧莲主持的"正常月经周期中生殖激素的变化"获得了国家计划生育委员会（简称国家计生委）1985—1986年度委级科技进步奖三等奖。此外，她参与的"六五"国家攻关课题"女用长效口服避孕药远期安全性研究"获得了国家计生委"六五"攻关成果二等奖。

1984年4月23日，肖碧莲阅读了来自上海原单位党委的一份文件。文件的标题是"关于肖碧莲同志的复查意见"，其中写道：

> 肖碧莲同志政治历史清楚，没有问题，"文化大革命"期间对其隔离"审查"、批斗是错误的。为此，撤销一九七二年一月二十九日原我院革命委员会《关于肖碧莲问题的审查结论》和一九七二年五月九日中共二医核心小组的批复，予以恢复名誉，消除影响。[4]

对于十余年前的旧事，肖碧莲似乎已经宠辱不惊。如何抓住机会利用当时国内一流的设备条件开展研究、弥补"文化大革命"时期的蹉跎时光才是她最关心的。即使大钟寺旅馆的整体条件差强人意，有些设备甚至由于电力供应不足而不能使用，但能有这样"正常"的工作环境已经很令人满意了。大钟寺旅馆一如施少清所描述的，"刮风一层土，下雨两脚泥，夏

---

[1] 王一飞访谈，2013年1月22日，上海。资料存于采集工程数据库。
[2] 贾孟春访谈，2012年12月05日，北京。资料存于采集工程数据库。
[3] 肖碧莲档案：同行专家评审意见书（张蓓芬，1986年7月20日）。存于国家卫生健康委科学技术研究所档案室。
[4] 肖碧莲档案：关于肖碧莲同志的复查意见（1983年2月26日）。存于国家卫生健康委科学技术研究所档案室。

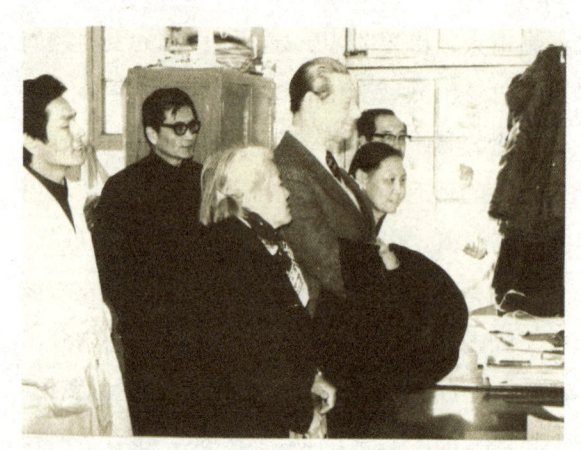

图 7-7 20 世纪 80 年代世界卫生组织人类生殖研究特别规划署顾问迪克斯法鲁西参观位于大钟寺的实验室（左一为施少清，左三为张葩芬，左四为迪克斯法鲁西，左五为肖碧莲。国家卫生健康委科学技术研究所提供）

图 7-8 20 世纪 80 年代卡罗林斯卡医学院西慷教授参观位于大钟寺的实验室（国家卫生健康委科学技术研究所提供）

天汗不止，冬天流清涕"。但是在简陋的环境下，肖碧莲的敬业精神激励着全所。大家心往一处想、劲往一处使，不断引进国外的先进仪器和测定方法，边筹建边开展科研。大家没有考虑什么待遇，或者抱怨什么困难，加班从不叫苦叫累，也没有因为条件艰苦想离开的。国外机构的专家以及仪器公司的工程师经常造访，外宾来了之后对这个环境确实感到不敢恭维，但是对大家的工作精神和研究成果表示由衷赞叹。当时北京计划生育科研所还提供一些研究平台，让国外专家到这里开展工作。有对英国夫妇就专程到此做实验，在简陋的平房中工作也挺高兴。这说明北京计划生育科研所不是靠漂亮房子来吸引国际专家，而是靠开放进取的精神和实打实的研究成果。①

在开展研究工作的同时，北京计划生育科研所也开始承担培训任务。在肖碧莲的主持和支持下，举办了多次培训班。1982 年 4 月，北京计划生育科研所举办了全国女性生殖生理学习班，由国外专家授课。1984 年 5

---

① 施少清访谈，2012 年 7 月 26 日，美国。资料存于采集工程数据库。

月 21—25 日,举办了非同位素免疫测定法学习班,内容主要涉及化学发光测定法、生物测定及微量生物测定法,来自瑞典卡罗林斯卡医学院生殖内分泌实验室的西慷(S. Cekan)教授担任主讲。1984 年 9 月 17—28 日,举办了细胞培养学习班,来自美国的专家担任主讲。此外,还有流行病学培训班(1982 年 10 月 20—26 日)、男性生殖生理学习班(1983 年 1 月 31 日—2 月 11 日)。这些培训班的受众范围很广,各省市的生殖医学和计划生育科研人员受惠颇多。除了短期培训,后来在肖碧莲主持下北京计划生育科研所的各个研究室都会接收基层人员长期进修或者实习,时长半年到一年,这样很快就提高了各省市相关机构的研究水平。①

肖碧莲非常关心北京计划生育科研所图书资料的管理,在大钟寺所址设了图书情报室。据 1980 年 1 月参加工作的资料员马晓力回忆,她先在中国医学科学院的相关单位进修了一年(情报所和图书馆各半年),学习如何管理图书资料。结束进修之后,才正式入职大钟寺旅馆那里的图书情报室。当时有三位资料员,几个柜子的图书和期刊,给科研人员获取信息提供了重要渠道。尤其是世界卫生组织提供的原版期刊,比如《科学》

图 7-9　1982 年 4 月 9 日全国女性生殖生理学习班结业留念(第一排左一为张桂元,左三为肖碧莲,左五为张苾芬。国家卫生健康委科学技术研究所提供)

① 施少清访谈,2012 年 7 月 26 日,美国。资料存于采集工程数据库。

图 7-10　1984 年 5 月非同位素免疫测定法学习班合影（第一排左三为肖碧莲，左四为西慷，左五为张苣芬。国家卫生健康委科学技术研究所提供）

（*Science*）、《自然》（*Nature*），还有生殖内分泌领域的专业杂志，大概有 20 多种。为了能更好地为科研人员服务，肖碧莲要求图书资料员提高英语能力，特别是要掌握专业术语。马晓力如今还保留着一盘当时肖碧莲亲自录制的磁带。其中，肖碧莲朗读了几份英文专业杂志的文章目录，中英对照，作为示范，让她跟读。肖碧莲嗓音清脆明晰，英文发音标准，中文则带有江南口音。马晓力心目中的肖碧莲颇为严厉，布置了学英语的任务之后，她会很认真地指着杂志考考大家。同时，肖碧莲的业务能力和外语水平又令年轻一辈由衷佩服。[①]

倾心为后学

在人才培养尤其是为学生提供优质教育资源方面，肖碧莲不遗余力。

---

① 马晓力访谈，2013 年 10 月 17 日，北京。资料存于采集工程数据库。

1978年张茝芬在中国医学科学院基础医学研究所招进来4个硕士研究生，其中施少清和王恩育从第二年开始转由肖碧莲指导。吴尚纯虽然转到了另一位导师高纪门下，实际上也一直在接受肖碧莲的指导。在肖碧莲的积极沟通下，北京计划生育科研所与瑞典卡罗林斯卡医学院等机构的相关实验室都有密切联系。卡罗林斯卡医学院生殖内分泌实验室是世界卫生组织人类生殖研究合作中心之一，负责人迪克斯法鲁西教授兼任世界卫生组织人类生殖研究特别规划署顾问。受到联合国人口活动基金项目资助，施少清、王恩育于1980年8月到1982年5月在卡罗林斯卡医学院生殖内分泌实验室接受联合培养，研究项目由双方导师商量决定。①

1979年，肖碧莲开始在北京正式独立招收硕士研究生，贾孟春是第一位入选者。肖碧莲对学生的学业和生活非常关心。一天中午贾孟春在学生宿舍休息，肖老师爬了6层楼给他送文献资料。那一刻的画面一直定格在他脑海中，难以磨灭。肖碧莲的英语水平很高，在医科院和北京协和医院这个范围内数一数二，她对学生的英语能力要求也很高。她经常让贾孟春翻译专业论文，她再逐字逐句修改。在她的指导下，贾孟春于1982年顺利完成硕士论文《复方18甲基炔诺酮对血清泌乳素的影响》。毕业之后，他被送到迪克斯法鲁西的实验室进修，这次进修对他的科研能力的提高起了很大作用。②的确，对于当时的年轻学子来说，这是非常难得的提高机会，因此他们也倍加珍惜。他们把先进知识和技术及时带回来，缩小了国内与国际水平的差距。

图7-11 1980年施少清（左一）、迪克斯法鲁西（左二）、王恩育（右一）在卡罗林斯卡医学院的生殖内分泌实验室合影（国家卫生健康委科学技术研究所提供）

① 施少清访谈，2012年7月26日，美国。资料存于采集工程数据库。
② 贾孟春访谈，2012年12月05日，北京。资料存于采集工程数据库。

肖碧莲倾心培养年轻一代，对他们的职业生涯产生了深远影响。吴尚纯的硕士论文选题是观察宫内节育器对月经血量的影响，当时月经血量测定采用的碱性正铁血红蛋白比色法是肖碧莲选定的基础实验方法。吴尚纯毕业之后在北京计划生育科研所女性临床研究室工作，运用这种测定方法完成了一系列不同宫内节育器出血的不良反应评价与防治研究的课题，为宫内节育器的临床推广与使用提供了科学依据。在后来的诸多研究中，吴尚纯和同事遇到问题都会随时向肖碧莲请教，她并不急于回答，往往先检索文献再与他们一起讨论如何处理。耳濡目染，之后再遇到问题，他们也学会了在掌握文献的基础上再请教肖碧莲。吴尚纯曾写道："我跟随肖老师学习实验技术、临床研究、英语、论文撰写、报告演讲的情景，历历在目，难以忘怀。我庆幸自己一路站在巨人的肩膀上成长，受益于肖老师的言传身教、严格要求、放手历练和鞭策鼓励"。①

另一位虽非肖碧莲名下学生但承教良多的是于和鸣。他1983年硕士毕业后留在北京计划生育科研所工作，在他的印象中，那时的肖大夫沉稳干练，周围"打搅她的人"不断。很快，因为办理公派出国手续他也成了"打搅她的人"，一堆的问题都要请教她。哪怕是如何用手动打字机打英文、如何填申请表这样的小事，她都耐心解答。后来于和鸣在纽约的人口理事会生殖医学中心作博士后研究时，肖碧莲还顺道看他，把自己在留苏期间如何安排学习和生活的经验传授给独自在异国他乡的年轻人。②

肖碧莲眼光开阔，非常信任和鼓励年轻一代。施少清在瑞典开展了妇女正常月经周期激素水平以及漏服口服避孕药后激素改变的研究，也学习了很多先进的激素测定方法，比如黄体生成激素的测定。在他回国通过硕士论文答辩、留在北京计划生育科研所工作后，肖碧莲让他筹备全国的学习班，把国外的先进方法传播出去。1985年，施少清组织了一个数十人参加的黄体生成激素生物测定学习班，为期9天。肖碧莲和张桂元分别介绍了该生物测定法

---

① 肖碧莲档案：站在巨人的肩膀上成长（吴尚纯）。存于国家卫生健康委科学技术研究所档案室。

② 肖碧莲档案：身边的榜样　可敬的前辈（于和鸣）。存于国家卫生健康委科学技术研究所档案室。

在妇产科学、男性学研究方面的应用,其发展概况、基本理论、测定方法、具体程序、结果评价均由施少清讲授,从而极大程度上锻炼了年轻骨干。①

1983年肖碧莲招收的硕士生肖赛有些特殊,因为肖赛是她的侄女。受父母肖荣炜、叶嘉馥以及姑妈的影响,肖赛从小就希望学医。她小时候放寒暑假时经常到上海姑妈家,一住就是一个月。肖赛记得姑妈特别慈爱,对孩子们很有耐心,总是笑嘻嘻的,待她就像自己的女儿一样。但是当了她的学生才知道,她特别严格,像换了一个人,没有什么情面好讲。临近硕士毕业,肖赛去姑妈家里练习答辩,第一次被骂了一通,讲了几遍才说可以。肖赛也切身了解到姑妈对工作的投入程度:她经常半夜还在看文献、写文章、处理各种事务。她非常忙,除了自己的实验室,还有生殖内分泌室和北京计划生育科研所层面的管理工作,以及出国开会的任务。②由于女儿和儿子都在外地,肖碧莲要照顾孙女和外孙女,常常骑自行车接送孩子,有时候仅睡几个小时。但她精力之充沛给很多人留下了深刻印象,甚至连年轻人都自叹不如。③

安家大慧寺

对于北京计划生育科研所而言,大钟寺旅馆终究只是过渡之地。1980年,北京计划生育科研所建设工程在大慧寺12号正式启动,征收了北京市海淀区东升乡45亩土地。北京计划生育科研所最初隶属于卫生部,1981年3月国家计划生育委员会成立,5月经卫生部和国家计生委决定,北京计划生育科研所划归中国医学科学院领导,以利于科研工作的开展。1982年10月12日,又改为国家计生委的直属单位,名称从北京计划生育科学研究所变更为国家计划生育委员会科学技术研究所。1986年,经过几年的建设,

---

① 施少清访谈,2012年7月26日,美国。资料存于采集工程数据库。
② 肖赛访谈,2012年7月7日,美国。资料存于采集工程数据库。
③ 同①。

国家计生委科研所主体工程竣工。在此过程中，中国政府也提供了大量支持。据肖碧莲的一篇回顾性文章，政府对合作单位的资金投入总额相当于外援金额的两倍或更多一些。①1986年12月上旬，国家计生委科研所从大钟寺旅馆整体搬迁，安家于大慧寺12号，各项工作终于进入规范化管理轨道。

在从无到有的筹备和创建工作中，从争取资助、实验室建设、人才培养、技术交流，到与国内外科研机构建立联系，肖碧莲倾注了大量精力和智慧。除繁忙的北京计划生育科研所及生殖内分泌室建制工作，她的科学研究也没有松懈，发表了多篇高质量论文，包括在《避孕》（*Contraception*）、《国际男性学杂志》（*International Journal of Andrology*）等重要期刊上的英文论文。1986年8月召开的职称评审会一致同意晋升肖碧莲为研究员，次年由国家计生委职称改革工作领导小组正式聘任。张蒞芬、葛秦生和严仁英在同行专家评审意见书中，对她的能力和成就给出了很高评价。②在评审委员会意见中这样写道：

> 肖碧莲同志从1960年就从事妇产科内分泌研究。在生殖内分泌方面作了大量工作，尤其在建立和开展激素测定方面，二十余年来一直处于领先地位，起到了带头和推动作用。在引进和推广国外先进技术方面发挥了很大作用。肖碧莲同志所开展的科研课题设计严密、方法先进、结果可靠，撰写的论文达到国内先进水平。③

肖碧莲的研究之路继续推进，在完成"六五"国家攻关课题分专题之后，肖碧莲又作为组长承担了"七五"国家攻关课题分专题"卵巢功能及其调控的研究"。国内关于卵巢功能的基础研究相对薄弱，尤其是以灵长类动物为模型的研究还没有开展，因此她指导肖赛率先开展了猕猴的卵泡研究。猕猴的月经周期与人类非常相似，是理想的实验动物，但由于来源

---

① 肖碧莲：中国与世界卫生组织人类生殖研究特别规划署合作的十二年。《生殖医学杂志》，1993年第2卷第1期，第8-10页。

② 肖碧莲档案：科学技术干部业务考绩档案（1986年7月5日）。存于国家卫生健康委科学技术研究所档案室。

③ 肖碧莲档案：评审委员会意见（1986年）。存于国家卫生健康委科学技术研究所档案室。

匮乏而使用很少。肖碧莲联系了福建医学院计划生育研究室，利用福建医学院的实验动物资源，针对13只猕猴测定给避孕药（18-甲基炔诺酮）前后卵巢静脉血和卵泡液中激素值的变化。经典理论认为避孕药是间接通过下丘脑-垂体-卵巢轴起抑制作用的，她们的研究发现18-甲基炔诺酮能够突破血-卵泡屏障直接进入卵泡液，为避孕药直接影响卵巢功能提供了科学依据。针对猴的卵泡研究在国内尚属首次，关于甾体避孕药对卵泡激素的影响国内外都未见报道，因而意义重大。[①]

在此基础上，肖碧莲又指导肖赛研究妇女卵泡液中激素水平的变化。她们摸索了卵泡期和排卵前期外周血和卵泡液中各项甾体和蛋白激素的变化规律，为进一步研究卵泡生理、病理和药物对卵泡发育的影响打下了基础。1989年肖碧莲和肖赛在《生理学报》上发表了论文《正常月经周期妇女卵泡液中激素水平的变化》，这是国内关于人卵泡液中激素的首篇文章。[②]1992年2月1日，国家计生委公布"七五"科技攻关计划生育成果及获奖项目，肖碧莲主持的"卵巢功能及其调控的研究"获"七五"科技攻关计划生育部委级成果奖三等奖。

国家计生委科研所作为"国家队"，随着各方面工作的正规化，更好地发挥了在国内的学术带动作用。肖碧莲与国内外的生殖医学和计划生育科研机构有着密切联系，通过举办多种培训班搭建了学习和提高的平台。例如，1987年10月19—27日，举办了卵巢生理基础研究学习班，4位来自澳大利亚的学者讲授了卵巢生理学的基础理论进展，尤其是与避孕应用相关的内容。1988年4月18—19日，同样来自澳大利亚的专家在B超学习班上担任主讲。除了短期培训，其他省市各级计划生育研究所及相关机构基本上每年都派人到国家计生委科研所进行长期培养，进入各研究室学习半年或一年的时间。通过这些从中心向外周辐射的方式，国家计生委科研所就把国内外的新理论和技术传播了出去。

[①] 肖赛，肖碧莲，魏振年：18甲炔诺酮对猕猴卵泡液甾体激素水平的影响。《动物学报》，1989年第35卷第1期，第53-57页。

[②] 肖赛，肖碧莲：正常月经周期妇女卵泡液中激素水平的变化。生理学报，1989年第41卷第1期，第97-101页。

图 7-12 1987年卵巢生理基础研究学习班合影（第一排右二为肖碧莲，左一为施少清，左三为孙亦彬，左四为崔应琦，左五为张桂元）。国家卫生健康委科学技术研究所提供

国家计生委科研所作为联合国人口基金的合作单位，进行了连续三个周期的合作（第一周期1980—1984年，第二周期1985—1989年，第三周期1990—1994年），因而也经常接待人口基金的官员来访。1988年，人口基金执行主任萨迪克（N.Sadic）访问国家计生委科研所，与肖碧莲进行了深入交流。

肖碧莲非常清楚国际会议作为学术交流渠道的重要性，在北京协和医院妇产科专家葛秦生的支持下，于1988年11月2—6日在北京组织召开了第一届生殖内分泌国际会议（International Conference on Reproductive Endocrinology）。这次会议

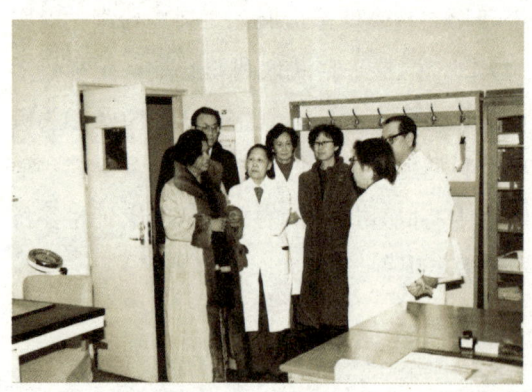

图 7-13 1988年联合国人口基金执行主任萨迪克访问国家计生委科研所（左一为萨迪克，左二为肖碧莲）。国家卫生健康委科学技术研究所提供

集中了中国、英国、美国、瑞典、荷兰、加拿大、澳大利亚、奥地利、比利时、意大利、以色列、芬兰、新加坡、印度尼西亚、印度、朝鲜、泰国、智利、肯尼亚、尼日利亚等多个国家的研究者，参会人数达一百余人。在三天的会议安排中，上午均为大会发言，下午则是分会（共计14个分会）。每个分会有7—8名发言人，议题涉及男女避孕、不孕不育、生殖内分泌失调等方面。在第一天的大会发言中，肖碧莲回顾了中国的甾体激素避孕研究。这样的会议后来还举行了多次，会议议题大为扩展，主办方也从国家计生委科研所、北京协和医院，扩大到中华医学会和国际妇产科内分泌学会。① 肖碧莲担任会议科学委员会的主席，不仅交流自己的科研成果，还作为实际的主要组织者，对整个会议的召开起到了关键作用。

北京计划生育科研所成立后好几年都没有任命所长，张茞芬在对外合作时被称为项目主任。从1983年11月国家计生委科研所成立第一届学术委员会以来，肖碧莲一直担任主任，为全所的科研发展把关。1984年国家计生委科研所正式任命了一名行政干部担任第一任所长。行政领导和科研人员考虑问题、处理事情的方式不尽相同，在资源、编制甚至公务用车上都会有矛盾。遇到这样的情况，张茞芬和肖碧莲就会以科研为重，据理力争或者想办法周旋，为科研人员争得更多应得的利益。②

由于肖碧莲突出的科研和管理能力，1989年5月10日被任命为国家计生委科研所所长。她担任所长后的第一要务就是筹办避孕研究学术交流会，这次会议是国家计生委科研所创办十年的成就展示平台。8月12—15日，来自11个国家的21

图7-14 2005年第五届生殖内分泌国际会议（前排左为彭佩云，右为葛秦生；后排左为施少清，右为肖碧莲。国家卫生健康委科学技术研究所提供）

---

① 2005年第五届生殖内分泌国际会议会议日程和论文摘要。资料存于采集工程数据库。
② 张燕滨访谈，2012年8月12日，美国。资料存于采集工程数据库。

图7-15 1989年肖碧莲与国家计生委科研所荣誉顾问迪克斯法鲁西、森纳娜亚卡合影（国家卫生健康委科学技术研究所提供）

名专家以及国内从事生殖生理、计划生育技术研究的近100名专家相聚于国家计生委科研所。肖碧莲作为主席宣布会议开幕，国家计生委主任彭佩云致辞，国家计生委原主任钱信忠、联合国人口基金驻华代表处主任拉奎因（A. A. Laquian）、世界卫生组织人类生殖研究特别规划署顾问迪克斯法鲁西、国际计划生育联合会（IPPF）副总干事森纳娜亚卡（P. Senanayake）参会。会上，迪克斯法鲁西和森纳娜亚卡被聘为国家计生委科研所荣誉顾问。中外专家一致认为，近年来中国的避孕研究发展步伐加快，与国际先进水平的差距正在缩小。来自美国、瑞典、芬兰、英国、澳大利亚、荷兰、泰国、新加坡、印度、巴基斯坦、斯里兰卡的代表与中国学者一起，进行了深入的学术交流。

十年弹指一挥间，国家计生委科研所从最初的几个小规模研究组成长起来，与上海市计划生育科学研究所一道成为中国生殖医学／计划生育领域科学研究、技术开发及国际合作的中心。由于科研条件优越、对外交流通畅，吸引了很多优秀人才来此效力，有百余名科研人员在生殖生理室、生殖内分泌室、药理室、药化室、免疫室、遗传室、生化室、流行病室、临床（男性、女性）室等部门开展工作。尽管肖碧莲已经超龄，但她在白手起家建所十周年之际担任所长实至名归。在这样一个坚实的平台上，她将迈向更广阔的天地。

第八章
从计划生育到生殖健康

从 1989 年 5 月开始，肖碧莲身兼国家计生委科研所所长和第三届学术委员会主任两职，国家计生委科研所的学术发展与她的视野及格局进一步紧密联系在了一起。1991 年 1 月，国家计生委科研所被确定为"世界卫生组织人类生殖研究合作中心"（WHO Collaborating Centre for Research in Human Reproduction），肖碧莲担任该中心主任。1992 年她的国家计生委科研所所长任期届满后，接着又被聘为名誉所长。

1992 年 9 月，国家计生委科研所与北京协和医院合办的《生殖医学杂志》创刊，肖碧莲担任副总编辑。1994 年 12 月，肖碧莲当选中国工程院医药与卫生工程学部首批院士，1995 年获第二届中华人口奖"科学技术奖"。

在上述这些职位、荣誉和成就的背后，是肖碧莲十余年间对科技发展和学科转型的敏锐意识和积极回应。她善于发现人口问题的国际潮流，致力于推进生殖健康大学科的构建，在引入紧急避孕概念以及研发新技术手段方面再一次居领先位置。而贯穿其事业始终的，是她对女性生殖健康的承诺和守护。正是因为这些特质，肖碧莲不仅是一名优秀的研究者，更是一位有远见的学科带头人、一位有人文关怀的大家，是从计划生育到生殖健康这一转变的有力推动者。

"生殖健康"新概念

20世纪50年代后期，中国开始倡导计划生育，避孕节育科技随之发展起来，这与世界上其他国家的类似举措和倾向有合拍之处。与计划生育相比，家庭计划（family planning）是国际上更常用的名称。据斯蒂芬·W.辛丁的总结，家庭计划运动背后，存在着具有不同立足点和出发点的两股潮流：一是20世纪初以降由女性主义者推动的促进妇女权利和福祉的生育控制运动；另一个是第二次世界大战之后新马尔萨斯主义者推动的解决人口和资源不平衡问题的人口控制运动。前者更关注女性的个人福利，后者更关注全社会福利，两者之间的张力持续存在。1974年在罗马尼亚布加勒斯特召开的联合国世界人口大会形成《世界人口行动计划》共识之后，参会的大多数国家都陆续实施了人口政策，并将非强制性的家庭计划项目列为母婴健康或初级卫生保健系统的一部分。在布加勒斯特大会之后的20年间，发展中国家的生育率大幅下降。这既是推行家庭计划项目的结果，同时也是更广泛的社会经济转型的结果，如女性教育和工作机会提高、婴幼儿死亡率降低、养老系统改善。在这种状况下，对世界人口爆炸的担忧逐渐失去了依据，而维护生殖健康和尊重生育自由的国际妇女运动持续高涨，关于人口问题的国际共识也随之出现了重要转变。这一转变的显著标志是，1994年在埃及开罗召开的国际人口与发展会议结束时，180多个与会国家的代表团最终通过的《行动纲领》中出现的措辞不再是之前文件中的"家庭计划、生殖权利和生殖健康"，而只保留了"生殖权利和生殖健康"。[1]

这次会议"标志着全球家庭计划运动向强调满足妇女整体生殖健康需求的家庭计划和旨在增强妇女权利的社会经济政策措施的转折。宏观层面上全球人口增长速度的下降和人口问题紧迫性的削弱，以及微观层

---

[1] 斯蒂芬·W.辛丁：第一章//沃伦·C.罗宾逊，约翰·A.罗斯：《全球家庭计划革命：人口政策和项目30年》。彭伟斌，吴艳文等译。北京：社会科学文献出版社，2015年，第12页。

面上对生殖健康和权利的关注共同推动了这一重要转折"。① 正如《行动纲领》所言：

> 整个世界的变化为解决人口和发展问题创造了重要的新机会。最显著的变化之一是世界人民及其领导人对于生殖健康、计划生育和人口增长的态度有了重大的转变，尤其促成了本行动纲领所界定的生殖健康，包括计划生育和性健康在内的新的全面的概念。②

生殖健康的概念大于家庭计划和计划生育，这也是世界卫生组织人类生殖研究特别规划署从20世纪80年代后期就开始倡导的观念。它的内涵既包括可广泛地获得计划生育服务，也包括不孕不育症的有效预防与管理；既包括生殖系统疾病的预防和治疗，也包括满意和安全的性生活；既包括妇婴保健，也包括青少年性健康。③

与国际上的这些潮流相平行，不管是个人的研究选题还是整个国家计生委科研所的学科定位，肖碧莲都立足于一个更广泛的生殖健康概念。

月之另面——辅助生殖研究

肖碧莲很早就意识到生殖健康领域的广泛性，在离开上海之前即有开展试管婴儿研究的想法。她并不是出于国家政策支持只做计划生育方面的研究，而是深知解决不孕不育问题也是一个迫切需求。

1986年，肖碧莲承担了"七五"国家攻关课题分专题"卵巢功能及其

---

① 左学金：译本序（一）// 沃伦·C.罗宾逊，约翰·A.罗斯：《全球家庭计划革命：人口政策和项目30年》。彭伟斌，吴艳文等译。北京：社会科学文献出版社，2015年，第2页。
② 刘云嵘：生殖健康概念的由来、发展及由此引发的思考与认识。《中国计划生育学杂志》，1995年第3期，第183页。
③ 刘云嵘：生殖健康概念的由来、发展及由此引发的思考与认识。《中国计划生育学杂志》，1995年第3期，第184-185页。

调控的研究"。此专题首先通过实验动物猕猴研究了避孕药对卵泡液激素水平的影响,进而测定了女性正常月经周期卵泡液激素水平的周期变化,这两项都是国内领先的研究成果。在此基础上,又进一步开展了人体外授精—胚胎移植的基础和临床研究。

肖碧莲团队在国内较早采用超声波阴道探头经阴道后穹窿穿刺卵泡收集卵泡液,并从中寻找卵子。此方法与剖腹探查取卵、腹腔镜下取卵相比,能够大大减轻手术痛苦和费用。从基础研究的角度而言,其重点在于分析卵泡液中纤维粘连蛋白浓度与激素的关系,以探讨纤维粘连蛋白对卵泡发育的调节作用,相关文章《纤维粘连蛋白与卵泡发育关系的探讨》发表在《生殖医学杂志》上。该文显示,1988—1989年,肖碧莲团队运用上述方法提取了31例不孕女性患者经药物诱发排卵的卵泡液,获取卵子,并为其施行了体外授精—胚胎移植手术。[①]

经体外授精—胚胎移植手术孕育的首例试管婴儿路易斯·布朗（Louis Brown）1978年7月25日在英国剑桥诞生,这被认为生殖医学的重大突破。1985年4月和1986年12月,台湾和香港各有1例试管婴儿诞生。[②]1988年3月10日,大陆首例试管婴儿在北京医科大学（现北京大学医学部）第三医院诞生。[③] 由于肖碧莲所在的国家计生委科研所没有附属医院,服务于临床研究的门诊规模很有限,开展试管婴儿的临床工作又耗时费力,因此尽管肖碧莲团队起步不晚,但该团队的首例试管婴儿1990年2月1日才在北京协和医院诞生。据贾孟春回忆,国家计生委科研所大楼一楼有个不育门诊,可以从中选择一些患者做试管婴儿。肖老师从来没有考虑过经济问题,总是考虑给患者解决疾苦,能少收就少收,能不收就不收。因此连药品和材料的费用都不够,要大规模开展也不可行。[④]

---

① 肖娜,肖碧莲,曹咏清,卢春燕:纤维粘连蛋白与卵泡发育关系的探讨。《生殖医学杂志》,1993年第2卷第2期,第86—90页。
② 张丽珠:我校试管婴儿研究进展。《北京医科大学学报》,1992年第24卷第4期,第285页。
③ 张丽珠等:试管婴儿及GIFT婴儿诞生。《北京医科大学学报》,1988年第20卷第4期,第241—242页。
④ 贾孟春访谈,2012年12月5日,北京。资料存于采集工程数据库。

肖碧莲把精力更多地放在基础理论研究以及受众范围广泛的培训上。1991年9月9—28日，她举办了国际不育症讲习班。讲习班邀请了5位国外学者、9位国内学者，面向来自全国各地的学员授课。内容涉及流行病学、基础医学、临床医学的内容，其中肖碧莲讲的是"医疗辅助受孕"。在讲义中，她回顾了医疗辅助受孕领域的四种主要方法（人工授精、体外受精和胚胎移植、配子输卵管内移植、合子输卵管内移植）的发展历史，讲解了体外受精和胚胎移植的指征、医疗条件、具体步骤和要点、研究动态等。肖碧莲讲授涉及的内容不仅涉及科技方面，而且强调医患沟通以及心理学、社会学指导的重要性。她表示，医方应"对各种方法的利弊有所了解，以免使患者产生不切实际的期望。在一种方法失败后应给予其他方法的指导，并应具备心理社会学方面的指导"。[①]

诱导排卵是辅助生殖的一个重要环节，其应用提高了临床妊娠率，但也存在并发症的风险。1992年6月10—13日，肖碧莲在北京举办了免疫测定及诱导排卵学习班。除了培训生殖激素测定的新方法，还讲授合理适度应用促排卵药物的理论基础和临床问题，提高了中国相关领域研究人员的水平。

1994年11月14—17日，由《生殖医学杂志》主办、温州医学院及中华医学会温州分会协办的全国不育症研讨会在温州举行。肖碧莲担任大会副主席，研讨会涉及的内容包括子宫内膜异位症与不孕、男性不育的病因、男性不育的诊断与治疗、辅助受孕技术、卵泡发育的监测、诱导排卵等。肖碧莲报告了自己9月底参

图8-1 1991年国际不育症讲习班授课现场（国家卫生健康委科学技术研究所提供）

[①] 国际不育症讲习班讲义汇编（1991年9月）。资料存于采集工程数据库。

图 8-2 1992 年免疫测定及诱导排卵学习班授课现场
（国家卫生健康委科学技术研究所提供）

加的国际妇产科联合会大会有关不孕方面的进展。[①] 国际妇产科联合会大会每 3 年举行一次，1994 年的大会在加拿大蒙特利尔举行，这类国际会议的最新研究成果往往经由肖碧莲等学者引介到中国。

在辅助生殖的基础研究方面，肖碧莲团队也不断有新的研究发现。继"七五"国家攻关课题分专题"卵巢功能及其调控的研究"获奖后，1997 年，肖碧莲主持的"八五"攻关项目"卵泡发育和卵子成熟的局部调节机制"荣获国家计划生育委员会科技进步奖二等奖。

关注生殖伦理问题

肖碧莲在辅助生殖领域的工作，很快将她带向了一个全新的领域——医学伦理学。随着医学科技的快速发展，相关的伦理问题不断涌现，尤其是人类辅助生殖技术 20 世纪 80 年代后期在中国的飞速发展引发了诸多亟待解决的伦理问题。肖碧莲通过相关会议和著述，在传播医学伦理学国际前沿、推动相关机构建立医学伦理委员会、促成中国辅助生殖技术规范出台上发挥了重要作用。

1994 年 7 月 6—8 日，国际妇产科联合会在巴黎召开"医学与生殖生物学中的伦理问题"国际研讨会，肖碧莲受邀作为中国代表参会，并且担任

[①] 全国不育症研讨会文章摘要（1994 年 11 月）。资料存于采集工程数据库。

"性别选择"单元的主席。此会的组织者是国际妇产科联合会1985年成立的一个专门研究人类生殖伦理问题的委员会，有20多个国家和国际组织到会。会议讨论的结果形成了一份建议书，许多国家将其作为制定相关政策法规的依据。

这次会议使肖碧莲第一次深入接触到医学伦理学，进一步认识到医学伦理学建制化和操作化的紧迫性。因此，1992年创刊、由她担任副总编辑的《生殖医学杂志》成了一个很好的倡导渠道。她和总编辑、北京协和医院的葛秦生教授紧密合作，将以杂志名义主办的专业会议变成多学科合作的平台：不仅仅是伦理学，其他人文学和社会学领域的研究也频频出现。1998年3月23—25日，《生殖医学杂志》编委会与中山医科大学生殖医学研究中心在广州联合主办了"医学辅助生殖"研讨会。1991年在中山医科大学也成功诞生了两例试管婴儿，庄广伦是研究团队负责人。会议吸引了189名专家到会，肖碧莲在会上作了题为《国际上关于医疗辅助技术的伦理问题的动态》的报告，详细介绍了上述巴黎会议之后形成的建议书的内容。会议在传统的基础和临床医学领域之外，不仅有伦理学的探讨，还有从法学、社会心理学、经济学等角度进行的分析。这次会议的纪要以《生殖医学杂志》编委会名义发布，辅助生殖技术、显微辅助授精、种植前遗传性疾病诊断的一线科学家和医生，还有社会科学与人文学的学者和专家一致呼吁要建立相应的管理机构和伦理委员会，制定伦理法规和指南，以期有章可循、有法可依。[①] 受此推动，1998年国家计生委批准成立"国家计划生育委员会医学道德伦理委员会"，肖碧莲担任顾问，5月7日召开了第一次会议。

1999年6月，肖碧莲撰写的论文《有关医学辅助的伦理问题》发表于《生殖医学杂志》第8卷第2期，主要涉及替代母亲、性别选择、前胚泡的研究、临床治疗应用胚胎或胎儿组织的指南、为人类生殖提供遗传物质、有关医生与患者关系的伦理问题、人克隆中的伦理问题，呼吁国内学界对这些问题加以重视。在论文末尾，她为现状忧心忡忡：

---

① 生殖医学杂志编辑委员会：医学辅助生殖研讨会纪要.《生殖医学杂志》，1998年第7卷第4期，第199-203页。

很多涉及生殖医学,如医疗辅助生育的问题,既没有伦理道德的约束,更没有立法的保障。最简单的人工授精,一份精子甚至可以用于上百个妇女,用钱任意找一名农村妇女作替代母亲,或未经妇女同意随意用'多余'的卵子作试验,时有发生。至今为止,在中国已有不少单位开展辅助生育的研究和治疗服务,但尚未建立统一的伦理委员会。中华妇产科学会至今未成立全国性伦理委员会。为此,很有必要研究国际妇产科协会的建议,制定一些适合中国情况的有关人类生殖伦理的指南条例,这样可以针对某些问题在政府部门立法之前提出合理的指南,以结束某些不合法或不道德的做法,例如无限的高收费,以钱财"雇用"替代母亲,未经知情同意,用精子、卵子、胚泡或胚胎组织作实验材料等。[①]

1999年8月16—20日,肖碧莲参加了香山科学会议第120次学术研讨会"21世纪生命伦理学难题"。香山科学会议由国家科学技术部(原国家科委)发起,在科技部和中国科学院的支持下于1993年正式创办。1999年的会议是香山科学会议创办以来第一次实现文理交叉,也是第一次在北京之外(云南昆明)开会。肖碧莲的报告内容为"有关人类生殖的伦理问题",主要介绍了国际妇产科联合会建议书和上述论文的主要内容。她表示,"目前中国对人类生殖研究的伦理问题尚无一定的规定",尽管国际妇产科联合会建议书"不属于法定条文",但通过"介绍国际上人类生殖伦理问题的动态,希望能引起医学界、生殖生物学以及社会各界对此问题的重视"。[②] 此次会议的报告次年结集出版,书末附文为肖碧莲等专家经讨论形成的"关于尽快制定'辅助生殖技术管理条例'的建议"。[③]2001年2月20日,卫生部颁布了《人类辅助生殖技术管理办法》《人类精子库管理

---

① 肖碧莲:《有关医学辅助的伦理问题》.《生殖医学杂志》,1999年第8卷第2期,第75-76页。

② 肖碧莲:有关人类生殖的伦理问题。见:倪慧芳等,《21世纪生命伦理学难题》。北京:高等教育出版社,2000年,第76-81页。

③ 肖碧莲等:关于尽快制定"辅助生殖技术管理条例"的建议。见:倪慧芳等,《21世纪生命伦理学难题》。北京:高等教育出版社,2000年,第268-271页。

办法》，5月14日又颁布了《人类辅助生殖技术规范》《人类精子库技术规范》《人类精子库基本标准》《实施人类辅助生殖技术的伦理原则》，中国终于在相关领域有了成文规范。

构建生殖健康大学科

从某种意义上来说，肖碧莲对辅助生殖及其伦理问题的重视，表征了她在构建生殖健康大学科上的眼光和努力。从国际潮流到国内需求，在肖碧莲的头脑中，生殖健康这个范围广泛的新概念已经成了一个关键词。她在《生殖医学杂志》上刊发经她审阅的关于"reproductive health"译法的文章，①在第二届全国不育症研讨会上作专题报告介绍联合国人口基金、世界卫生组织、中国国家人口和计划生育委员会（原国家计划生育委员会，2003年更名）提出的生殖健康规划。②

在肖碧莲主持操办下，国际生殖内分泌系列学术会议的内容也逐渐拓展。在1997年第三届生殖内分泌国际会议上，她邀请王一飞（时任世界卫生组织人类生殖研究特别规划署官员）作了题为《生殖健康的整体观念和WHO的研究规划》的报告。在报告中，王一飞介绍了迪克斯法鲁西教授对生殖健康含义的归纳，即生殖健康包括："达到妇女平等地位；普遍获得计划生育；促进孕产安全和适当的产前保健；防止不安全流产；处理生殖道感染/HIV/艾滋病及不育症；促进母婴的适合营养；婴儿和儿童保健；对青少年的性和生殖健康教育；促进健康和安全的性活动并去除有害的行医和获取保护生殖健康的环境和工作条件"。③生殖健康被认为是"健康发展的一个主要领域"，"各种生殖事件，包括性关系，不仅仅是生理的表达，

---

① 刘云嵘：关于Reproductive Health中文译法的认识及对其内涵的理解。《生殖医学杂志》，1998年第7卷第3期，第176-179页。

② 肖碧莲：生殖健康与计划生育。见：生殖医学杂志编辑委员会，《第二届全国不育症研讨会论文汇编》。北京：生殖医学杂志社，2007：1-2。

③ 第三届国际生殖内分泌学术会议纪要。《生殖医学杂志》，1998年第7卷第1期，第3页。

也反映了深层的情感,而且具有心理和社会的重要意义"。① 因此,生殖健康是多学科、跨学科的,涉及的范围非常广泛。

生殖健康涵盖整个生命历程,针对青少年的性教育不可或缺。1999年4月23日,国家计生委科研所在北京召开"避孕与性教育"研讨会,在发表于《生殖医学杂志》的会议纪要中,肖碧莲写道:

> 本次研讨会最大的特点是将避孕与性教育两个不同学科——生物医学和社会医学的内容结合在一起,符合当前提出的生殖健康的需要。性教育,尤其是对青少年的性教育,预防STDs/HIV/AIDS和安全性行为的宣传教育与避孕和安全流产是可以有机结合的。会议提示我们生物医学和社会医学工作者必须紧密联系,相互交流相关知识、取长补短,方能更全面的为育龄夫妇、青少年提供生殖健康服务。②

从计划生育到生殖健康的转变,是价值观念、医学模式和学科发展上的一个重要突破。在中国的7个世界卫生组织人类生殖研究合作中心里,肖碧莲是完成这一跨越的先行者。从单纯研究计划生育的基础理论和技术手段,扩展为一个生殖健康大学科,即在生殖健康的概念下,把不孕不育、妇幼卫生、生殖道感染、流行病学、社会科学、伦理学、性健康教育都包括了进来,可以说是"从摇篮到坟墓"。③ 这一趋势在1993年肖碧莲等主编的《计划生育技术手册》中就已初露端倪。该书不仅仅限于通常理解的避孕节育,还涵盖了生殖生理、不孕不育、性教育、优生优育等方面的内容。④ 实际上,肖碧莲在20世纪90年代就不断指出,国家计划生育委员会科学技术研究所应该重新定位和命名,应该改称国家生殖健康研究所,这样才能更

---

① 刘云嵘:关于Reproductive Health中文译法的认识及对其内涵的理解.《生殖医学杂志》,1998年第7卷第3期,第178页。
② 肖碧莲:避孕与性教育研讨会会议纪要.《生殖医学杂志》,1999年第8卷第4期,第201页。
③ 王一飞访谈,2013年1月22日,上海.资料存于采集工程数据库。
④ 肖碧莲,邱淑华:《计划生育技术手册》.北京:中国科学技术出版社,1993年。

好地与国外交流和接轨。① 科技工作者关注的是安全有效的生殖调控，范围包括避孕、生育和节育，即为人们在生殖方面的自主选择提供科学理论和技术手段。建议更名反映出肖碧莲对健康是一项基本人权这一原则的认可，以及保护和促进国人生殖健康的承诺。

基于肖碧莲的视野、格局和协调能力，以及国家计生委科研所的平台作用，在构建生殖健康大学科的同时，她很好地把国内相关领域的专家组织了起来，在科研、会议、出版等方面群策群力。有些大专家自身科研做得很好，但是在组织方面要弱一些。而肖碧莲的影响力远远大于一个科学研究所之限，成为中国生殖健康领域的领军人物。②

开展紧急避孕研究

从生殖健康这一立足点出发，防止非意愿妊娠、降低人工流产率是保护妇女身心健康、增强自主性的重要目标。1994 年 4 月 25—27 日，肖碧莲作为会议副主席，参加了世界卫生组织人类生殖研究特别规划署召开的关于药物终止妊娠的科学小组会议，她对人工流产率高、不安全流产危害健康的现状非常重视。③ 尽管中国采用常规避孕的比例相对较高，但由于未采取避孕措施或者避孕失败，历年还是有 1000 万左右的人工流产发生。④ 中国独生子女政策的推行过于依赖人工流产，这一数字时常引起国际非议。为了减少非意愿妊娠和人工流产，紧急避孕是常规避孕方法之外的一个有效补充手段。20 世纪 60 年代中期事后避孕药开始在国际上出现，中国在 70 年代研发的探亲避孕药就包含有事后的用法。尽管如此，紧急避孕这一概念对于中国来说仍旧是新的。⑤ 各级计划生育服务提供者对紧

---

① 施少清访谈，2012 年 7 月 26 日，美国。资料存于采集工程数据库。
② 同①。
③ 肖碧莲：药物终止妊娠科学小组会议。《生殖医学杂志》，1994 年第 3 卷第 3 期，第 149 页。
④ 肖碧莲：流产与紧急避孕。《生殖医学杂志》，1999 年第 8 卷第 4 期，第 202-203 页。
⑤ Xiao Bilian. Forward. Journal of Reproductive Medicine. 1996，5（Suppl）：1.

急避孕的意义和技术手段都了解很少，针对大众的科普宣传还没有开展。因此，20世纪90年代中期以来，肖碧莲积极引入紧急避孕概念。

1995年4月24—28日，肖碧莲作为中方唯一代表，出席了贝拉吉奥（Bellagio）紧急避孕会议。这次专题会议是由生殖健康南南合作国际组织召集，联合世界卫生组织、国际计划生育联合会、美国人口理事会、洛氏基金会、家庭健康国际组织（FHI）等多个机构在意大利贝拉吉奥召开的。主要目的是交流紧急避孕方法的现状，分享经验，讨论如何改进既有技术手段，以及促进信息知晓和服务可及。包括肖碧莲在内的24位与会专家形成了一份文件，分别以通告和共识的方式发布于《柳叶刀》（Lancet）和《避孕》期刊上。共识表示，首先要消除对紧急避孕的无知，服务提供者和接受者都要对此事先知晓；其次针对那些对紧急避孕有效的常规避孕药具（复合口服避孕药、含铜宫内节育器），要让大众知晓它们可额外用于紧急避孕，比如在说明书中要清楚描述这一用途；此外还要明确，紧急避孕不是人工流产，其应用恰恰能减少人工流产的数量，这有助于克服一些政治和文化上的障碍。[①] 该共识号召在各国开展紧急避孕服务，以预防非意愿妊娠、降低人工流产率。

肖碧莲在会后撰写了会议纪要，12月发表于《生殖医学杂志》上。[②] 在赴会之前，国家计生委科研所以及合作医院尝试建立紧急避孕项目。为了招募患者，他们在《北京晚报》上刊登了一则通知，结果第二天就来了20余位需要帮助的女性。[③] 在肖碧莲的指导下，国家计生委科研所还开设了紧急避孕服务热线，在加强宣传的四个多月中，有6000余次电话咨询。这些信息说明，紧急避孕的迫切需求是现实存在的。[④]

为了宣传紧急避孕的意义，介绍现有知识和手段，肖碧莲以《生殖医学杂志》编委会为平台，组织了紧急避孕学习班，1996年1月24—25日

---

① Consensus Statement on Emergency Contraception. Contraception，1995，52（4）：211-213.
② 肖碧莲：紧急避孕Bellagio会议简况.《生殖医学杂志》，1995年第4卷第4期，第253页.
③ Weng Liju, Han Xuejun, Hu Jing, Wu Shangchun. Emergency contraception in Beijing. Journal of Reproductive Medicine. 1996，5（Suppl 1）：19.
④ 吴尚纯，等：开展紧急避孕服务保护妇女身心健康.《中国计划生育学杂志》，1997年第2期，第101页.

在北京举办，北京市计划生育系统和各级医疗单位的 52 名正式学员和 25 名旁听学员参加。在学习班上，她从现有数据出发，强调开展紧急避孕的重要性，介绍了国际紧急避孕的研究和推广进展。学员们通过多位专家的讲座，了解了几种紧急避孕方法的现状：国外的 Yuzpe 方案是雌孕激素复方法（炔诺酮和炔雌醇配伍），药物成分与北京生产的复方 18 甲炔诺酮短效避孕药类似，可以代替使用；为了减少 Yuzpe 方案的不良反应，单纯孕激素紧急避孕药左旋 18 甲炔诺酮的有效性也已由国外临床实验证实；1986 年作为流产药从法国 Roussel-Uclaf 公司引入中国的抗孕激素米非司酮（RU486），被国际学者认为有良好的用于紧急避孕的前景；而中国研发的探亲避孕药能否用于紧急避孕，尚需进一步研究；房事后 5 天内放置含铜宫内节育器用作紧急避孕的方法，由于中国在临床应用宫内节育器上的经验非常丰富，因而易于在中国推广；等等。[1] 在上述这些研究内容中，肖碧莲团队已有一篇论文发表，即 1995 年年底发表于《生殖医学杂志》的米非司酮、双炔失碳酯（即 53 号探亲避孕药）单独或联合应用于紧急避孕的临床观察。[2] 当时国内其他研究者已公开发表的相关论文非常有限，因此她希望通过这次学习班把研究思路传播出去，引发中国学者更多的研究。

1996 年 10 月 31 日—11 月 1 日，在肖碧莲主导下，国家计生委科研所与世界卫生组织人类生殖研究特别规划署在北京联合召开了紧急避孕与着床研究国际研讨会。特别规划署排卵后生育调节方法指导委员会的专家及中国学者和医生交流了当下紧急避孕药物的临床研究和实践经验，以及抗着床的基础研究。中国本土的研究者通过十余篇论文，分享了初步研究成果。研讨会的报告原文发表于《生殖医学杂志》1996 年第 5 卷的英文增刊上，而后选择其中主要的报告翻译成中文陆续发表于该杂志上，以惠及范围更广泛的中文读者。[3]

---

[1] 生殖医学杂志编辑委员会：紧急避孕学习班纪要.《生殖医学杂志》，1996 年第 5 卷第 1 期，第 55 页。

[2] 韩学军，翁梨驹，张力萍，曾陶，肖碧莲：米非司酮、双炔失碳酯单独或联合应用于紧急避孕的临床观察.《生殖医学杂志》，1995 年第 4 期，第 206-211 页。

[3] 肖碧莲：紧急避孕与着床研究研讨会会议纪要.《生殖医学杂志》，1997 年第 6 卷第 1 期，第 3 页。

通过学习班和研讨会的辐射作用,的确如肖碧莲所愿,接下来的数年间,紧急避孕在国内成为生育调节领域中的研究热点,中国研究者关于紧急避孕的论文大量问世。其内容涉及左旋18-甲炔诺酮与Yuzpe比较研究,米非司酮与Yuzpe比较研究,左旋18-甲炔诺酮栓剂研究,多种探亲避孕药"老药"的有效性和安全性研究,探亲避孕药与米非司酮合用是否有协同作用的研究,紧急避孕放置宫内节育器的研究,米非司酮减量研究,等等。

图8-3 1996年紧急避孕与着床研究国际研讨会现场(国家卫生健康委科学技术研究所提供)

肖碧莲不但尽力推动紧急避孕的科研工作,而且非常关注紧急避孕应用中出现的风险,专门撰文《紧急避孕的误区》发表于《生殖医学杂志》上。她写道:

> 由于对紧急避孕的知识宣传还不够,包括提供者咨询不详细,药盒说明书不细致,这样非但不能减少流产,相反却因服紧急避孕药失败而增加了流产。作为提供紧急避孕的医护人员,必须对来诊的妇女加强咨询,解释为什么不能以紧急避孕代替常规的避孕方法。[1]

肖碧莲还面向大众开展咨询服务以及撰写科普文章,如在《大众医学》杂志上宣传上述观点,希望大众能够从紧急避孕中获益,而不是由于无知或者疏忽受到伤害。[2]

---

[1] 肖碧莲:紧急避孕的误区。《生殖医学杂志》,1999年第8卷第3期,第167页。
[2] 肖碧莲:预防意外妊娠的"急救"工程。《大众医学》,2000年第5期,第6-7页。

除了开展基础研究和临床研究、培训医疗服务人员、进行恰当的科普宣传，可用药物的生产也至关重要。在肖碧莲的指导下，国家计生委科研所1998年开始与北京第三制药厂（今紫竹药业）一起合作研究，开发了单纯孕激素紧急避孕药左旋18-甲炔诺酮，即左炔诺酮片，商品名为毓婷。左炔诺酮之前以复方左炔诺酮月服长效片和日服短效片的形式发挥常规避孕作用，单独用于紧急避孕是它的一种新用途，从而填补了国内空白。① 毓婷的成功上市是产学研结合的典范，肖碧莲的悉心指导和鼎力支持使该企业成为"国内领先、国际知名的生殖健康研发企业"。② 毓婷给药厂带来了可观的利润，国家计生委科研所也得到了一些收益，而肖碧莲本人一向是不计回报、但问成效的。③

图8-4　20世纪90年代肖碧莲参加免费咨询活动（国家卫生健康委科学技术研究所提供）

国内外关于紧急避孕的阶段性研究都指向了米非司酮。米非司酮是一种受体水平抗孕激素，具有终止早孕、抗着床、诱导月经及促进宫颈成熟等作用。20世纪80年代法国将其开发为一种抗生育药物，90年代开始在中国广泛使用，配伍前列腺素可显著提高终止早孕的效果，从而使药物流产成为现实。此外，米非司酮被认为具有紧急避孕的效果。早在1994年一篇关于中国米非司酮合并前列腺素终止早孕的研究综述的末尾，肖碧莲就提到了米非司酮用于紧急避孕的潜力，甚至是用作月服或者周服常规避孕

---

① 刘庆访谈，2013年10月25日，北京。资料存于采集工程数据库。

② 刘庆，顾向应，吴尚纯，谷翊群：她用一生守护我国女性生育自主——记我国计划生育科学研究的开拓者和领军人物肖碧莲院士．《中华医学信息导报》，2020年7月27日。

③ 贾孟春访谈，2012年12月5日，北京。资料存于采集工程数据库。

药的可能性。[1] 在中国学者关于米非司酮用于紧急避孕的研究基础上，肖碧莲作为负责人，承担了"米非司酮减少非意愿妊娠和人工流产的合作研究与开发"项目的临床研究组的工作。

这个项目由国家计划生育委员会与美国洛氏基金会合作开展，1998年启动，除临床研究组外，还设有工厂药品规范化生产组和药品开发组。临床研究组的任务是负责多中心临床实验研究的课题设计、实施、管理和评估，肖碧莲为此专门在国家计生委科研所设立了临床研究协调中心，负责对全国各参与单位的研究人员进行临床研究规范化培训，以及资料的收集、监察、保存和统计分析。1998年到2002年，临床研究组带领全国多家单位共完成4项研究课题："两种剂量米非司酮用于紧急避孕的随机、双盲比较性研究"（9801课题）、"米非司酮与米索前列醇用于催经的研究"（9802课题）、"米非司酮合并米索前列醇用于黄体期避孕的研究"（9803课题）、"低剂量米非司酮紧急避孕的临床扩大研究"（9901课题）。在世界范围内，此系列研究首次在大规模执行临床研究规范化的临床试验中证实了低剂量（10毫克）米非司酮用于紧急避孕（单次无保护性生活120小时之内）的有效性和安全性，参加临床扩大研究的有全国18个省市的31家单位。[2] 米非司酮合并米索前列醇用于黄体期避孕的研究，为单次无保护性生活超过120小时或多次无保护性生活的女性提供了一种可选择的补救方式。[3] 这两项研究在论文发表时署名为米非司酮降低非意愿妊娠和流产合作研究与开发项目临床研究组，但通信作者均为肖碧莲。此外，米非司酮合并米索前列醇还可用于催经，可以为月经推迟一周的女性诱发月经，解除其对非意愿妊娠的忧虑，或者终止极早期的妊娠。[4]

---

[1] Xiao Bi-lian. A review of studies on termination of early pregnancy with mifepristone in combination with prostaglandins in China. Journal of Reproductive Medicine, 1994, 3（Suppl 1）: 39.

[2] 米非司酮降低非意愿妊娠和流产合作研究与开发项目临床研究组：低剂量米非司酮用于紧急避孕的临床研究。《中华妇产科杂志》，2004年第39卷第1期，第35-38页。

[3] 米非司酮降低非意愿妊娠和流产合作研究与开发项目临床研究组：米非司酮配伍米索前列醇用于黄体期避孕的研究。《中华妇产科杂志》，2003年第38卷第9期，第563-566页。

[4] 肖碧莲，赵珩，吴尚纯，Helena von Hertzen，Gilda Piaggio，翁梨驹，经小平，程利南，任芳明，贺昌海，桂幼伦，雷贞武，朱明辉，曹小明，汪蓉芬，丁婉华，梅庆明：米非司酮与米索前列醇用于催经的研究。《生殖医学杂志》，2003年第12卷第3期，第137-145页。

开展这个系列研究项目时，肖碧莲已近杖朝之年。据在她身边工作多年的同事曾陶回忆，她没有因为年事已高而有任何懈怠，也从来没有听她抱怨过任何身体不适。偶尔看到工作台上摆着的伤湿止痛膏，才知道她遭受着腿病折磨。在9801课题执行过程中，所有具体项目的设计方案、执行报告和总结都是肖老师亲力亲为完成的。她很多次通过电子邮件发送文稿的时间都是在半夜，这种勤勉投入的工作精神带动了年轻她好几十岁的同事们。①

《健康报》记者在采访肖碧莲时捕捉到了她年近80岁时的工作状态："她快速地在电脑上给国外同行回信，快速地回答我的提问，快速地指挥研究生做某项工作，还时不时地快速抄起电话接听并侃侃而谈……"对她而言，工作让她精力充沛，科研使她忘记了自己的年龄。②她从1982年开始一直住在国家计生委科研所家属楼的5层，虽然2000年分房时有换房并选择低楼层的机会，她并没有提出要求，仍旧每天爬楼梯。后来她曾在故乡上海居住了一段时间，但很不幸85岁时在那里不慎摔伤导致股骨颈骨折。③不过，即使在因行动不便而卧床时，她仍坚持远程指导年轻同事的课题，对总体思路和细节都认真把关。④

在肖碧莲忘我投入以及团队的集体努力下，米非司酮系列研究项目达到了国际先进水平，在国际知名期刊如《人类生殖》（*Human Reproduction*）、《避孕》上发表了多篇论文。研究成果"米非司酮用于紧急避孕、黄体期避孕及催经的研究"获2003年度中华医学科技奖一等奖，2004年度国家科学技术进步奖二等奖，2006年度国家人口和计划生育科技成果奖一等奖。肖碧莲从来视金钱为身外之物，她曾把中华人口奖的两万元奖金拿出一半捐给了《生殖医学杂志》，另一半作为公用的科研经费。这次国家科技进步奖的6万元奖金，她非但没有独享，还从自己横向课题

---

① 肖碧莲档案：春蚕到死丝方尽（曾陶）。存于国家卫生健康委科学技术研究所档案室。
② 魏萍：肖碧莲：工作着是美丽的。《健康报》，2002年12月3日。
③ 姚秀珠访谈，2013年12月10日，北京。资料存于采集工程数据库。
④ 肖碧莲档案：忆肖老师的几件小事儿（裴开颜）。存于国家卫生健康委科学技术研究所档案室。

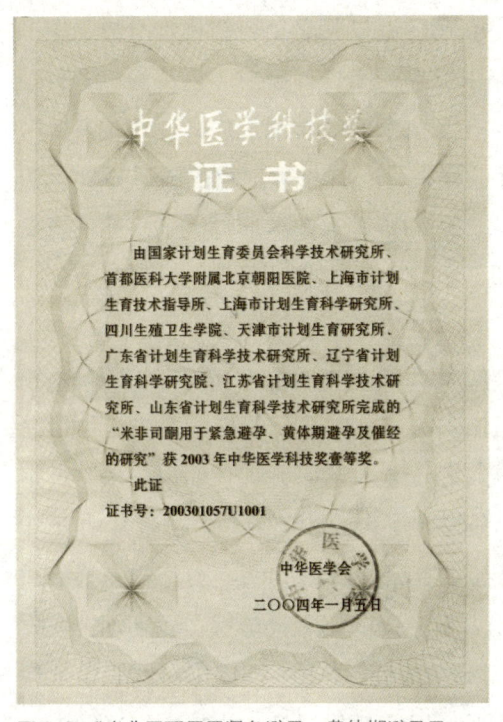

图8-5 "米非司酮用于紧急避孕、黄体期避孕及催经的研究"荣获2003年度中华医学科技奖一等奖（国家卫生健康委科学技术研究所提供）

结余费中又拿出6万元，奖励了参加多中心研究的人员。①令她感到欣慰的是：研究成果切实贯彻了女性自主避孕的理念，对有效降低中国的流产率发挥了重要作用，从而进一步改善了中国育龄妇女的生殖健康状况。

由于在方法和流程上严格执行了国际公认的临床研究规范化准则，肖碧莲为中国临床科研树立了标杆。通过这个临床研究规范化的练兵场，她带出了一支严谨做科研的队伍，基层人员的水平由此大大提高。②具体方式是：在课题开始前和过程中先后请世界卫生组织专家对各参与单位主要研究者、资料录入员、监理员进行培训；在实验设计方面要多中心、随机、双盲，在实验记录方面从记录的修改、日期的签署、受试者姓名的保密都有严格要求；在科研伦理方面，知情同意程序和伦理委员会的建立和完善成为必要条件。在整个过程中，肖碧莲在国家计生委科研所建立的临床研究协调中心发挥了重要的管理功能。经过临床研究规范化的培训和执行，研究者不仅在临床科研的严谨性、可靠性上与国际标准接轨，而且大大提高了保护受试者权益的意识。此系列研究结束后，经过世界卫生组织、家庭健康国际组织等机构的国内外专家的核查，认为临床研究规范化执行情况令人非常满意。2000年8月20—22日，

---

① 肖碧莲档案：远见卓识老领导　两袖清风品格高（贾孟春）。存于国家卫生健康委科学技术研究所档案室。

② 刘庆访谈，2013年10月25日，北京。资料存于采集工程数据库。

米非司酮用于紧急避孕国际学术研讨会在北京召开。洛氏基金会的法塔拉（M.Fathalla）在闭幕式上盛赞了中国的科研水平，并指出此项目是政府部门、科研机构、营利性企业（上海华联制药有限公司）、慈善机构与国际组织合作的结果。它的成功，不仅体现在项目本身，也体现在大规模国际协作这一特殊模式上。①

从改革开放之初上海和北京两个计划生育科学研究所的建立，到进入21世纪后中国生殖健康领域的发展，都离不开国际学术交流与合作，而肖碧莲正是这个国际大舞台上的科学大使。

---

① 童传良：米非司酮用于紧急避孕国际学术研讨会纪要。《生殖医学杂志》，2000年第9卷第6期，第327页。

第九章
世界舞台上的科学大使

从最初依托中国医学科学院基础医学研究所，到成为一个独立的科研机构，再到被认定为世界卫生组织人类生殖研究合作中心，肖碧莲参与奠基和领导的国家计生委科研所的建制工作不是关起门来进行的。科学研究所创建之初正值中央重提"四个现代化"目标、推行"对内改革、对外开放"之际，积极学习世界先进经验、引入国外资金和技术等举措成为国家走上富强之路的重要助推器。在此背景下，计划生育研究机构的"硬件"和"软件"设置，以及生殖健康学科的全面发展，每一个环节都涉及与国际相关机构和学界的互动。肖碧莲长期担任世界卫生组织生殖研究特别规划署科技顾问，以及长效避孕药专题、实验方法标准化和质量控制专题的指导委员。她连续5年代表政府部门参加世界卫生组织人类生殖研究特别规划署捐款国会议，在各种学术研讨会上介绍中国在生殖健康领域的研究进展。积极开展与国外学术界及国际组织的合作，大量争取国际资助，为研究生和年轻科学家创造留学和交流的机会。

计划生育是一个高度政治化的领域，尤其是中国1979年开始推行的强制性计划生育政策在国际上引起不少争议，该领域的科技研发不可避免受到国内外诸多政治、社会、文化因素的影响。如何借鉴经验、争取支持、化解批评、消除误解、规避风险，诸如此类的问题都在考验肖碧莲的智慧和魄力。正是这样的历练，使她成为一位活跃在世界舞台上的科学大使。

出访与国际任职

早在1963年，肖碧莲就陪同时任卫生部妇幼司司长的栗秀真出访保加利亚，考察那里的妇幼保健工作。那是肖碧莲留苏回国之后首次出国，同样经过了组织的审查鉴定。对于当时的国际交流而言，这样的社会主义阵营国家也是唯一选择。此行目的是为了"执行中保文化合作协定"，做好出国准备工作的第一项要求就是"学习反修文章，熟悉俄文专业与政治用语"。[①] 肖碧莲这次陪同出访给栗秀真留下了深刻印象，这与她后来调职北京筹建计划生育科学研究所不无关系。

在接下来漫长的14年间，肖碧莲再没有出国访问的机会。她和同事们与外界（尤其是西方世界）的直接交流非常有限，直到1972年2月美国总统理查德·尼克松访华，中美关系"破冰"之后情况才有所改观。美国伍斯特实验生物学研究所的华裔生殖生物学家张民觉、斯坦福大学的化学家卡尔·杰拉西、芬兰赫尔辛基大学妇产科系的塔帕尼·卢卡依纳（Tapani Luukkainen）等学者于当年或接下来的几年中访问中国，在上海、北京等城市的相关机构中进行学术交流。他们的到访信息和学术报告发布在《避孕药科研参考资料》等刊物上，他们也撰写了英文文章，向西方世界介绍中国之行的所见所闻，尤其是20世纪70年代避孕药具在中国的研发、生产和使用。世界卫生组织人类生殖研究特别规划署负责人亚历山大·凯塞勒（Alexander Kessler）和迪克斯法鲁西1975年首次到访北京、上海，即提出希望开展项目合作。[②]

[①] 1963-DZ3-82，告肖碧莲医师作出国准备由（1963年11月12日）。存于仁济医院档案室。

[②] 肖碧莲档案：卫生部与WHO合作大事记（1975年）。存于国家卫生健康委科学技术研究所档案室。

“文化大革命”结束后，更多的国际学术交流机会终于出现了。1977年11月28日—12月3日，肖碧莲与张茝芬、雷海鹏受世界卫生组织人类生殖研究特别规划署邀请参加了在菲律宾马尼拉召开的西太平洋区生育调节新进展讨论会。会议安排了12篇特邀报告，报告人主要来自欧美国家，真正来自西太平洋区的只有韩国、日本、菲律宾、新加坡。在特邀报告后，肖碧莲三人作了大会发言，分别报告了“每月一片的长效口服避孕药”“探亲药”“中国目前采用的三种宫内节育器”三方面的情况。由于信息交流不通畅，外界对中国避孕药具的现状了解有限，韩国代表在“关于西太平洋区生育调节技术的概况”综述报告中出现了部分与中国情况不符的内容。因此，肖碧莲三人又作了补充发言：

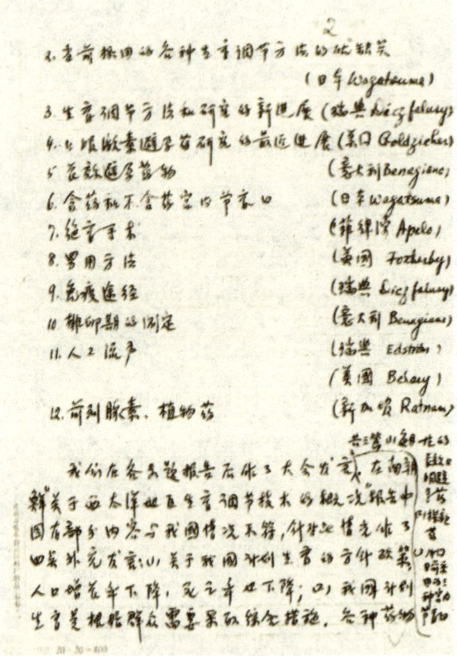
2

2. 当前采用的各种生育调节方法的现状（日本 Wagatsuma）
3. 生育调节方法和研究的新进展（瑞典 Diczfalusy）
4. 口服激素避孕药研究的最近进展（美国 Goldzieher）
5. 长效避孕药物（意大利 Benagiano）
6. 含药和不含药宫内节育器（日本 Wagatsuma）
7. 绝育手术（菲律宾 Apelo）
8. 男用方法（英国 Fotherby）
9. 免疫途径（瑞典 Diczfalusy）
10. 排卵期的测定（意大利 Benagiano）
11. 人工流产（瑞典 Edström）（美国 Behany）
12. 前列腺素、植物药（新加坡 Ratnam）

我们在各专题报告后作了大会发言。在南朝鲜“关于西太平洋地区生育调节技术的概况”报告中因有部分内容与我国情况不符，针对此情况作了四点补充发言：(1)关于我国计划生育的方针政策，人口增长率下降，死亡率也下降；(2)我国计划生育是根据群众需要采取综合措施，各种药物

图 9-1 1977 年世界卫生组织西太平洋地区生育调节新进展讨论会参会报告（国家卫生健康委科学技术研究所提供）

（1）关于我国计划生育的方针政策，人口增长率下降，死亡率也下降；（2）我国计划生育是根据群众需要采取综合措施，各种药物、工具、手术费用全部由国家负责，在人流与扎管等手术后均有适当的公假；（3）我国的药物与工具均用自己的原料自己制造；（4）我国并不主张以人工流产作为节育措施之一，但对因避孕失败或有疾病指征者可作人流。①

这是肖碧莲首次出国参加学术会议，回来后她写了参会报告。之后的多次出访她都留下了

① 肖碧莲档案：参加世界卫生组织西太平洋地区生育调节新进展讨论会简介。存于国家卫生健康委科学技术研究所档案室。

记录，后期多以会议纪要的方式发表在专业期刊上。

由于英语地道、专业精深、具有人格魅力，肖碧莲先后多次被聘为世界卫生组织人类生殖研究特别规划署的顾问组成员，并担任两个专题组（长效避孕药、实验方法标准化和质量控制）指导委员会的委员。后又被家庭健康国际组织聘为高级顾问，该组织1971年成立，位于美国北卡罗来纳州，以国际生育率研究而著称。

1980年1月28—31日，肖碧莲作为世界卫生组织人类生殖研究特别规划署长效避孕药专题组指导委员会委员，首次在德国魏玛参加该专题组的指导委员会会议。该专题组1970年成立，10年间共有72名科学家参加，其中有39名来自23个发展中国家，包括拉丁美洲、西太平洋区和东南亚等国家。肖碧莲是该专题组指导委员会的首位中国委员，任期至1983年。在委员会评审课题完成情况、讨论研究进展和问题时，她一面吸收国外最新信息，一面结合中国现状，思考如何提高研究水平以及如何开展国际合作。在总结中她提道：缺乏"严格的科学态度是我们研究工作中的最大弱点"。相较之下：

> 会中对每项新的课题都要经过反复讨论修改，提出周密的科研设计，有目的、任务、依据、方法、观察对象、进度、主要负责人、经费预算等。然后参加单位签订合同、统一表格、定期检查。例如对雌激素治疗出血的临床研究即经过反复几次讨论修改才能通过。对一些情况不明的课题，先指定专人广泛收集资料综合报告后才制订计划，如对肝肿瘤与避孕药、LH-RH长效避孕的研究等。当前在我们计划生育研究工作中流行病学的调查问题较大，各种药具长期安全性的问题缺乏专人负责研究。建议培养一些具有妇产科临床经验的医生和一批中级公卫护士从事该项研究。[1]

关于未来可能进行的国际合作，肖碧莲还写道：

---

[1] 肖碧莲档案：参加世界卫生组织人类生殖研究特别规划长效避孕药专题小组指导委员会会议情况汇报（1980年1月）。存于国家卫生健康委科学技术研究所档案室。

专题小组讨论中很重视发展我国计划生育研究中心。多次提出希望中国的研究中心能参加专题小组的研究课题，例如，新甾体激素的合成、出血机制的基础研究、一月一针的针剂、聚乳酸缓释针剂等。讨论中较注意听取第三世界代表的意见。我们认为应参加以上一些研究项目，这将有助于提高我国科技水平，亦可为第三世界国家提供一些药具和经验。当前计划生育科研工作在某些方面与国外有差距，缺乏科研技术力量是一个关键问题，应多方面培养人才。美国哥伦比亚大学 P. Crabbé 主动提出希望我们派遣留学生或大学生学习 4—5 年，语言困难可先补半年外语课，经费可由他们所或 WHO 提供。在甾体激素合成方面我们很需要，建议在国内选拔青年或大学生出国学习。对现有中层干部中亦应加强外语和专业方面的培养。因为语言的障碍使参加会议受到影响。①

该专题组的指导委员会每年召开两次会议，到 1981 年 1 月在马来西亚开会时合作研究的意向更为明确：国外每月一针甲孕酮和炔诺酮庚酸酯的研究希望扩大临床试用，建议上海、北京、杭州、南京的有关结构能够参加，并且可以与上海、杭州研发的针剂开展比较研究。这次指导委员会会议结束后，召开了生殖医学国际会议。肖碧莲报告了"中国计划生育研究的进展"，她记录了国外代表对报告的反应：

  1. 对探亲药、假期片感到很奇怪，经介绍后才了解。2. 对四川省男子输精管结扎术很感兴趣，提问如何动员男子作手术。3. 会后有一华人女大夫询问输卵管粘堵术如何做，表示很想多了解。4. 突尼斯、泰国、印度、马来西亚等代表要求给资料。5. 瑞典迪克斯法鲁西在报告后发言祝贺中国的成就，会后要求带回文件，说准备翻成瑞典语。6. Kessler 要了一份资料，说这些会议资料可考虑印发。7. 美国

---

① 肖碧莲档案：参加世界卫生组织人类生殖研究特别规划长效避孕药专题小组指导委员会会议情况汇报（1980 年 1 月）。存于国家卫生健康委科学技术研究所档案室。

D.F.Archer 为中国的报告感到骄傲。①

肖碧莲还向卫生部汇报了世界卫生组织人类生殖研究特别规划署希望在中国召开一次长效避孕药专题组指导委员会以及学术交流会的愿望。在卫生部的支持下，此事落实了下来。原计划在北京召开，后由于长效针剂的研究中心在杭州，因此 1983 年 1 月的会议最终是在杭州召开的，肖碧莲参与了大量筹办工作。

在参加过该专题的多次指导委员会会议之后，肖碧莲总结了几点体会和建议：

一、参加长效避孕药专题小组已 4 次，每次虽然讨论共同性的内容，但是反映出对每一个课题的长远规划、系统性和科学严格要求，虽然也有时间拖得过长的缺点。从一个新的设想提出到取得一个成熟的结果需要十多年之久。对比我们的研究工作，虽然已获得"鉴定"成果，但在科学资料方面缺乏系统、科学、完整的资料。从上海对阴道环的研究资料可以找找差距，进一步组织研究。

二、对长效针剂的研究我们国内从 1964 年以来上海浙江都开展了很多工作，但也存在同样的问题。有些药物鉴定结束就完了。对药物的长期安全性研究也未重视。目前生产和在全国应用的仍是己酸孕酮针剂，这种针剂是美国在 1957 年时试用，已经淘汰。据说上海与联合国人口基金援助项目仍生产己酸孕酮，政府亦投资几百万生产一种不理想的老的针剂是完全不合理的。希向有关领导反映，认真考虑避孕针剂的生产。并建议组织力量从事针剂避孕的研究。

三、我们在口服、针剂等避孕药的使用也有十多年历史，长期使用后的安全性研究未获重视，当前农村中亦有很多妇女在哺乳期服用避孕药，尤其是口服长效药后哺乳婴儿有乳房增大等不良反应。甾体激素对哺乳婴儿影响的研究亦给予重视。

---

① 肖碧莲档案：参加世界卫生组织人类生殖研究特别规划长效避孕药专题小组指导委员会议情况汇报（1981 年 1 月）。存于国家卫生健康委科学技术研究所档案室。

四、在很多研究课题我们应参加多中心研究，学习研究方法，取得经验，同时可与我们自己生产的药作比较，以促进科研和生产。①

肖碧莲恳请卫生部领导重视国外在这方面的先进经验，希望召开有关研究者的会议，认真研究中国在长效避孕药方面的发展方向。她认为"应从多方面着手，如口服、针剂、阴道环，认真组织力量，严格科学设计，有计划地系统地开展研究"。②

这一时期肖碧莲非常繁忙，日程中有大量的会议、谈判、访问活动。1980年9月，由于9月15日首届放射免疫测定技术学习班开班，肖碧莲必须在北京迎接新加坡的授课专家吴欣汉，并且在第一周留守以安排和跟进各项事宜，以至于不能第一时间赶到日内瓦参加世界卫生组织人类生殖研究特别规划署顾问委员会第十二次会议。为此，张茝芬还特意致信负责人凯塞勒以示歉意。③

除了与国际组织任职有关的顾问委员会、指导委员会会议，肖碧莲还有一些学术考察和进修的机会。比如，1984年1月3日—4月2日，在联合国人口活动基金资助下，肖碧莲作为访问科学家赴美国、英国、澳大利亚短期进修生殖内分泌学，重点是卵巢功能的研究。其中在美国的马里兰大学巴尔的摩分校生理系、国立卫生研究院的内分泌研究室、迈阿密大学的生殖内分泌中心学习一个月，在英国爱丁堡大学生殖生物学中心学习两个星期、伦敦动物研究所学习一个月，在澳大利亚蒙纳士大学的医学研究中心和生理学系学习两个星期，接触到了当时最先进的卵巢研究的理念和方法。④

作为国际组织的专家和顾问，肖碧莲出国开会和访问都由外方提供经费，但她总是尽量节约开支，出行尽量坐公交车或步行。⑤ 王一飞在世界

---

① 肖碧莲档案：参加世界卫生组织人类生殖研究特别规划长效避孕药专题小组指导委员会会议情况汇报（1981年7月20日）。存于国家卫生健康委科学技术研究所档案室。

② 同①。

③ 肖碧莲档案：张茝芬给凯塞勒的英文信（1980年9月9日）。存于国家卫生健康委科学技术研究所档案室。

④ 肖碧莲档案：科学技术干部业务考绩档案（1986年7月5日）。存于国家卫生健康委科学技术研究所档案室。

⑤ 吴雨．肖碧莲：美丽人生乐在其中．《健康必读》，2010年第5期，第25页。

卫生组织工作时，肖碧莲每次去日内瓦开会都请他帮忙找一个带厨房的旅馆，这样自己可以简单煮饭，"既省经费又省时间"。开会之余她不是去逛街购物，而是泡在图书馆里查阅资料。她利用生活结余，多次为单位购买书籍、实验用品和仪器。[1] 以1984年年初的三国考察学习为例，她得到人口活动基金9120美元资助，3个月访问结束时共结余4940美元。她利用这些结余经费为单位购置了实验仪器、计算机和试剂等多种科研用品。[2]

引入与传播

肖碧莲在国外吸取到的新理念和新方法首先体现在她负责的"六五"科技攻关分专题"长期服用长效口服避孕药后生育力的改变"、"七五"科技攻关分专题"卵巢功能及其调控的研究"等项目中。不仅是自己从国际交流中获益，国家计生委科研所刚刚成立她就开始邀请国际专家来华授课，举办的各类培训班帮助了全国各地的研究者。肖碧莲在世界卫生组织人类生殖研究特别规划署实验方法标准化和质量控制专题小组指导委员会的工作为她在国内建立放射免疫测定技术的标准化方法和质量控制指标奠定了基础，而后来的紧急避孕系列研究则建立了国际公认的临床研究规范化准则。

为了更大程度上惠及基层的科研工作，从20世纪90年代开始，肖碧莲争取资助在中国翻译、出版和分发英文期刊《展望》(Outlook)、《进展》(Progress)、《国际计生联医学通讯》(IPPF Medical Bulletin)及《生殖健康要略》(Reproductive Health Matters)。其中《展望》是帕斯适宜卫生技术组织（PATH）在美国西雅图定期出版的通信类季刊。经过积极联络，1990年1月肖碧莲申请到了该组织的8000美元年度资助，用以

---

[1] 王一飞访谈，2013年1月22日，上海。资料存于采集工程数据库。
[2] 肖碧莲档案：科学研究所器材科给计生委的证明及说明（1986年）。存于国家卫生健康委科学技术研究所档案室。

翻译和出版《展望》。她随即组织国家计生委科研所的力量，很快完成了1989年4期《展望》的翻译和出版，分发量共计5000份。接着她又申请资助，帕斯适宜卫生技术组织很快回应，10月24日拨来额外的6000美元，因此又出版了3期中文版《展望》。次年1月，肖碧莲向该组织提供了7期中文版的财务报告和工作总结。① 看到报告和总结后，《展望》的主编杰奎琳·雪利斯（Jacqueline Sherris）在2月4日的回信中这样写道：

> 我们对《展望》的中文译本仍旧很满意。1990年6月那期做得尤其好。我们已经接到了您关于1990年资助的描述报告和财务报告。你们的读者调查结果十分吸引人。大多数读者发现《展望》对他们的工作很有帮助，我们对此很满意，并且欢迎他们对将来的论文主题提出建议。显而易见，你们的中国读者很欣赏《展望》以及国家计生委科研所的工作质量。②

美国福特基金会和联合国人口基金为《展望》中文版提供了后续经费支持，其中1991年8月1日—1994年7月31日由福特基金会提供资助3万美元。针对项目评估的4个标准（翻译和印刷质量、准时、分发对象和区域、信息的有用性），肖碧莲在读者中组织了问卷调查。1993年2月发问卷，3月底收回400份，问卷分析显示读者对这4个方面都很满意。根据肖碧莲1994年10月完成的结题报告，肖碧莲及其同事与其他一些研究机构的人员合作，3年间共完成12期《展望》中文版的出版。免费寄送达5000份，范围涵盖全国29个省和自治区的2000余家机构，有效地将国外研究的前沿信息传播到全国，尤其是偏远地区受益更大。结题报告还涉及经费使用情况，在翻译、印刷、分发费用和杂费4项中，由于邮寄费用上涨而总体透支250美元，肖碧莲从其他来源将其补足。对这种费时耗力又

---

① 肖碧莲档案：肖碧莲与PATH的英文信往来。存于国家卫生健康委科学技术研究所档案室。

② 肖碧莲档案：杰奎琳·雪利斯给肖碧莲的英文信（1991年2月4日）。存于国家卫生健康委科学技术研究所档案室。

图 9-2 2003 年《展望》中英文版（国家卫生健康委科学技术研究所提供）

贴钱的事情，她从未抱怨过。尽其所能惠及广大基层是她追求的目标，而且"凭借在翻译、出版《展望》以及《进展》《国际计生联医学通讯》中获得的经验，1992 年我们与北京协和医院创办了《生殖医学杂志》（季刊）。今年 12 月我们将出版一期英文增刊，目的在于将中国在妇幼保健和避孕领域的经验和成就介绍给外界"。[1]

对于那些没有条件出国以及阅读英文文献有困难的基层研究者，肖碧莲就像一座桥梁。通过她的努力，这些英文通讯和期刊在中国的编译和定期免费发放为他们传递了国际信息。肖碧莲还举办了多次学习班和研修班，不仅面向国内，还面向其他发展中国家招收进修生。

早在 1979 年 5 月 3 日国务院人口小组与联合国人口活动基金签署谅解备忘录时，人口小组代表中国政府向人口活动基金认捐 20 万元人民币，表示拟建的北京计划生育科学研究所成立后如果条件具备可以培训其他发展中国家的技术人员。十余年后，国家计生委科研所在人类生殖和节育技

---

[1] 肖碧莲档案：Translation, printing and distribution of "Outlook" in China (Final report)。存于国家卫生健康委科学技术研究所档案室。

术的基础和临床研究方面已经有了很好的基础,具备了承担发展中国家相关研究人员培训任务的能力。王一飞在1995—2001年曾任世界卫生组织官员,负责亚太地区生殖医学人员培训。肖碧莲接受他的委托,从1993年开始接收朝鲜和蒙古的研究人员来国家计生委科研所短期进修。[①] 他们回国后计划开展世界卫生组织人类生殖研究特别规划署的宫内节育器多中心研究,同年,国家计生委科研所还接收了朝鲜的两名长期进修生。来自非洲、东南亚国家的研究人员同样从国家计生委科研所的培训计划中收获颇多。

图9-3 1994年朝鲜研究者在国家卫生健康委科学技术研究所进修时留影(国家卫生健康委科学技术研究所提供)

对有争议研究说"不"

在国际合作研究方面,世界卫生组织人类生殖研究特别规划署的多个专题组都希望在中国开展临床试验。双方签订合同,世界卫生组织提供研究经费,由各国的中心负责项目开展。肖碧莲团队曾完成过多项此类研究,并在涉及多中心比较的英文论文中贡献力量。这样的合作很好地匹配了人力、财力、物力各项要素(包括受试者),也符合多中心研究的要求。通过这种合作研究,中国研究者学习了科研设计、数据处理等方法,掌握了先进技术。[②] 不过,在什么样的项目应该积极引入、何种情况下又该拒绝方面,肖碧莲有其明晰的原则。

---

① 王一飞访谈,2013年1月22日,上海。资料存于采集工程数据库。
② 栗秀真:《新中国预防医学历史经验(第四卷)》。北京:人民卫生出版社,1990年,第281页。

1997年，在写给国家计生委科技司和外事司负责人的一封长信中，肖碧莲表达了关于开展奎纳克林（Quinacrine）女性绝育研究的忧虑。她希望有关方面慎重考虑，不要轻易在中国进行奎纳克林2000例引入性临床试验。奎纳克林在中国又名阿的平，将其用于非手术女性绝育的确很有吸引力。但1993—1995年，这项研究曾引起相关国际组织之间很大的争议。1995年之后达成的基本共识是：由于奎纳克林具有致突变的毒性，而其致癌的可能性尚不清楚，目前不宜在临床试用。下一步要待致癌的动物毒理试验有结果后再议。肖碧莲列举了1993—1996年家庭健康国际组织、国际计划生育联合会和世界卫生组织公开发表的声明，以及英国《生殖健康要略》和美国《生育与不育》（Fertility and Sterility）学术期刊上的文章，认为它们一致说明了上述观点。在这些证据支持下，她写道：

> 我个人意见对开展"2000例引入性研究"应该拒绝，尽管外商投资，我觉得我们应慎重对待IPPF、WHO的意见。FHI是创始人之一，他们也停止了所有临床前瞻研究，为何中国要开展？美国在1984年、1985年共作了22例妇女，而且是要切除子宫的妇女在术前24小时或一周给药，然后切除子宫，当然不会影响妇女长期健康。
>
> 由于我们基层的一些科研人员（南京、贵州）对国外信息的闭塞，不看资料，又受外国投资的诱惑，盲目地开展了这项工作。《生殖与避孕》1996年还发表了南京的文章。作者理应掌握1995年在Fertility and Sterility上发表的2篇文章。文章讨论中简单地说了一句毒性"无显著性差异"。为此，建议科技司能否通知省市研究所不要再开展临床试验，仅对已用药的妇女仔细长期随访。
>
> 我国计划生育工作经常遭到一些无根据的攻击、造谣。如果开展"2000例引入性研究"必将遭到国际组织的非议，这不是一两个科学家自己的行动，而是计生委组织的活动，更会遭到非议。[①]

[①] 肖碧莲档案：给国家计生委科技司和外事司负责人的信。存于国家卫生健康委科学技术研究所档案室。

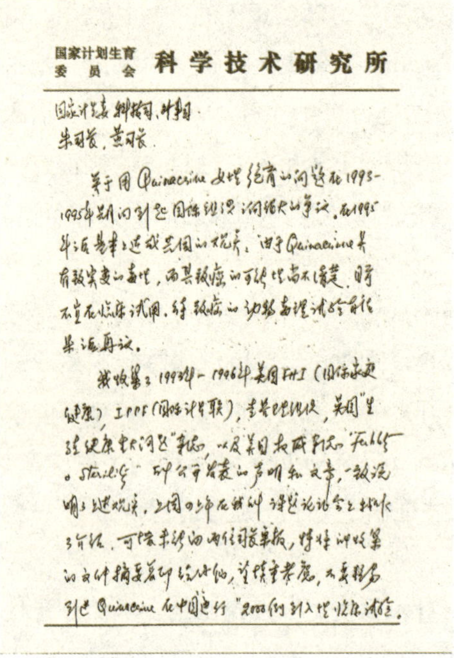
国家计划生育委员会 科学技术研究所

国家计生委科技司、外事司
朱司长、黄司长：

关于用Quinacrine女性绝育的问题在1993—1995年期间引起国际组织间很大的争议。在1995年该患者造成我国的被动。由于Quinacrine具有致突变的毒性，而其致癌的可能性尚不清楚，暂不宜在临床试用。待致癌的动物毒理试验有结果后再议。

图 9-4　1997 年肖碧莲给国家计生委科技司和外事司负责人的信首页（国家卫生健康委科学技术研究所提供）

肖碧莲此时扮演的角色像是一位守门人，出于对女性生殖健康的承诺，将上述风险高的临床试验排除在外。2001 年《生殖与避孕》杂志的一篇中文回顾评价表明，阿的平栓剂非手术女性绝育术可接受性高，但有效性低，有宫外孕和过敏这样的严重不良反应发生，长期是否安全还须进一步随访。[①] 肖碧莲在给国家计生委科技司和外事司负责人的信中提到的不利的国际舆论因素，也非常值得关注。在计划生育这个高度政治化的领域，处理相关问题需要勇气和智慧。合作要以共赢为目标，要重视中国受试者和研究者的权益，广交朋友、争取支持，促使科学研究的航船在国家间不同意识形态的暗礁中前行，这是肖碧莲努力的方向。

促进中国与世界的了解与互通

1949—1978 年，中国与世界卫生组织的互动一直存在，尤其是 1972 年正式恢复关系之后，开展了符合中国当时卫生外交战略和国家利益的合作。但实际意义上的技术合作，始于 1978 年双方签署的《技术合作谅解

① 丁菊红，陆卫群，丁婉华，等：阿的平栓剂非手术女性绝育术有效性安全性回顾评价。《生殖与避孕》，2001 年第 21 卷第 2 期，第 110-115 页。

备忘录》。① 中国接受世界卫生组织等机构的资助、肖碧莲担任国内外学术交流的大使之时，正值国家计划生育政策发生重大转变之际。

1979年之前国家倡导晚婚、晚育、少生，支持避孕药具的研发，并向民众免费提供。此阶段的计划生育政策建立在民众自愿的基础上，政府虽有控制人口的目的，但保护妇幼健康之意图也得到了充分强调。就民间而言，与工业化潮流一致的自愿避孕和节育要求（尤其在城市女性中）以及对政治性的集体召唤的回应交织在一起，再加上相对可靠的技术手段的普及，使得出生率显著下降。只是在此阶段的最后数年，某些地方出现了个别针对多胎女性的强制化做法，比如"民兵押着妇女去做手术"。时任中央领导对此提出了批评："计划要落实，必须是通过群众落实，不要搞强迫命令，搞强迫命令，群众不满意"。②

根据1978年10月26日中央批转《关于国务院计划生育领导小组第一次会议的报告》的通知，该会议提出了一对夫妇生育子女数"最好一个、最多两个"的要求。次年1月4—17日召开的全国计划生育办公室主任会议对《计划生育条例（草稿）》进行了讨论，出台了带有政府强制意味的一胎化政策，要求"对于生第二和二胎以上的，应从经济上加以必要的限制"。根据1979年国务院计划生育领导小组办公室的工作报表，"现有一个子女的夫妇数""已领取独生子女证夫妇数"等已成为统计指标。1980年9月25日，通过中共中央发出的"关于控制中国人口增长问题致全体共产党员、共青团员的公开信"，一胎化生育政策实质上在全国城乡广泛推行。③ 由于在农村遇到很大阻力，1982年通过的"中国中央、国务院关于进一步做好计划生育工作的指示"，适当放宽了对农村的要求，即"农村普遍提倡一对夫妇只生育一个孩子，某些群众确有实际困难要求生二胎的，经过审批可以有计划地安排"。但是这一放松条款直到大概10年后才

---

① 苏静静：中国与世界卫生组织合作中的身份转变：1949—1978。《中国科技史杂志》，2018年第39卷第1期，第73页。

② 肖碧莲档案：中央首长接见女用长效口服避孕药科研会议代表时的讲话（1977年2月12日）。存于国家卫生健康委科学技术研究所档案室。

③ 梁中堂："一胎化"政策形成的时代背景。《二十一世纪》，2009年第4卷，第65-67页，注13。

在实际工作中得以普遍执行。①

尽管有人口学者的反对，20世纪70年代末中国还是推出了严苛的一胎化政策。从措辞上看虽是普遍提倡一对夫妇只生育一个孩子，但在实际推行时采取了严厉的强制手段，如罚款、开除公职，甚至是强制引产和结扎。有学者认为该政策是"计划经济体制下的国家政治精英，以科学话语下的悲观人口理念做先导，在民族强盛与赶超发展的战略目标诱导下，利用党国体制逐渐建立起来的一套生育管控制度"。②

中国推行的强制性计划生育政策在国际上引起不少争议，因此像肖碧莲这样的科技专家同时又肩负有"大使"的沟通和斡旋作用。据王一飞介绍，她跟别的中国专家有很大区别，总是在国际会议上积极发言，介绍中国的情况，提不同的意见。好多人出国开会，国际同行只是知道中国有人在搞某项研究而已。她一出去人家一看就知道这是一位中国相关问题的"活字典"，遇到什么事都是去咨询她。③

在1981年年初的世界卫生组织人类生殖研究特别规划署长效避孕药专题组指导委员会会议上，规划署负责人凯塞勒在与肖碧莲的会下交谈中表示希望中国参加捐助国会议，他表示不在于中国能够提供多少经济援助，主要是中国的加入可在发展中国家起到很大的影响力。1981年年末，肖碧莲等人即代表中国卫生部、国家计生委参加了世界卫生组织人类生殖研究特别规划署捐款国会议（1978年第一次召开），宣布中国捐款5万美元。会上有美国代表提出不同意见，认为规划署的工作重点应放在发展新药上，而不要放在加强机构上，甚至还准备另起炉灶与规划署抗争。尽管如此，在发展中国家资助机构建设、加强发展中国家科研能力的重要性是显而易见的。中国代表据理力争，发言时阐述了加强机构、发展新药、对现有避孕药具安全性的研究相互之间的联系的重要性，还强调中国政府对计划生育科研经费的投资。当年的捐款中瑞典以532万美元位列最高，美

---

① 梁中堂："一胎化"政策形成的时代背景.《二十一世纪》，2009年第4卷，第70页。
② 刘骥，德新健，熊彩："一胎化"的政治学：理念、利益、制度.《开放时代》，2014年第3期，第46，57页。
③ 王一飞访谈，2013年1月22日，上海。资料存于采集工程数据库。

国 300 万美元，中国的捐款额在发展中国家最高，相比之下印度为 3.5 美元。但在次年认捐中，中国和美国都没有认捐。肖碧莲和苏群为此专门在情况汇报中写道：

> 由于中国代表在认捐时，只表示从心愿来讲，愿意做点贡献，但由于我国国民经济正处于调整时期，认捐有点困难，待经济情况进一步好转后，我国政府是会认真考虑的。人类生殖特别规划处对我下年度未能认捐表示失望。会后，凯塞勒、斯坦利分别找我与会代表苏群、肖碧莲同志以及我派往世界卫生组织工作的陈文杰、吴熙瑞等同志希望中国能再考虑认捐问题。他们认为中国的认捐与否在经济和政治上均有影响，而且亦为 1983 年大评审创造条件。斯坦利夫人说如能维持 1981 年的捐款数更好，如有困难，最好不要少于 2 万 5 千美金。她说实际上，中国捐几万美金，每年却可得百万美金。总之，他们希望中国能列入捐款国名单。据了解有的国家对特别规划给中国几百万美金的资助有意见。对上海所的投资额很引人注目。因此，陈文杰、吴熙瑞等同志以及代表处的同志一致认为要向领导汇报（陈文杰同志已向部值班室汇报），说明人类生殖特别规划处对我态度友好，愿在加强我国科研机构上做点贡献，但亦遇到一定的困难。为有利于发展合作，在互相支持的原则下，我们建议一方面抓紧北京、上海两个研究所的工作，另一方面对特别规划处宜做特殊情况处理。在计划生育合作领域内，1982 年仍能认捐 5 万美金。妥否请指示。①

世界卫生组织人类生殖研究特别规划署一直坚持投资发展中国家机构的立场，对美国的某些做法提出了否定意见。美国支持下的联合国人口活动基金于 1982 年年初接连召开两次有关避孕药研发的各机构代表会议，却未邀请规划署官员参加，会议文件也未送达。世界卫生组织总干事哈夫丹·马勒（Halfdan T. Mahler）表示，这是违反联合国系统关于协调方面的

---

① 肖碧莲档案：关于参加世界卫生组织人类生殖研究特别规划捐款国会议的情况汇报（1981 年 12 月 3 日）。存于国家卫生健康委科学技术研究所档案室。

规章的。世界卫生组织反对人口活动基金再建立一个顾问组,因为规划署本身就承担此功能,认为重复设立容易在成员国中产生混乱。人口活动基金建议援助经费要限制在发展新的和改良已有避孕药的范围内,规划署对此表示反对,认为援助应该包括资助研究机构方面,加强发展中国家的内在的研究力量非常重要。[1]

据统计,从1980年起,中国先后有110余家医疗卫生机构被命名为世界卫生组织合作中心,每个中心在各自领域中均处于领先位置,对推动中国医疗卫生事业的快速发展起到了积极作用。[2] 其中,与世界卫生组织人类生殖研究特别规划署合作的生殖健康方面的中心共有7个,目前保留下来的还有北京、上海、成都3家。[3] 据肖碧莲1993年的一篇回顾性文章,自1979年以来,这7个合作中心共获得世界卫生组织人类生殖研究特别规划署/联合国人口活动基金的资金两千多万美元,中国在人类生殖方面的科研能力已经明显加强。不过值得注意的是,中国政府对合作中心的资金投入总额相当于外援金额的两倍或更多。[4]

在科研方面,中国也不是从零开始。在合作之初,中国前二十年的某些积累使国际学界受益,棉酚研究就是一个例子。肖碧莲曾于1979年10月2—5日参加在日内瓦召开的世界卫生组织人类生殖研究特别规划署男性节育专题指导委员会第21次会议,中国的棉酚研究成为会议焦点。薛社普和钱绍桢的棉酚研究报告引起了与会人员的极大兴趣,被认为是近年来男用节育方面研究的重大进展。委员们提出了有益的建议,有些委员还提出协作请求。"休息时间大家都争着和我们握手,表示祝贺"。对男性节育专题指导委员会来说,中国的棉酚研究无疑是一个好消息。多年来男性节育科研项目进展不大,鉴于经费短缺,规划署顾问委员会正在考虑取消

---

[1] 肖碧莲档案:世界卫生组织总干事马勒给联合国人口活动基金萨拉斯的回信(1982年)。存于国家卫生健康委科学技术研究所档案室。

[2] 刘久畅:试论世界卫生组织在华合作中心的意义和作用。《中国卫生产业》,2018年第15卷第13期,第192页。

[3] 刘庆访谈,2013年10月25日,北京。资料存于采集工程数据库。

[4] 肖碧莲:中国与世界卫生组织人类生殖研究特别规划署合作的十二年。《生殖医学杂志》,1993年第2卷第1期,第8-10页。

该专题指导委员会。此次会议经讨论认为：

> 对这些项目减少供应经费是可以理解的，但不宜取消专题指导委员会。由于世界上人类半数属于男性，其节育研究不容忽视。若取消此委员会，势必给人以虚假印象，似乎男子节育的研究将无多大前途，而影响从事这方面工作的科研工作者的积极性。目前中华人民共和国在这方面取得重大进展（棉酚），并表示欢迎国际协作，委员们受到了鼓舞；而且印度政府也将男性节育问题放在重要位置。对此，WHO 均应作出回应。①

1980 年，世界卫生组织人类生殖研究特别规划署顾问委员会第 12 次会议通过了"男性节育研究重点放在北京计划生育研究所"的建议。男性节育专题指导委员会虽然于 1980 年停止活动，但有些课题仍在进行，而且成员不断呼吁恢复，因此在 1981 年规划署顾问委员会第 13 次会议上，经表决一致同意恢复。可以说，源自中国的棉酚研究带动了几近空白的男性节育领域。不过棉酚作为男性避孕药的临床研究在 20 世纪 80 年代中期停滞下来，主要有两方面原因：一是长期服用棉酚（2 年以上），停药后生育力不能恢复者达到 25%—28%；二是服药男子中，有 0.68% 产生低钾血症，虽然通过补钾可以治愈，但对野外工作的农民来说风险很大。而且有研究显示棉酚对部分服药男子的性功能有影响。尽管最终没有开发出男性避孕药，但研究者关于棉酚抗生育作用的药效学、药理学、毒理学和代谢方面的实验为受精生物学的理论发展作出了贡献。科学研究时常会出现死胡同，尤其涉及应用之时，峰回路转还有待时日。②

当中国经验未被认可时，肖碧莲会据理力争、表达不同意见。1998 年 7 月 6—10 日，美国人口理事会在意大利贝拉吉奥洛氏基金会会议中心召开了"药物流产在发展中国家的作用"的专家会议，目的是制定一项在发

---

① 肖碧莲档案：参加世界卫生组织（WHO）男性节育专题指导委员会第 21 次会议的情况汇报（1981 年 12 月 3 日）。存于国家卫生健康委科学技术研究所档案室。

② 杨海燕：石其贤与生殖生理学研究。《今日科苑》，2018 年第 9 期，第 51 页。

展中国家开展米非司酮+米索前列醇药物流产的临床使用常规。美国人口理事会希望到会的各国专家对其依据2000余例本国经验拟定的临床使用常规达成一致意见。肖碧莲认为美国提出的"在家服用米索前列醇，无需来院服药和留院观察4—6小时"做法不适用于发展中国家，"在医疗设备不全、交通不便时应以安全为重"。中国"积累了几万例的经验，也有教训，值得在发展中国家引入药物流产时借鉴"。经过激烈争论，在世界卫生组织和英国代表的支持下，肖碧莲的意见被部分采纳到会议共识之中。尽管如此，她认为会议上的争论反映出不少问题，对中国经验的漠视令人费解，究其原因，关键是中国研究者"积累了丰富的经验但却不善于宣传，一不在国际会议上作报告、争取论坛，二不善于在国际杂志上发表论文，争取更多的读者。使不少外国同行扬言'我们看不懂中文，对你们的工作不了解'"。[1]

在提交给《生殖医学杂志》编辑的会议综述稿最后，她写道：

> 要改变这种局面，当然，首先要自强。我们一定要在临床医疗、科研工作中有严谨、科学和创新的成就，能在国际上争取一席之地。事实上，米非司酮的研究、临床服务、生产，中国已占世界首位，至少不亚于法国、英国，理应名列前茅。为何美国以它仅有的区区2000余例的经验据先，似乎它是发展中国家的造福者。把少数他们所支持的300多例的越南经验作为"样板"，而面对庞大的中国经验却视若无睹，这是为什么？值得深思！

她留给编辑这样一段附言：

> 我的稿子写完了，但也有些顾虑。这样写是否会影响我们今后与Population Council的关系，是否太露骨？说实在是因为我心里有气，他们另外还有一篇文章，更是只提他们的"经验"。而且未经在会上

---

[1] 肖碧莲：关于药物流产的Bellagio会议及会后感想。《生殖医学杂志》，1998年第7卷第3期，F003。

讨论过，却要以"专家会议"的名义发表，真是强加于人！我已表态不同意。你看该如何办，或者把最后一段删去？①

该会议综述发表的时候，的确将最后一段内容删掉了，但是"要自强"的想法一直留驻在肖碧莲的心头。在当时，肖碧莲负责的米非司酮系列研究中，她带领团队严格执行临床研究规范化准则，以求更好地与世界接轨。此外，正如该文指出的，一定要加强英文论文发表，为中国科研经验的输出打开通道。肖碧莲之前发表过多篇英文文章，有实验研究论文，也有若干篇中国避孕药具研发和使用综述，比如 1997 年发表于《国际妇产科杂志》(International Journal of Gynecology & Obstetrics)的"中国家庭计划实践的现状"(Current Practice of Family Planning in China)。2003 年初米非司酮系列研究完成，肖碧莲当年共计发表 5 篇米非司酮研究的英文论文，另有 3 篇其他研究主题的英文论文和综述。那一年她 80 岁，是全科学研究所发表论文最多的，起到了表率作用。②

频繁的外事活动中，肖碧莲凭借她的精湛业务、地道英语和沟通能力赢得了尊重。她也把自己的经验毫无保留地传递给年轻一代，对他们的指导堪称是全方位的。据曾经的硕士研究生裴开颜回忆，2004 年第一次出国参加国际会议时，肖老师在会前对她的报告内容和演讲方式进行悉心指导，会后又带她及其他年轻人参观当地名胜古迹，为他们讲解了很多人文历史知识。在肖老师组织的国际会议上，裴开颜作为会务组成员也要经常和多国学者交流，在社交礼仪方面得到了她的很多指正。③

肖碧莲的开放、自信和努力争取为国际合作打开了局面，也为中国经验赢得了一席之地。每年到访国家计生委科研所的国际友人可以用"车水马龙"来形容。④ 和她一起参加国际会议的同侪后学对外国专家与她的融

---

① 肖碧莲："关于药物流产的 Bellagio 会议及会后感想"手稿。资料存于采集工程数据库。
② 刘庆访谈，2013 年 10 月 25 日，北京。资料存于采集工程数据库。
③ 肖碧莲档案：忆肖老师的几件小事儿（裴开颜）。存于国家卫生健康委科学技术研究所档案室。
④ 刘庆访谈，2013 年 10 月 25 日，北京。资料存于采集工程数据库。

洽关系以及对她的尊重都有深刻的印象。[①] 正如王一飞总结的,"她是中国了解世界、世界了解中国的一位大使、一个窗口、一条纽带"。[②]

[①] 肖赛访谈,2012年7月7日,美国。资料存于采集工程数据库。
[②] 王一飞访谈,2013年1月22日,上海。资料存于采集工程数据库。

结 语

肖碧莲在生殖健康领域投身教研工作五十余年,有效维护和促进了女性身心健康,提高了女性在生殖问题上的自主选择权。砥砺前行半个世纪之后蓦然回首:当通宵达旦在实验室完成课题时,她是钟情学术、严谨治学的研究者;当以国家计生委科研所所长、学术委员会主任身份出现时,她是格局远大、克己奉公的管理者;当作为国际组织顾问活跃在世界舞台上时,她是风采卓然的科学大使;当出于受试者安全考虑上书建议拒绝国外某项节育药物在中国的引入性研究时,她是女性健康的守门人;当为年轻的图书资料员录制英文磁带时,她是诲人不倦的英语老师;当繁忙工作之余教孙辈弹钢琴时,她是严慈并济的奶奶;当为孙女王蕾出国定制旗袍时,她是颇具老上海情结的"小资"……在孙女王蕾看来,自己的奶奶多才多艺,是"地地道道的上海女性,而且是那种比较开放、前沿、现代的受过高等教育的女性"。[①]

从肖碧莲的家庭背景和教育经历而言,她的确接受了当时上海所能提供的最好教育。教会女校以及工部局女子中学为她打下了良好的英语基础,中西并重的课程设置和对体育锻炼的强调使她受到了知识、体能、意

---

① 王蕾访谈,2013 年 3 月 27 日,北京。资料存于采集工程数据库。

志及人格的训练。闻名遐迩的圣约翰大学所倡导的"广博之自由教育"理念及美式医学生培养模式，为其生命打下了钟情学术、志向高远、克己坦直、兴趣广泛之烙印。抗日战争和解放战争背景下，上海学生运动风起云涌，她也从中得到了锻炼，组织能力和社会关怀得以初步显现。

1949 年 7 月，肖碧莲获颁圣约翰大学医学博士，正值中国新旧政权交替、社会全面变革的时刻。由于不能赴美留学和在医学科学研究方面接受进一步的训练，在毕业前她也曾经历短暂的迷茫。在积累了数年临床诊疗经验之后，她终于有机会达成做科研的心愿，于 1956 年年底在"全面学苏"热潮中赴莫斯科谢切诺夫第一医学院深造。苏联当时的医学院不属于综合性大学，更强调专业性和职业性，政治思想教育无处不在。在培养临床医学研究生方面，强调临床、教学、科研和社会工作的综合。肖碧莲师从妇产科病理生理学专家日玛京教授，在巴甫洛夫学说影响下研究女性正常和异常生理周期血管反应的变化。出于意识形态考虑而大力推行某种学说终归缺乏持久的生命力，她日后并没有延续博士阶段的研究，但留苏三年的经历使她走上了临床医学与基础医学相结合的道路。更重要的是，她敏锐捕捉到妇产科内分泌学/生殖内分泌学这一学科前沿，从而开启了她回国之后数十年的研究方向。

1959 年年底，肖碧莲获得莫斯科谢切诺夫第一医学院副博士学位。她回国入职上海第二医学院附属仁济医院后，面临各种政治运动，尤其是十年"文化大革命"，而这一阶段也正是她克服干扰为生殖内分泌学奠基的重要时期。从机构而言，仁济医院计划生育研究室于 1964 年成立，这也是中国最早建立的以"计划生育"命名的科研机构，生殖内分泌学是其核心领域；从研究而言，借助生殖内分泌学的理论知识和技术手段，她主持了口服避孕药及多种避孕药具的临床作用机制研究，尤其是口服避孕药的减量研究在当时属于国际前沿；就人员而言，她不仅在计划生育研究室带出了一个队伍，还通过培训惠及了全国多个省市的科研人员。

值得注意的是，肖碧莲此阶段在生殖内分泌学领域的研究以实用为先，多是短、平、快的国家任务。口服避孕药等避孕药具的研发在中国是由政府自上而下推动的，其主要诉求是控制人口、保护生产力。从国家政策的宣传和推行、科研协作的资助和安排、药具的快速鉴定和审批,到避孕药具的定点生产和免费供应,都具有鲜明的集中化、政治化特征。在肖碧莲引领的探索口服避孕药最低剂量的系列研究中,除了减轻不良反应、提高远期安全性的目的,"节约闹革命"亦是一个重要推动因素。① 由于肖碧莲在"文化大革命"期间与其他知识分子一样遭受过冲击,因此政治因素在一般意义上干扰了她科研工作的进度。但在特殊意义上,满足国家需求的避孕药具科研项目在人力、财力、物力上又得到了某种程度的保证,从而主导了科研人员的研究取向。

从1960年到1978年,肖碧莲在仁济医院工作了18年。作为国内生殖内分泌学界的领军人物之一,她率先建立了生殖激素的化学测定方法,在避孕药具临床作用机制研究方面取得了不少有益经验。尤其是减量口服避孕药1/2和1/4剂量的相继确定,是肖碧莲团队在该研究工作中最主要的贡献。1970年,中国妇产科奠基人、北京协和医院医生林巧稚到访上海时,指定要去肖碧莲所在的研究室参观。当时具体负责避孕药具研发的卫生部副部长钱信忠,对她的研究和组织工作多有称许。②1978年3月,短效口服Ⅰ号避孕片、Ⅱ号避孕片荣获全国科学大会奖,这是当时科研工作者能够获得的最高荣誉。

随着中国的改革开放,国家在上海和北京建立综合性的计划生育科学研究中心,并与国际组织开展合作。1978年10月,肖碧莲调职卫生部,担任国家科委计划生育专题组秘书。从与联合国人口活动基金、世界卫生组织人类生殖研究特别规划署谈判上海和北京的援建项目,到白手起家、事无巨细创建北京计划生育科学研究所,到该所被确定为世界卫生组织人类生殖研究合作中心,再到生殖健康学科的大发展,她倾注了大量智慧和心血,在北京继续奋斗了三十余年。

由于肖碧莲出色的科研成就,1994年她被聘任为中国工程院医药与卫生工程学部首批院士,1995年荣获第二届中华人口奖"科学技术奖"。此

---

① 陈珍晴,杨海燕:肖碧莲与中国低剂量口服避孕药的研发。《医学与哲学(B)》,2018年第39卷第3期,第97页。

② 肖碧莲档案:个人简历(20世纪90年代)。存于国家卫生健康委科学技术研究所档案室。

阶段她的研究工作很大一部分是在基础理论和基线数据、更新内分泌测定手段以及既有避孕药具远期安全性评估方面"补课"。她率先在国内建立了放射免疫测定技术的标准化方法和质量控制指标，在此基础上对女性生殖生理基线数据进行了测定和分析，建立了中国女性生殖激素的生理常数和变化规律，为避孕药具研发及相关疾病诊疗提供了科学依据。此外，她还开展了卵巢功能及其调控的基础理论研究、避孕药具的作用机制及远期安全性研究。20世纪90年代中期，为了规避人工流产对女性的潜在危害以及中国计划生育过于依赖人工流产而引起的国际非议，她引入了紧急避孕的概念并开展了米非司酮系列研究。从科研方法上来说，该研究建立了国际公认的临床研究规范化准则；就成果转化而言，该研究更好维护了女性健康。肖碧莲主持的"米非司酮用于紧急避孕、黄体期避孕及催经的研究"荣获2003年度中华医学科技奖一等奖、2004年度国家科学技术进步奖二等奖。

作为科研管理者，肖碧莲善于发现和赶上人口问题的国际潮流。基于全球生育率的下降以及对生殖健康权利的关注，1994年开罗国际人口与发展会议形成了新的国际共识，即从计划生育转向生殖健康。这一转变反映出价值观念、医学模式和学科发展的重大突破。与此相平行，在她的谋篇布局下，国家计生委科研所涉及的范围不仅仅局限于避孕节育，而是向辅助生殖、优生遗传、妇幼卫生、流行病学、社会医学、伦理学、性教育等领域不断拓展。国家计生委科研所在她的带领下，从范围局限的计划生育起锚，向生殖健康大学科的开放海域航行。肖碧莲曾多次指出，国家计生委科研所应该改称国家生殖健康研究所。从近年来中国姗姗来迟的计划生育政策松绑以及相关机构调整和更名来看，这确实是一种基于普世价值、学术自主和人口现实的先见之明。

由于专业坚实、英语地道、真诚坦率、具有人格魅力，肖碧莲在国际合作谈判中发挥了重要作用，她连续5年代表政府部门参加世界卫生组织生殖研究特别规划署捐款国会议。她长期在特别规划署顾问组以及专题小组指导委员会任职，后又被家庭健康国际组织聘为高级顾问。在多种形式的国际交流与合作中，不管是国外专家请进来、国内学者走出去，定期举办国际学术会议，还是国外科技通信和期刊的编译、出版和分发，合作研究项目的申请与选择，英文论文和综述的发表，都离不开她与国际机构及学界的积极联络、努力争取和精心组织。在拒绝引入高风险的国外研究项目时她是一位守门人，同时她也为中国科研经验的输出打开了局面。多年国际交流的历练，使她成为一位活跃在世界舞台上的科学大使，促进了中国与世界的相互了解和沟通。

回顾肖碧莲绵长而成果颇丰的学术生涯，第一，她的勤勉专注给人留下深刻印象。她数十年如一日潜心研究，"文化大革命"期间屡受干扰依然矢志不渝。1994年成为中国工程院院士之后的十余年间，仍旧活跃在科研一线，甚至到87岁时还有英文论文发表。第二，她的敏锐开放使其从一名普通的妇产科医生成长为中国生殖内分泌学的奠基人。不管是创立多种内分泌测定法、响应临床安全性的需求，还是追踪基础研究的前沿动态，对新理念和新技术的敏锐感知和开放态度成为她持续成长的助推器。第三，她治学始终秉持严谨求实的原则，在实验方法标准化、质量控制和临床研究规范化方面，在中国相关研究领域都起到了引领作用。无论是主持大型国际多中心临床研究项目，还是指导研究生的一个小课题，她都一丝不苟、严格要求。第四，远见和格局使她在学术管理上卓有成效，在克己奉公方面也作出了表率。她整合优化资源、培养人才梯队、强化学术评议，抓住学科转型机遇，推动国家计生委科研所从计划生育向生殖健康的定位转变。

在科研所的后辈眼中，肖碧莲工作效率高，忙而不乱，就像上紧的发条一样不会疲倦。对内她逐科室、逐人落实课题，倡导认真做学问的科研气氛；对外积极与世界卫生组织及相关国家拓展合作空间，促进双向交流。她身上有一种气场，能团结周围的人，大家都能信服她，愿意跟她一起奋斗。她在工作中有一种气势，不惧怕困难，怕的就是不努力。[①] 她一方面关心下属生活，对其工作提供支持和鼓励；另一方面对失职和失误的现象绝不讲情面。对她来说，学术标准不能打折扣，科研所成员的课题申

---

① 施少清访谈，2012年7月26日，美国。资料存于采集工程数据库。

请都先要在学术委员会上"过"一遍，不合格的不能出科研所。她在担任所长期间遇到过职务、职称晋升等大大小小的难题，由于她开诚布公、敢于坚持原则，保证了科研所的平稳健康发展。在科研所里，很多人称她"老太太"，这是对她的尊敬和爱戴，同时也有些许的敬畏。①

最值得一提的是肖碧莲的人格魅力。她固然有不苟言笑、不言自威的一面，但同时又有一种特殊的亲和力。她不是一个整天板着脸做实验的"老学究"，实际上她性格开朗，多才多艺，她弹得一手好钢琴，擅长游泳和滑冰。② 她会裁剪衣服，子女小时候的衣服和鞋子很多都是她自己做的，在仁济医院时她还曾给家庭困难的护士的孩子做过棉袄。③ 有次探望在国外学习的小女儿时，她纯手工缝制了一条裙子，所用的裁剪工具居然只是一把剪指甲的小剪刀。④ 工作之余她会给研究室安排春游活动，年轻的实验员们和她说说笑笑，严苛要求之外也有轻松时刻。她还经常下厨，逢年过节邀请学生和同事去她家聚餐，有时候也会请到访的外国同仁尝尝自己的拿手菜。⑤ 兴趣广泛、见多识广、热爱生活，这是一个平衡人生不可或缺的元素，同时也赋予肖碧莲一种打动人心的力量。在她与同侪后学、政府官员、管理人员、普罗大众打交道的过程中，尤其是担当科学大使这样的角色时，这样的特质成为有效的亲和剂。

肖碧莲的学术成长之路反映了民国时期教会学校教育以及全面学苏背景下留苏群体的特点，体现了生殖内分泌学的引入、建制和发展过程，呈现出避孕药具研制与国家政策、社会经济、大众文化、国际环境之间的紧密联系，折射出改革开放后国际科技合作的交流网络和政治生态。她的学术成长历程的特点和动因有非常强的示范和借鉴意义。

肖碧莲晚年生活在北京顺义一个与潮白河毗邻的小区内，每逢夏季周

---

① 肖碧莲档案：身边的榜样 可敬的前辈（于和鸣）。存于国家卫生健康委科学技术研究所档案室。
② 王一飞访谈，2013年1月22日，上海。资料存于采集工程数据库。
③ 洪素英访谈，2013年1月29日，上海。资料存于采集工程数据库。
④ 肖碧莲档案：远见卓识老领导 两袖清风品格高（贾孟春）。存于国家卫生健康委科学技术研究所档案室。
⑤ 施少清访谈，2012年7月26日，美国。资料存于采集工程数据库。

边便是"莲叶何田田"。2020年6月30日,又一个莲花盛开的季节,她在北京协和医院逝世,享年96岁。莲叶无穷碧,慧心此处寻。她的学术成长之路引人深思、高山景行令人心生向往、生命之丰富值得效仿。1922年,也就是肖碧莲出生的前一年,来自美国的女性生育节制倡导者玛格丽特·桑格夫人访问京沪两地。她在北京大学的讲演尤为轰动,引发了中国思想界对女性控制生育权的讨论。而从思想"清议"到技术"赋权",是一条漫漫长路。如何研发出针对男女两性的技术手段、真正安全有效地进行生殖调控,从而维护生殖健康、展现勃勃生机,肖碧莲凭借其智慧所开创的道路,还将无尽延展。

附录一　肖碧莲年表

1923 年

10 月 31 日出生于上海市。汉族，籍贯广东省中山市。父亲肖芹圃，曾在上海海关任职。母亲董彩娥。大姐肖宝莲（1905 年出生，同父异母），哥哥肖荣炜（1920 年出生），二姐肖玉莲（1922 年出生，后改名为肖曙英）。曾有一妹，9 岁时夭折。

1926 年

父亲病故。

1930 年

9 月至 1932 年 7 月，在培坤小学上一、二年级。

1932 年

9 月至 1937 年 7 月，在晏摩氏（Elize Yales）女子中小学上小学三年级到初一。

1937 年
9 月，转入进德女子中小学上初二。

1938 年
9 月至 1942 年 7 月，在工部局女子中学上初三及高中。

1939 年
至 1941 年，参加"上海联"的工作，曾担任"上海联"工部局女子中学学生会的主席，组织街头儿童暑校、夏令营，在收容所教课。

1942 年
7 月，高中毕业。
9 月，进入圣约翰大学攻读医学专业，预科阶段在理学院生物系学习。

1945 年
8 月，由二姐肖玉莲介绍加入中国共产党，从事地下工作。

1946 年
1 月，正式成为中国共产党党员。
7 月 13 日，获颁圣约翰大学理学士学位，继续攻读医学博士学位。

1947 年
7—9 月，在无锡普仁医院见习。

1948 年
9 月至次年 7 月，在同仁医院任实习医师，其间在宏仁医院妇产科实习 4 个月。

1949 年

7 月，圣约翰大学毕业，获颁医学博士学位。各学期成绩平均分数 90 分，体育成绩甲等。入职宏仁医院，任妇产科住院医师、助教。

12 月，参加上海医务工作者工会，后担任工会主席。

1950 年

1 月，下乡去罗店为解放军防治血吸虫病 4 个月，担任中队联络工作。

11 月，获上海市人民政府卫生局颁发的"上海市医药事人员服务证"。担任宏仁医院党支部书记、工会主席。

1951 年

10 月，与王亦洲结婚。

1952 年

5 月 2 日，儿子王冀平出生。

11 月，加入中苏友好协会。

1953 年

7 月，成为宏仁医院主治医师，并担任实习生及见习生的临床和小班辅导教学工作。

长女王小颖（后改名为王颖）出生。

中国第一次人口普查结果显示全国人口已达 6 亿，限制节育的态度和政策随之开始转变。

1954 年

年初，当选上海市新成区人民代表。

所在宏仁医院被划为上海第二医学院附属医院。

丈夫王亦洲调至上海市委，任市委副书记刘晓的秘书。

1955 年

2 月，丈夫王亦洲随刘晓（1955—1962 年出任中国驻苏联特命全权大使）赴苏联莫斯科工作，担任中国驻苏使馆党委办公室秘书。

3 月 1 日，中央批转了卫生部党组《关于节制生育问题向党中央的报告》。这是中国政府提倡节制生育的第一份重要文献。

5 月 4 日，上海市选拔留苏预备生审查委员会批准她留学苏联。

9 月至次年 10 月，在北京俄语学院留苏预备部学习俄语。

担任上海第二医学院党委委员。

成为中华医学会上海分会妇产科学会会员。

1956 年

首篇论文《上海市近六年中 1517 例子痫的临床分析》发表于《中华妇产科杂志》（与田季萍、权志远、李蕙茅合作）。

11 月，赴苏联留学，成为莫斯科谢切诺夫第一医学院妇产科教研组研究生。师从妇产科病理生理学专家日玛京教授，研究女性正常和异常生理周期血管反应的变化。

1957 年

2 月 27 日，毛泽东在最高国务会议第 11 次扩大会议上提到要"实现有计划的生育"。

10 月，《1956—1967 年全国农业发展纲要》（修正草案）公布，增加了"除少数民族地区以外，在一切人口稠密的地方，宣传和推广节制生育，提倡有计划地生育子女"的内容。该草案最终于 1960 年 4 月在第二届全国人民代表大会第二次会议上通过，是中国政府首次以官方文件确定计划生育政策的大方向。

11 月，苏联十月革命 40 周年纪念之际，毛泽东亲自担任团长率领中国党政代表团赴莫斯科参加庆典，前往莫斯科大学看望了包括肖碧莲在内的中国留学生，并到驻苏大使馆看望了工作人员和留学生代表。

1959 年

在莫斯科谢切诺夫第一医学院附属医院参加妇科病房和产房值班工作，并担任小班教学及临床辅导工作。

10 月，完成毕业论文《正常与异常生理周期的血管反应》（俄文）。论文完成后在内分泌化验室工作了一个半月，掌握了两种激素的测定方法。

12 月，通过论文答辩获得莫斯科谢切诺夫第一医学院副博士学位，随即回国。30 日，入职上海第二医学院附属仁济医院，担任主治医生和教师。

1960 年

论文《正常与异常生理周期的血管反应》（俄文）收入日玛京主编的《生理周期机能的生理学和病理学》专题文集，在莫斯科出版。

在仁济医院创建妇产科内分泌实验室，开始建立激素测定方法，以配合妊娠中毒症和周期不调方面的研究。

7 月，在上海第二医学院医疗系二部妇产科教研组升任讲师。

次女王小娥出生。

1962 年

担任仁济医院妇产科党支部书记。

4 月 5 日，卫生部发出《关于进一步开展计划生育避孕知识的宣传与技术指导工作的通知》。

1963 年

4 月 10 日，仁济医院妇产科教研组申请建立妇产科实验室，目的之一是开展计划生育研究工作。

使用泼罗维拉（甲孕酮）治疗妇科疾病的同时观察其避孕效果。

11 月下旬至 12 月，陪同卫生部妇幼司司长栗秀真考察保加利亚妇幼卫生工作。

1964 年

1 月，赴京参加卫生部召开的全国计划生育技术工作经验交流会，此次会议首次提出了几种节育手术常规草案以及避孕套规格标准的建议。

3 月 24 日，参加国家科委、卫生部、化工部在上海协同召开的计划生育科研工作座谈会。会议交流了口服避孕药及其他节育办法的研究情况，安排了 1964—1965 年的科研工作计划。

3 月至 1965 年 6 月，进行全剂量（当时国际常用剂量）口服避孕药临床效果和不良反应的观察，以及相关内分泌和子宫内膜的实验研究，探索药物的避孕作用机理。

5 月 21 日，仁济医院申请成立计划生育实验室。批准时定名为计划生育研究室，担任副主任。

6 月 2—8 日，参加中华医学会上海分会主持召开的全国计划生育学术会议。

8 月，参加上海第一医学院妇产科学院研究生评审论文答辩委员会，对论文《卵巢截除后血管反应性的变化》提供学术评语。

开展 I 号避孕针（复方己酸孕酮）的临床效果、安全性和药理研究工作。

指导首个硕士研究生周良玉开展己酸孕酮长效避孕针的临床和实验研究，1965 年报告了初步临床观察和实验结果，但后来因"文化大革命"没有毕业和获得学位。

1965 年

8 月，开始 1/2 剂量口服避孕药的相关研究，在大量内分泌测定基础上，肯定了 1/2 剂量亦有抗排卵作用，同时在临床上发现对肝功能的影响显著降低。

针对 I 号避孕针的药物剂量、注射方法、对肝功能的影响以及避孕作用原理等作出临床及实验工作总结，并于 1967 年、1969 年再次作出总结。

9月7日，升任仁济医院妇产科副主任。

1966年

6月，"文化大革命"开始。被强制劳动、隔离审查，在医教研工作中受到工、军宣队"上、管、改"政策的统治。避孕药具研究相对受到支持，得以断断续续开展相关科研。

1967年

6月26—28日，参加国家科委、卫生部、燃料化工部在上海召开的全国口服避孕药鉴定会。1/2剂量Ⅰ号（复方炔诺酮）和Ⅱ号（复方甲地孕酮）避孕药通过鉴定，会议还决定组织力量继续探索药物最低的有效剂量。

至江苏太仓县、上海郊县调查长期服用避孕药后闭经情况及服药后出生儿童的健康情况。

1968年

对Ⅰ号和Ⅱ号口服避孕药进一步做减量研究。

至1975年，经常带领医疗队赴江西和安徽山区短期巡回医疗，并在上海嘉定县人民医院负责30名工农兵大学生的授课和实习指导工作。

1969年

3月，国家科委、卫生部和化工部革命委员会在上海召开了"全国避孕药工作活学活用毛泽东思想讲用会"，1/4剂量口服避孕药通过鉴定后全国推广。

对Ⅰ号口服避孕药做1/8剂量研究，试用一阶段后暂停相关临床科研。

Ⅰ号避孕针在上海市通过鉴定，全国开始生产一个月注射一次的长效避孕针。

1970年

5月20日，财政部和卫生部联合发文，决定在全国实行避孕药免费供应。

1972 年

8 月,丈夫王亦洲调至北京国家体育运动委员会。

在上海市避孕药领导小组的组织下,《避孕药科研参考资料》创刊。

1973 年

7 月,国务院计划生育领导小组成立,组长为华国锋,小组成员栗秀真兼任领导小组办公室主任。

加入复方甲地孕酮避孕针三结合科研协作组,开展临床试用。

参与纸型避孕片的临床试用和实验室研究。

为临床内分泌门诊和产科建立染色体检查和尿中雌三醇的测定方法,为高危妊娠和分娩提供诊断和处理的依据。

继续对长期服用避孕药者进行随访和研究,涉及停药后生育力的恢复、药物对代谢的影响、服药后闭经的调查和治疗、服药后出生儿童的健康调查和染色体分析等。

9 月 17—20 日,雷海鹏、杨藻寰、栗秀真参加世界卫生组织人类生殖研究、发展和研究培训特别规划署在日内瓦召开的"评定生育调节剂的毒性及不良反应药理学模型会议",受到国外学者对中国低剂量口服避孕药的赞誉。

1974 年

1 月 9 日,国务院计划生育领导小组等部门发出《关于全国实行免费供应避孕药及避孕工具的紧急联合通知》,决定从 1 月 20 日起,对 14 种避孕药具实行免费供应,并组织送货上门。其中包括 Ⅰ 号和 Ⅱ 号口服避孕药、Ⅰ 号长效避孕针。

加入 1/8 剂量避孕药科研协作组,继续开展 Ⅰ 号口服避孕药 1/8 剂量的临床试用和研究。

加入枸橼酸氯蔗酚胺科研协作组,应用氯蔗酚胺治疗口服避孕药并发月经失调。

再赴江苏太仓县、上海郊县调查长期服避孕药后闭经情况及服药后出生儿童的健康情况。

1976 年

6 月 24—27 日，参加国务院计划生育领导小组在上海召开的全国性计划生育工作座谈会。

1977 年

6 月，上海市避孕药领导小组召开科研成果鉴定会，1/8 剂量 I 号口服避孕片通过鉴定。

论文《氯蔗酚胺治疗避孕药并发月经失调的临床和实验》（合作）、《氯蔗酚胺治疗妇科疾病的临床和实验》（合作）、《复方 1/8 量炔诺酮避孕作用原理的探讨》发表于《避孕药科研参考资料》第 3 期。

11 月 28 日—12 月 3 日，与张蓓芬、雷海鹏一起参加世界卫生组织人类生殖研究特别规划署在菲律宾马尼拉召开的西太平洋地区生育调节新进展讨论会，介绍了中国避孕药具研发成果。

12 月，负责研制的短效口服 I 号、II 号避孕片（包括 1/2、1/4、1/8 剂量及纸型片）获上海市重大科学技术成果奖。

12 月 29 日，参加在上海召开的全国计划生育技术经验交流会，讨论十年计划生育科研规划。

担任中华医学会妇产科学会上海分会委员。

1978 年

3 月 5 日，第五次全国人民代表大会第一次会议通过《中华人民共和国宪法》，其中第 53 条规定："国家提倡和推行计划生育"。

3 月 18 日，负责研制的短效 I 号、II 号避孕片在全国科学大会上获全国重大科技成果奖。

4 月，在上海第二医学院医疗系二部妇产科教研组升任副教授。

被评为上海市先进教育工作者。

论文《减量口服避孕药的临床与实验》《长期注射 I 号避孕针的临床

和实验结果分析》发表于《避孕药科研参考资料》第1期。

国务院（1978）28号文件提出"加强计划生育科研工作，在1980年以前建立两个综合性的全国计划生育科学研究中心"。10月，被调至北京担任国家科委计划生育专题组秘书。

1979年

2月21日—3月2日，参加国务院计划生育领导小组办公室与世界卫生组织的合作会谈，达成援建上海市计划生育科学研究所的协议。全程陪同斯坦利和迪克斯法鲁西参观北京和上海的多个医院和研究所。

5月，参加国务院人口小组与联合国人口活动基金的合作商谈。

7月11日，经卫生部党组批准，北京计划生育科学研究所筹备组正式成立，作为重要成员协助张茝芬开展筹备工作。

7月15—20日，参加中国代表团与世界卫生组织人类生殖研究特别规划署在日内瓦就完善合作建议书草案而举行的会谈。会谈重点是资助上海市计划生育科学研究所，进一步扩展合作计划与范围。

9月，招收硕士研究生贾孟春。

9月18日，国务院批准正式成立北京计划生育科学研究所。肖碧莲创建生殖内分泌研究组，相继建立了尿中孕二醇的气谱测定法、雌素总量的荧光测定法，开展染色体培养和经血量测定等工作。

9月24—27日，参加在日内瓦召开的规划署顾问组第十一次会议，听取年度工作总结报告、评审各专题组的工作、决定科研经费分配等。被聘任为规划署顾问组成员，任期至1983年。后获续聘，任期内每年在日内瓦参加顾问组会议。

10月2—5日，参加在日内瓦召开的规划署"男性节育专题指导委员会第21次会议"。评议既有科研项目的进展以及成果意义、使用价值、推广的接受性、发展方向；讨论顾问组对本专题科研项目的评审意见；对今后科研项目提出新的计划方案和建议。中国的棉酚研究成为会议焦点之一。

11月参与中国与联合国人口活动基金项目协定的制定，该项目资助北京计划生育科学研究所。

论文《尿雌三醇（E3）测定在产科临床应用价值的探讨》发表于《中华妇产科杂志》第 3 期。

开始接手培养张荭芬的硕士研究生施少清、王恩育。

1980 年

1 月 28—31 日，在德国魏玛参加世界卫生组织人类生殖研究特别规划署长效避孕药专题组指导委员会会议，被聘为委员会委员，任期至 1983 年。之后每年于 1 月和 7 月参加委员会会议，会议地点包括马来西亚吉隆坡、泰国曼谷、瑞士日内瓦等。

4 月 28 日，国务院计划生育办公室批复上海创刊《生殖与避孕》杂志的报告，委托上海市计划生育科学研究所承担这一全国性的计划生育专刊。肖碧莲担任杂志编委。

7 月 7—11 日，在日内瓦参加世界卫生组织人类生殖研究特别规划署长效避孕药专题组指导委员会会议。

7 月 15—22 日，参加中国代表团与世界卫生组织人类生殖研究特别规划署在日内瓦举行的第二次会谈。会谈结果：联合国人口活动基金资助天津、成都的计划生育科学研究所，世界卫生组织资助武汉、南京的计划生育科学研究所。

8 月，研究生施少清、王恩育被派往瑞典卡罗林斯卡医学院生殖内分泌研究室联合培养。

9 月 2—5 日，参与组织中国卫生部和世界卫生组织人类生殖研究特别规划署在京联合召开的国际生育调节新进展学术讨论会，并作大会发言。

9 月 15 日—10 月 11 日，组织国内首届放射免疫测定技术学习班。在接下来几年建立了七种激素的放射免疫测定方法。

9 月 23—26 日，参加在日内瓦召开的规划署顾问委员会第十二次会议，讨论规划署方针政策、经费来源和分配等议题。会议通过了北京计划生育科学研究所由联合国人口活动基金资助、规划署为执行机构的提案，并且将今后男性节育研究重点放在该所。

经国务院批准，从 1980 年起，北京计划生育科学研究所被列为联合国人口活动基金的合作单位。

担任《中华妇产科杂志》编委，至 1995 年止。

1981 年

1 月 5—8 日，在马来西亚吉隆坡参加世界卫生组织人类生殖研究特别规划署长效避孕药专题组指导委员会会议。主要评议了瑞典卡罗林斯卡医学院相关研究中心的有关课题，对缓慢释放系统、长效药的合成及筛选进行了讨论，对中国研究力量的加入及国家层面的捐款提出了建议。

1 月 9—10 日，参加马来西亚国家计划生育委员会承办的生殖医学国际会议，报告"中国计划生育研究的进展"。11—15 日，访问新加坡竹脚医院妇产科及放射免疫实验室，与放射免疫实验室主任吴欣汉讨论再次访问中国的相关事宜。

3 月 6 日，第五届全国人大常委会第 17 次会议决定设立国家计划生育委员会。

5 月，北京计划生育科学研究所划归中国医学科学院领导，至次年 10 月止。

7 月 6—10 日，参加中国代表团与世界卫生组织人类生殖研究特别规划署在日内瓦举行的第三次会谈。

7 月 13—17 日，在日内瓦参加世界卫生组织人类生殖研究特别规划署长效避孕药专题组指导委员会会议。并在瑞典访问卡罗林斯卡医学院的人类生殖研究和培训中心、瑞典社会福利部、乌帕萨拉大学等。

9 月 22—25 日，参加在日内瓦召开的规划署顾问委员会第十三次会议，会议重点是宫内节育器和一月一片事后避孕药专题小组年度总结，吴熙瑞报告双炔失碳酯相关研究。

9 月 27 日—10 月 4 日，在英国伦敦访问世界卫生组织合作中心，涉及数家医院的计划生育门诊和实验室，了解新的研究方向、科研护士的角色与培养，邀请三位教授 12 月到北京为放射免疫测定技术学习班授课。

11月30日—12月1日，代表中国卫生部、国家计生委参加世界卫生组织人类生殖研究特别规划署捐款国会议，中国捐款5万美元。后期参加了1982年、1983年、1984年、1985年年度会议。

12月7—18日，组织第二届放射免疫测定技术学习班。

1982年

1月11—14日，在泰国曼谷参加世界卫生组织人类生殖研究特别规划署长效避孕药专题组指导委员会会议以及泰国卫生部、国家计划生育委员会召开的学术报告会，会后参观了泰国的若干计划生育研究中心。

4月1日—6月26日，到英国（伦敦、谢菲尔德、伯明翰）、南斯拉夫（鲁布尔亚那）及香港参观访问。

5月，研究生施少清、王恩育、贾孟春通过论文答辩，毕业并获得硕士学位。

9月，当选为中国动物学会生殖生物学会首届理事会理事。

10月12日，北京计划生育科学研究所划归国家计生委直接领导，更名为国家计划生育委员会科学技术研究所。

12月11—16日，与世界卫生组织人类生殖研究特别规划署顾问组一起访问天津市计划生育研究所（当年4月建立）。

在《中华医学杂志》英文版第2期发表论文《尿雌三醇在产科中的评估》（*Urinary Estriol Evaluations in Obstetrics*）。

1983年

1月14—15日，参与筹办世界卫生组织人类生殖研究特别规划署长效避孕药专题组指导委员会在杭州召开的会议。

2月7—9日，在瑞典斯德哥尔摩参加世界卫生组织人类生殖研究特别规划署组织的人类生育调节研究国际会议，报告《中国生育调节的若干方式》收入会议文集。

3月，中华医学会成立计划生育学会，吴熙瑞当选主任委员，肖碧莲为副主任委员。

7月25日，担任国家计生委科研所生殖内分泌研究室主任。

9月，招收硕士研究生肖赛。

11月，国家计生委科研所成立第一届学术委员会，肖碧莲担任主任，并于1986年、1988年连任第二届、第三届主任。

承担"六五"科技攻关课题"女用长效口服避孕药远期安全性研究"的分专题"长期服用长效口服避孕药后生育力的改变"。1986年7月，总课题获国家计生委部委级"六五"攻关成果二等奖。

1984 年

论文《质量控制在放射免疫测定中的应用》发表于《生殖与避孕》第1期。

1—3月，赴美国、英国、澳大利亚短期学习，重点是卵巢功能的研究。

5月2—4日，在日内瓦参加世界卫生组织人类生殖研究特别规划署实验方法标准化和质量控制专题小组指导委员会会议。担任该专题小组指导委员会委员，任期至1986年，每年4—5月在日内瓦参加此会。

11月1日，担任国家计生委科研所顾问，任期至1987年。

1985 年

在英文期刊《避孕》第3期和第11期分别发表论文《中国妇女正常月经周期内分泌值》(*The Endocrinological Profile of Normal Menstrual Cycle in a Population of Chinese Women*)、《释放低剂量左旋18-甲基炔诺酮阴道环的药代动力学和药效动力学》(*Pharmacokinetic and Pharmacodynamic Studies of Vaginal Ring Releasing Low-dose Levonorgestrel*)。

4月26—27日，参观芬兰药厂，讨论18甲炔诺酮宫内节育器的临床研究；在瑞典斯德哥尔摩召开的研讨会上报告"输精管化学粘堵法"。

5月，当选国家计生委科技专题委员会基础研究组委员。

6月18—21日，在北京参加第一届中国国际妇产科学术会议。

9月，招收硕士研究生周志峰。

11月5—8日，参与组织国家计生委在北京召开的国际生育调节研究学术会议，世界卫生组织及 12 个国家和地区的有关科学家共 25 人、中国专家 80 人参加。

1986 年

研究生肖赛通过答辩，毕业并获得硕士学位。

9 月，招收硕士研究生李祖强。

10 月 16—22 日，参加家庭健康国际组织在印度新德里举行的"自愿绝育术和家庭福利"会议。被聘任为该组织主任委员会高级顾问，任期至 1989 年。后多次获续聘，任期内每年参加主任例会。

11 月 10—14 日，参加在日本东京举行的国际计划生育联合会会员大会。

12 月，国家计生委科研所从大钟寺临时办公地点搬迁到大慧寺 12 号院，各项工作进入规范化管理轨道。

承担"七五"国家攻关课题分专题"卵巢功能及其调控的研究"，1992 年获国家计生委部委级"七五"攻关成果三等奖。

1987 年

10 月，在国家计生委科研所升任研究员。

10 月 22 日，肖碧莲主持的"正常月经周期中生殖激素的变化"课题获 1985—1986 年国家计生委部委级科学技术进步奖三等奖。

11 月 22—29 日，参加肯尼亚国家生殖研究中心举办的哺乳类动物和人的比较生殖会议。

在澳大利亚悉尼参加国际药理学大会，重点报告了中国的药物避孕方法（口服避孕药及棉酚）。

1988 年

研究生周志峰通过答辩，毕业并获得硕士学位。

11 月 2—6 日，在北京组织召开第一届生殖内分泌国际会议。后来此类会议又举办了四届。

担任中国科学院生殖生物学开放实验室评委会委员。

1989 年

5 月 10 日，担任国家计生委科研所所长，任期至 1992 年。

硕士研究生李祖强通过论文答辩，毕业并获得硕士学位。

8 月 12—15 日，国家计生委科研所在北京召开"避孕研究学术交流会"，展示科学研究所创办 10 年来的成就。21 名国外专家及近 100 名国内专家参会。

9 月，招收硕士研究生肖娜。

11 月，举办生育调节研究进修班，学制一年。

担任《中国计划生育年鉴》（1990 年卷）编委。

1990 年

1 月，获得资助开始在中国翻译、出版和分发《展望》。后又组织《进展》《国际计生联医学通讯》及《生殖健康要略》的编译和分发工作。

2 月 1 日，其团队第一例试管婴儿在北京协和医院降生。

4 月 29—30 日，作为高级顾问在美国科罗拉多州参加家庭健康国际组织主任委员会春季会议。

6 月 19—23 日，在德国海德堡参加第三届节育方法国际研讨会。

6 月 26 日—7 月 1 日，在芬兰赫尔辛基参加第七届人类生殖大会，报告避孕药对卵泡功能的影响。

7 月 10—11 日，主持召开男性学国际研讨会。

8 月 27—28 日，主持召开宫内节育器研讨会。

11 月 23 日，当选中国计划生育协会第三届全国代表大会理事会理事。

担任《中国计划生育年鉴》（1991 年卷）编委。

1991 年

1 月，国家计生委科研所被确定为"世界卫生组织人类生殖研究合作中心"，任中心主任，任期至 1994 年。

9月9—28日，主办国际不育症讲习班。

9月10—14日，应世界卫生组织人类生殖研究特别规划署邀请访问蒙古乌兰巴托，了解当地妇幼保健／计划生育现状和今后合作的意向。

11月4—7日，在日本东京参加世界卫生组织人类生殖研究特别规划署组织的生殖健康研讨会，报告中国10个单位与规划署的合作经验。

研究生肖娜通过答辩，毕业并获得硕士学位。

承担"八五"攻关课题"卵泡发育和卵子成熟的局部调节机制"，获1997年国家计生委部委级科技进步奖二等奖。

1992年

1月，结束所长任期，担任国家计生委科研所名誉所长。

6月5—6日，在芬兰赫尔辛基参加美国人口理事会的国际女性生殖保健进展研讨会。

6月10—13日，在北京举办免疫测定及诱导排卵学习班。

9月，国家计生委科研所与北京协和医院合办的《生殖医学杂志》创刊，任副总编辑。9月15日参加在北京召开的第一届编辑委员会。10月23—25日，在印度德里参加国际计划生育联合会会员大会。

12月11日，国家计生委在科技专题委员会基础上成立科技专家委员会，被聘为第一届科技专家委员会委员。1995年、1998年被连续聘为第二、第三届科技专家委员会委员。

1993年

2月7—14日，在意大利参加欧洲妇产科研究学会成立大会。

3月8—13日，在北京组织节育新技术学习班，是世界卫生组织多中心宫内节育器比较性临床研究的开题前培训。

3月，与邱淑华共同主编的《计划生育技术手册》出版。

5月3—9日，先后在伊朗设拉子参加第六届地理医学国际大会、德黑兰参加全国外科大会，报告了"中国女性节育技术新进展"。

8月12—14日，在青岛组织召开全国绝育技术新进展研讨会。14日主持召开《生殖医学杂志》第一届编辑委员会第二次编委扩大会议。

9月13—21日,作为世界卫生组织人类生殖研究特别规划署顾问在朝鲜平壤评审联合国人口基金项目。

12月5—12日,在美国纽约参加人口理事会RU486课题组长会议。

12月,批准离休。

论文《中国与世界卫生组织人类生殖研究特别规划署合作的十二年》发表于《生殖医学杂志》第1期。

开始接收蒙古、朝鲜的科研人员来国家计生委科研所进修。

1994年

3月28日—4月2日,在朝鲜平壤妇产科医院为联合国人口基金项目研究组讲课及讨论研究课题。

4月25—27日,在日内瓦参加世界卫生组织人类生殖研究特别规划署召开的药物终止妊娠科学小组会议,讨论安全流产的问题,并担任会议副主席。

5月28日—6月3日,在土耳其安塔利亚参加第四届妇科内分泌世界大会。

6月23—25日,在北京参加由卫生部、国家计生委、全国妇女联合会等单位在北京联合召开的首次国际妇女生殖健康研讨会,并作大会报告《中国节育技术的新进展》。

7月6—8日,在巴黎参加医学和生殖生物学伦理问题国际研讨会,主持"性别选择"分会。

8月20—26日,作为世界卫生组织顾问再赴平壤评审人口基金项目。

9月24—30日,在加拿大蒙特利尔参加第14届妇产科学会世界大会。

10月1—6日,在芬兰参观药厂及讨论合作课题。

11月14—16日,在温州组织召开全国不育症研讨会。

12月,当选中国工程院医药与卫生工程学部首批院士。

1995 年

3月11—18日，作为世界卫生组织人类生殖研究特别规划署顾问在朝鲜平壤评审联合国人口基金第二周期项目。

4月24—28日，在意大利参加由生殖健康南南合作国际组织召集，联合世界卫生组织、国际计划生育联合会、家庭健康国际组织和美国人口理事会召开的紧急避孕专题讨论会。

5月21—25日，在北京友谊宾馆组织召开第二届北京生育调节国际学术研讨会。来自21个国家的250名科学家和国际组织负责人参加了会议。

6月21—23日，参加世界卫生组织人类生殖研究特别规划署第八届政策与协调委员会会议。

9月4—15日，参加在北京举行的联合国第四届世界妇女大会和非政府组织论坛，以及多个国际性专题研究会。

10月9—10日，在匈牙利参加生殖健康国际会议、祝贺瑞典同行迪克斯法鲁西75岁寿辰。

获第二届中华人口奖"科学技术奖"。颁奖大会于次年2月8日在人民大会堂举行。

1996 年

1月24—25日，组织举办紧急避孕学习班。

10月31日—11月1日，与世界卫生组织人类生殖研究特别规划署在北京联合召开"紧急避孕与着床研究"国际研讨会。

论文《大鼠卵泡细胞的程序发育和类胰岛素生长因子Ⅱ的表达》发表于《解剖学报》第1期。

论文《应用羊膜双池系统对颗粒细胞和内泡膜细胞在甾体激素分泌中相互作用的研究》发表于《生殖医学杂志》第1期。

论文《单次服用25毫克米非司酮用于紧急避孕的临床效果观察》发表于《中国计划生育学杂志》第6期。

1997 年

1月7—9日，参加首届北京和香港生殖健康研讨会。

10月13—14日，在匈牙利参加庆祝世界卫生组织人类生殖研究特别规划署成立25周年学术研讨会。

12月22—25日，参加中国计划生育协会在北京召开的第四届全国理事会第三次全体会议。

在英文期刊《国际妇产科杂志》发表论文《中国计划生育实践》(*Current practice of family planning in China*)。

在英文期刊《避孕》发表论文《每周一次服用米非司酮对正常妇女卵巢功能的影响》(*Effect of Once Weekly Administration of Mifepristone on Ovarian Function in Normal Women*)。

国家计生委国际合作司与美国洛克菲勒基金会签订"米非司酮降低非意愿妊娠和人工流产的合作研究与开发"意向书，成立了项目策略计划委员会。肖碧莲担任委员和临床研究组组长，负责研究课题的设计、实施、管理和评估等活动。

1998 年

1月10日至2003年1月23日，带领"米非司酮降低非意愿妊娠和人工流产的合作研究与开发"临床研究组完成4项研究课题："两种单剂量米非司酮用于紧急避孕的随机双盲比较性研究""米非司酮与米索前列醇用于催经的研究""米非司酮合并米索前列醇用于黄体期避孕的研究""低剂量米非司酮紧急避孕的临床扩大研究"。其间，1998年、1999年对研究人员进行临床研究规范化培训。

3月16—17日，参加国家计生委科技司召开的"控制人口数量与减少出生缺陷"研讨会。

3月23—25日，参与组织在广州召开的医学辅助生殖研讨会，作"国际上关于医疗辅助技术的伦理问题的动态"的发言。

5月7日，参加国家计生委医学伦理道德委员会成立及第一次会议，被聘任为顾问。

6月14—19日，在马来西亚吉隆坡参加第十六届亚太地区妇产科大会。

1999 年

8月16—20日，参加香山科学会议第120次学术研讨会"21世纪生命伦理学难题"。

9月1—3日，在北京组织召开中国生殖健康适宜技术与优质服务研讨会。

11月22—24日，在北京组织召开全国老年生殖健康学术研讨会。

论文《有关医学辅助的伦理问题》发表于《生殖医学杂志》第2期。

论文《米非司酮药物流产使用情况的调查研究》发表于《中国计划生育学杂志》第5期。

2000 年

8月20—22日，在北京组织召开米非司酮用于紧急避孕国际学术研讨会。

2001 年

9月24—28日，在意大利参加"使用米非司酮降低非意愿妊娠和流产"会议。

10月9—12日，在日内瓦参加第五届全球健康研究论坛。

2002 年

在英文期刊《人类生殖》发表论文《两种单剂量米非司酮用于紧急避孕的随机双盲比较研究》（*A randomized double-blind comparison of two single doses of mifepristone for emergency contraception*）。

2003 年

2月25日，在北京参加计划生育生殖生物学国家重点实验室第三届学术委员会第二次学术会议。

6月12—15日，在芬兰赫尔辛基参加"曼月乐宫内节育器系统研讨会"。

11月2—7日，在智利圣地亚哥参加第十七届国际妇产科联合会世界大会，报告米非司酮紧急避孕研究成果。

在英文期刊《避孕》和《生育与不育》各发表5篇论文和1篇论文。

2004年

1月5日，主持的"米非司酮用于紧急避孕、黄体期避孕及催经的研究"获2003年中华医学科技奖一等奖。

5月29—31日，在澳门参与组织召开澳门、香港、内地生殖健康研讨会。

9月23—24日，在北京参与组织召开全国生殖内分泌高级研讨班。

论文《低剂量米非司酮用于紧急避孕的临床研究》发表于《中华妇产科杂志》第1期。

2005年

1月8日，主持的"米非司酮用于紧急避孕、黄体期避孕及催经的研究"获2004年度国家科学技术进步奖二等奖。3月28日，参加在北京举行的国家科学技术奖励大会。

10月12日，哥哥肖荣炜在无锡逝世。

论文《释放左旋18-甲基炔诺酮（20μg）宫内节育器的研究回顾》发表于《生殖医学杂志》第3期。

2006年

主持的"米非司酮用于紧急避孕、黄体期避孕及催经的研究"获2006年国家人口和计划生育科技成果奖一等奖。

12月15日，丈夫王亦洲在北京天坛医院逝世。

2007 年

在国际期刊《避孕》发表论文《宫内节育器的中国经验》(*Chinese Experience with Intrauterine Devices*)。

2008 年

论文《每周一次口服米非司酮用于避孕的机理研究》发表于《生殖医学杂志》第 1 期。

2010 年

在国际期刊《生育与不育》发表论文《中国妇女月经周期不同日的受孕概率》(*Conception Probabilities at Different Days of Menstrual Cycle in Chinese Women*)。

2011 年

9 月 13 日，嫂子叶嘉馥在无锡逝世。

2020 年

6 月 30 日，在北京协和医院逝世，享年 96 岁。

附录二　肖碧莲主要论著目录

[1] 胡志远，田雪萍，李蕙芳，等. 上海市近六年来1579例子痫之临床分析[J]. 中华妇产科杂志，1956，4（4）：345-350.

[2] 肖碧莲. 正常与异常生理周期的血管反应//C. N. 日玛京. 生理周期机能的生理学和病理学[C]. 莫斯科：莫斯科谢切诺夫第一医学院，1960，52-66.

[3] 上海市枸橼酸氯蔗酚胺科研协作组. 氯蔗酚胺治疗避孕药并发月经失调的临床和实验[J]. 避孕药科研参考资料，1977（3）：26-43.

[4] 上海市第二医学院附属第三人民医院计划生育研究室. 复方1/8量炔诺酮避孕作用原理的探讨[J]. 避孕药科研参考资料，1977（3）：166-176.

[5] 上海市口服避孕药科研协作组. 减量口服避孕药的临床与实验[J]. 避孕药科研参考资料，1978（1）：77-98.

[6] 上海第二医学院附属第三人民医院计划生育研究室. 长期注射Ⅰ号避孕针的临床和实验结果分析[J]. 避孕药科研参考资料，1978（1）：99-113.

[7] 肖碧莲，高纪，马丽媛，等. 月经血量测定方法[J]. 中华妇产科杂志，1980，15（3）：159-160.

[8] 高纪，马丽媛，曾甦，等. 131例健康妇女月经血量测定[J]. 中国医学科学院学报，1982，4（3）：192-194.

[9] Xiao Bi-lian, Lin Qi-de, Pan Jie, et al. Urinary Estriol Evaluations in Obstetrics [J]. Chinese Medical Journal, 1982, 95 (2): 121-128.

[10] 肖碧莲，张旭玲，颜文青，等. 质量控制在放射免疫测定中的应用[J]. 生殖与避孕，1984，4（1）：51-56.

[11] 肖碧莲，张旭玲，颜文清，等. 41名中国妇女正常月经周期的生殖激素变化[J]. 中华医学杂志，1984，64（12）：728-731.

[12] Xiao Bilian, Zhang Xuling, Yan Weiqin, et al. The Endocrinological Profile of Normal Menstrual Cycle in a Population of Chinese Women [J]. Contraception, 1985, 31 (3): 217-229.

[13] Xiao Bilian, Zhang Xueling, Feng Dandan. Pharmacokinetic and Pharmacodynamic Studies of Vaginal Ring Releasing Low-dose Levonorgestrel [J]. Contraception, 1985, 32 (5): 455-471.

[14] 贾孟春，肖碧莲. 复方18甲基炔诺酮对血清泌乳素的影响[J]. 中华妇产科杂志，1985，20（2）：113-116.

[15] 施少清，肖碧莲，董琳，等. 正常月经周期血清中生物活性与免疫活性黄体生成激素的关系[J]. 中华医学杂志，1985，65（3）：151-153.

[16] 张桂元，肖碧莲，陈振文，等. 醋酸棉酚对血清促性腺激素和睾酮水平影响的长期追随研究[J]. 中华医学杂志，1985，65（8）：464-467.

[17] Zhang Guiyuan, Xiao Bilian, Chen Zhenwen, et al. Dynamic Study of Serum Gonadotrophin and Testosterone Levels in Gossypol-treated Men Long Term Follow-up Study of 60 cases [J]. International Journal of Andrology, 1985, 8 (3): 177-185.

[18] 吴尔若，颜文青，冯丹丹，等. 宫内节育器对内分泌的影响[J]. 中华妇产科杂志，1986，21（1）：31-34.

[19] 张桂元，赵金来，颜文青，等. 不经层析的17α-羟孕酮放射免疫

测定法[J]. 中华核医学杂志, 1987, 7 (2): 101-103.

[20] 肖碧莲, 范慧民, 郑淑蓉, 等. 北京地区健康妇女的月经周期和排卵率[J]. 中华妇产科杂志, 1988, 23 (5): 279-282.

[21] 肖赛, 肖碧莲, 魏振年. 18甲炔诺酮对猕猴卵泡液甾体激素水平的影响[J]. 动物学报, 1989, 35 (1): 53-57.

[22] 肖赛, 肖碧莲. 正常月经周期妇女卵泡液中激素水平的变化[J]. 生理学报, 1989, 41 (1): 97-101.

[23] Xiao Bilian, Zhou Liying, Zhang Xuling, et al. Pharmacokinetic and Pharmacodynamic Studies of Levonorgestrel-releasing Intrauterine Device [J]. Contraception, 1990, 41 (4): 353-363.

[24] Zhifeng Zhou, Bilian Xiao, Gueiyuan Zhang, et al. A Study of the Effect of B-EP and Naloxone on the Function of the Hypothalamo-pituitary-testicular Axis of the Rat [J]. Journal of Andrology, 1990, 11 (3): 233-239.

[25] B. L. Xiao, S. Q. Shi, M. C. Jia, et al. Effects of Steroid Contraceptives on Follicular Function [J]. Annals of the New York Academy of Sciences, 1991, 626: 50-61.

[26] M. C. Jia, L. Y. Zhou, S. Ren, et al. Serum SHBG Levels during Normal Menstrual Cycle after Insertion of Levonorgestrel-releasing IUD [J]. Advances in Contraception, 1992, 8 (1): 33-40.

[27] Wu Erruo, Xiao Billan, Yan Weiqian, et al. Hormonal Profile of the Menstrual Cycle in Chinese Women after Tubal Sterilization [J]. Contraceptian, 1992, 45 (6): 583-593.

[28] 肖碧莲, 邱淑华. 计划生育技术手册[M]. 北京: 中国科学技术出版社, 1993.

[29] 肖碧莲. 中国与世界卫生组织人类生殖研究特别规划署合作的十二年[J]. 生殖医学杂志, 1993, 2 (1): 8-10.

[30] 肖娜, 肖碧莲, 曹咏清, 等. 纤维粘连蛋白与卵泡发育关系的探讨[J]. 生殖医学杂志, 1993, 2 (2): 86-90.

[31] 肖碧莲. 我国女性节育技术的新进展 [J]. 生殖医学杂志, 1993, 28 (8): 467-471.

[32] 肖碧莲. 应当重视甾体避孕药与其他药物的相互作用 [J]. 生殖医学杂志, 1994, 3 (2): 67-68.

[33] 吴燕婉, 石心泉, 袁冬, 等. 大鼠离体卵泡释放卵子的动态过程 [J]. 生殖医学杂志, 1994, 3 (2): 69-72.

[34] 贾孟春, 杨燕, 曾陶, 等. 细胞外基质对大鼠卵巢颗粒细胞分泌激素和合成蛋白质功能的影响 [J]. 生殖医学杂志, 1994, 3 (3): 140-144.

[35] 肖碧莲. 药物终止妊娠科学小组会议 [J]. 生殖医学杂志, 1994, 3 (3): 149.

[36] 肖碧莲. 女性绝育新技术发展讨论会 [J]. 生殖医学杂志, 1994, 3 (3): 181.

[37] Xiao Bi-lian. A Review of Studies on Termination of Early Pregnancy with Mifepristone in Combination with Prostaglandins in China [J]. Journal of Reproductive Medicine, 1994, 3 (S1): 33-41.

[38] Xiao Bi-lian. Advances of Contraception in China [J]. Reproduction & Contraception, 1994, (S5): 13-20.

[39] 吴尔若, 王向力, 曾陶, 等. 用双池培养研究颗粒细胞与内泡膜细胞的旁分泌调节作用 [J]. 生殖医学杂志, 1995, 4 (1): 20-25.

[40] 肖娜, 卢春燕, 肖碧莲. 三个细胞外基质成分在人卵泡分布的免疫组织化学观察 [J]. 生殖医学杂志, 1995, 4 (2): 80-83.

[41] 孙红珠, 吴尚纯, 徐慧颖, 等. RU486 药物流产与手术流产方法的可接受性比较研究 [J]. 生殖医学杂志, 1995, 4 (3): 138-141.

[42] 韩学军, 翁梨驹, 张力萍, 等. 米非司酮、双炔失碳酯单独或联合应用于紧急避孕的临床观察 [J]. 生殖医学杂志, 1995, 4 (4): 206-211.

[43] 肖碧莲. 紧急避孕 Bellagio 会议简况 [J]. 生殖医学杂志, 1995, 4 (4): 253.

[44] Bilian Xiao, Tao Zeng, Shangchun Wu, et al. Effect of Levonorgestrel-releasing Intrauterine Device on Hormonal Profile and Menstrual Pattern after Long-Term Use [J]. Contraception, 1995, 51 (6): 359-365.

[45] 吴燕婉，宗书东，石心泉，等. 大鼠卵泡细胞的程序发育和类胰岛素生长因子Ⅱ的表达 [J]. 解剖学报，1996，27（1）: 48-52.

[46] 吴尔若，王向力，曾陶，等. 应用羊膜双池系统对颗粒细胞和内泡膜细胞在甾体激素分泌中相互作用的研究 [J]. 生殖医学杂志，1996，5（1）: 16-20.

[47] 肖娜，杨燕，贾孟春，等. 卵泡基膜中Ⅳ型胶原、层粘连蛋白来源的初步探讨 [J]. 生殖医学杂志，1996，5（3）: 140-144.

[48] Xiao Bilian. Forward [J]. Journal of Reproductive Medicine, 1996, 5 (S1): 1.

[49] 肖碧莲. 关于书写英文摘要的几点要求 [J]. 中国计划生育学杂志，1996，4（3）: 186.

[50] 吴尔若，刘芳，曾陶，等. 18甲基炔诺酮，RU486和利洛司酮对大鼠颗粒细胞分泌功能的影响 [J]. 中国计划生育学杂志，1996，4（5）: 271-274.

[51] 胡静，吴尚纯，孙红珠，等. 单次服用25毫克米非司酮用于紧急避孕的临床效果观察 [J]. 中国计划生育学杂志，1996，4（6）: 327-328.

[52] 韩学军，翁梨驹，肖碧莲. 米非司酮用于紧急避孕的临床观察 [J]. 中华妇产科杂志，1996，31（9）: 526-529.

[53] Anna Glasier, Evert Ketting, V.T.Palan, et al. Case Studies in Emergency Contraception from Six Countries [J]. International Family Planning Perspectives, 1996, 22 (2): 57-61.

[54] Bilian Xiao. Reproductive Health in the People's Republic of China [J]. Advances in Contraception, 1996, 12 (4): 257-263.

[55] B.L. Xiao, B. G. Zhao. Current Practice of Family Planning in China [J].

International Journal of Gynecology & Obstetrics, 1997, 58 (1): 59-67.

[56] Beverly Winikoff, Irving Sivin, Kurus J. Coyaji, et al. The Acceptability of Medical Abortion in China, Cuba and India [J]. Intentional Family Planning Perspectives, 1997, 23 (2): 73-78.

[57] Xiao Bilian. Trends in Steroid Contraceptive Research [J]. Chinese Medical Journal, 1997, 110 (1): 11-13.

[58] Xiao Bilian. Abortion and Emergency Contraception: Chinese Experience [J]. Chinese Medical Journal, 1997, 110 (1): 36-42.

[59] 吴尔若, 董琳, 肖碧莲. 抗孕激素 RU486 和 ZK98734 对双池培养的颗粒细胞和内泡膜细胞分泌功能的影响 [J]. 生殖与避孕, 1997, 17 (1): 13-18.

[60] 肖碧莲. 紧急避孕与着床研究研讨会会议纪要 [J]. 生殖医学杂志, 1997, 6 (1): 3-8.

[61] 陈馨莲, 肖碧莲. 每周一次服用米非司酮对正常妇女卵巢功能的影响 [J]. 生殖医学杂志, 1997, 6 (3): 142-146.

[62] Wu Erruo, Wang Xiangli, Zeng Tao, Xiao Bilian. Interaction between Porcine Granulosa and Thecal Cells in Steroidogenesis in an Amnion Dual Chamber Culture System [J]. Journal of Reproductive Medicine, 1997, 6 (S1): 32-38.

[63] Irving Sivin, Soledad Diaz, Horatio B. Croxatto, et al. Contraceptives for Lactating Women: A Comparative Trial of a Progesterone-releasing Vaginal Ring and the Copper T 380A IUD [J]. Contraception, 1997, 55 (4): 225-232.

[64] XinLian Chen, Bilian Xiao. Effect of Once Weekly Administration of Mifepristone on Ovarian Function in Normal Women [J]. Contraception, 1997, 56 (3): 175-180.

[65] Beverly Winikoff, Irving Sivin, Kurus J. et al. Safety, Efficacy, and Acceptability of Medical Abortion in China, Cuba, and India: A Comparative Trial of Mifepristone-misoprostol versus Surgical Abortion

[J]. American Journal of Obstetrics and Gynecology, 1997, 176（2）: 431-437.

［66］胡静, 吴尚纯, 孙红珠, 等. 单次服用50毫克米非司酮用于紧急避孕的临床效果观察［J］. 中国计划生育学杂志, 1998, 6（2）: 80-81.

［67］吴尔若, 董琳, 肖碧莲. LNG对双室培养的卵巢颗粒细胞和卵泡内膜细胞分泌功能的影响［J］. 中国计划生育学杂志, 1998, 6（7）: 294-297.

［68］Zhou Liying, Xiao Bilian. Preliminary Analysis of a Multicenter Clinical Trial Using Multiload Cu 375SL for Emergency Contraception［J］. Advances in Contraception, 1998,（14）: 161-170.

［69］肖碧莲. 有关医学辅助的伦理问题［J］. 生殖医学杂志, 1999, 8（2）: 73-76.

［70］肖碧莲. 紧急避孕的误区［J］. 生殖医学杂志, 1999, 8（3）: 172-173.

［71］肖碧莲. 避孕与性教育研讨会会议纪要［J］. 生殖医学杂志, 1999, 8（4）: 198-201.

［72］肖碧莲. 流产与紧急避孕［J］. 生殖医学杂志, 1999, 8（4）: 202-203.

［73］吴尚纯, 肖碧莲, 刘云嵘, 等. 米非司酮药物流产使用情况的调查研究［J］. 中国计划生育学杂志, 1999, 7（5）: 206-210.

［74］Xiao Bilian. Challenges to the Development of New Contraceptive Technology in the 21st Century［J］. Chinese Medical Journal, 1999, 112（10）: 924-929.

［75］肖碧莲. 有关人类生殖的伦理问题 // 倪慧芳, 刘次全, 邱仁宗. 21世纪生命伦理学难题［C］. 北京: 高等教育出版社, 2000, 76-80.

［76］Xiao Bilian. Being Born in China: the Chinese Experience of Management of Labor［J］. Journal of Reproductive Medicine, 2000, 9（S1）: 1-5.

［77］Zhou Liying, Xiao Bilian. Emergency Contraception with Multiload Cu-375 SL IUD: a Multicenter Clinical Trial［J］. Contraception, 2001, 64（2）: 107-112.

［78］程芄, 翁梨驹, 韩学军, 等. 每周一次口服小剂量米非司酮用于常规

避孕的临床研究［J］. 中华妇产科杂志, 2001, 36（7）: 424-427.

［79］朱蓬第, 王介东, 肖碧莲. 放置释放左旋18-甲基炔诺酮宫内节育器四年后两例子宫内膜形态学观察［J］. 生殖医学杂志, 2002, 11（2）: 112-114.

［80］Xiao Bilian. Intrauterine Devices［J］. Best Practice & Research Clinical Obstetrics and Gynaecology, 2002, 16（2）: 155-168.

［81］B.L. Xiao, H.von Hertzen, H.Zhao, et al. A Randomized Double-blind Comparison of Two Single Doses of Mifepristone for Emergency Contraception［J］. Human Reproduction, 2002, 17（12）: 3084-3089.

［82］肖碧莲, 吴尚纯. 米非司酮用于避孕的系列临床研究进展［J］. 中华妇产科杂志, 2003, 38（8）: 499-501.

［83］肖碧莲. 米非司酮配伍米索前列醇用于黄体期避孕的研究［J］. 中华妇产科杂志, 2003, 38（9）: 563-566.

［84］Bilian Xiao, Shangchun Wu, Jie Chong, et al. Therapeutic Effects of the Levonorgestrel-releasing Intrauterine System in the Treatment of Idiopathic Menorrhagia［J］. Fertility and Sterility, 2003, 79（4）: 963-969.

［85］肖碧莲, H.von Hertzen, 赵珩, 等. 两种单剂量米非司酮用于紧急避孕的随机双盲比较研究［J］. 中华医学杂志, 2003, 83（10）: 813-818.

［86］Ge Qingsheng, Xiao Bilian, Wu Yuming, et al. Low Dose Hormone Therapy in Reproductive Endocrinology in China［J］. Chinese Medical Journal, 2003, 116（9）: 1418-1420.

［87］Bilian Xiao, Heng Zhao, Gilda Piaggiob, et al. Expanded Clinical Trial of Emergency Contraception with 10mg Mifepristone［J］. Contraception, 2003, 68（6）: 431-437.

［88］Gilda Piaggio, Zhao Heng, Helena von Hertzen, et al. Combined Estimates of Effectiveness of Mifepristone 10mg in Emergency Contraception［J］. Contraception, 2003, 68（6）: 439-446.

[89] Gilda Piaggio, Helena von Hertzen, Zhao Heng, et al. Meta-analyses of Randomized Trials Comparing Different Doses of Mifepristone in Emergency Contraception [J]. Contraception, 2003, 68 (6): 447-452.

[90] Bilian Xiao, Helena von Hertzen, Heng Zhao, et al. Luteal Phase Treatment with Mifepristone and Misoprostol for Fertility Regulation [J]. Contraception, 2003, 68 (6): 477-482.

[91] Bilian Xiao, Helena von Hertzen, Heng Zhao, et al. Menstrual Induction with Mifepristone and Misoprostol [J]. Contraception, 2003, 68 (6): 489-494.

[92] 肖碧莲, 赵珩, 吴尚纯, 等. 米非司酮与米索前列醇用于催经的研究 [J]. 生殖医学杂志, 2003, 12 (3): 137-145.

[93] Xiao Bilian. Chinese Traditional Medicine for Induction of Ovulation [J]. Journal of Reproductive Medicine, 2003, 12 (S1): 1-8.

[94] 肖碧莲, 等. 低剂量米非司酮用于紧急避孕的临床研究 [J]. 中华妇产科杂志, 2004, 39 (1): 35-38.

[95] 孙亦彬, 朱蓬第, 肖碧莲. 释放左旋18-甲基炔诺酮（20μg）宫内节育器的研究回顾 [J]. 生殖医学杂志, 2005, 14 (3): 129-134.

[96] Kaiyan Pei, Bilian Xiao, et al. Weekly Contraception with Mifepristone [J]. Contraception, 2007, 75 (1): 40-44.

[97] Xiao Bilian. Chinese Experience with Intrauterine Devices [J]. Contraception, 2007, 75 (6): S31-S34.

[98] 裴开颜, 肖碧莲. 每周一次口服米非司酮用于避孕的机理研究 [J]. 生殖医学杂志, 2008, 17 (1): 6-10.

[99] 裴开颜, 肖碧莲, 经小平, 等. 两种单剂量米非司酮用于常规避孕的随机双盲比较性研究 [J]. 中华妇产科杂志, 2008, 43 (4): 294-296.

[100] Xiao Bilian, Zhao Heng, Wu Shangchun, et al. Conception Probabilities at Different Days of Menstrual Cycle in Chinese Women [J]. Fertility and Sterility, 2010, 94 (4): 1208-1211.

参考文献

外文文献（英文、俄文）

[1] Elliston, E. S. Nighty-five Years A Shanghai Hospital 1844-1938 [M]. Private Circulation, 1940.

[2] A.I.Klopper, E. A. Michie and J. B. Brown. A method for the determination of urinary pregnanediol [J]. Journal of Endocrinology, 1955, 12（3）: 209-219.

[3] J. B. Brown. A chemical method for the determination of oestriol, oestrone and oestradiol in human urine [J]. Biochemical Journal, 1955, 60（2）: 185-193.

[4] G.Pincus, M. C. Chang, M. X. Zarrow, et al. Studies of the biological activity of certain 19-nor steroids in female animals [J]. Endocrinology, 1956, 59（6）: 695-707.

[5] G. Pincus, J. Rock, C. Garcia, et al. Fertility control with oral medication [J]. American Journal of Obstetrics and Gynecology, 1958, 75（6）: 1333-1346.

[6] C. Djerassi. Fertility limitation through contraceptive steroids in the People's Republic of China [J]. Studies in Family Planning, 1974, 5（1）: 13-30.

[7] E. Diczfalusy. Gregory Pincus and steroidal contraception: a new departure in the history of mankind [J]. Journal of Steroid Biochemistry, 1979, 11: 3-11.

[8] C. Djerassi. Steroids made it possible [M]. Washington, DC: American

Chemical Society, 1990.

［9］B. B. Gerstman, T. P. Gross, D. L. Kennedy, et al. Trends in the content and use of oral contraceptives in the United States, 1964–88 ［J］. American Journal of Public Health, 1991, 81（1）: 90–96.

［10］M. Berer, E. Coutinho, G. Delano, et al. Consensus statement on emergency contraception ［J］. Contraception, 1995, 52（4）: 211–213.

［11］Weng Liju, Han Xuejun, Hu Jing, Wu Shangchun. Emergency contraception in Beijing ［J］. Journal of Reproductive Medicine, 1996, 5（Suppl 1）: 19–22.

［12］L. Marks. Sexual chemistry: a history of the contraceptive pill ［M］. New Haven and London: Yale University Press, 2001.

［13］S. W. Junod, L.Marks. Women's trials: The approval of the first oral contraceptive pill in the United States and Great Britain ［J］. Journal of the History of Medicine and Allied Sciences, 2002, 57（2）: 117–160.

［14］J. A. McCracken. Reflections on the 50th anniversary of the birth control pill ［J］. Biology of Reproduction, 2010, 83（4）: 684–686.

［15］妇产科史电子图书馆. 康斯坦丁·尼古拉耶维奇·日玛京（俄文）［EB/OL］.（2018-12-30）［2021-05-15］. https://akusher-lib.ru/books_author/zhmakin-k-n/.

中文论文、报道等

［1］H. H. 阿尼契柯夫. 在无痛分娩科学会议上的发言 ［J］. 中华妇产科杂志, 1953（1）: 3.

［2］阴毓璋, 曾淑华. 再论高级神经活动和无痛分娩 ［J］. 中华妇产科杂志, 1953（1）: 24–37.

［3］俞霭峯. 精神预防性无痛分娩法在我国推行的经过和情况 ［J］. 中华妇产科杂志, 1953（1）: 38–44.

［4］林巧稚. 参观苏联的医学科学几个主要特点的简单介绍 ［J］. 中华妇产科杂志, 1953（4）: 298–303.

［5］黄鸣龙, 巴谷克. 氰基孕烯素系的异构化及置换反应 Cortisone 21-甲醚的合成 ［J］. 药学学报, 1955（1）: 39–49.

[6] 胡志远，田雪萍，李蕙芳，等. 上海市近六年来1579例子痫之临床分析[J]. 中华妇产科杂志，1956，4（4）：345-350.

[7] 中华医学会总会节育技术指导委员会成立[N]. 人民日报，1957-4-1.

[8] 妇产科大夫王淑珍、林巧稚、何碧辉、俞霭峰对于实行计划生育的意见[N]. 人民日报，1957-7-20.

[9] 赵以炳. 十年来巴甫洛夫学说在我国的成就[J]. 生物学通报，1959（10）：468-471.

[10] 陈毓群，黄鸣龙. 6α-甲基-17α-乙酰氧基黄体酮的合成[J]. 化学学报，1959，25（06）：424-426.

[11] 黄鸣龙，韩广甸，周维善. 6-甲基甾体激素——Δ^6-6-甲基-17α-羟基黄体酮[J]. 化学学报，1959，25（6）：427-428.

[12] 黄鸣龙. 甾体激素化学在我国近十年来的进展[J]. 药学学报，1960，8（1）：1-14.

[13] 黄鸣龙，韩广甸，周维善. Δ^6-6-甲基甾体的合成[J]. 化学学报，1963，29（2）：99-108.

[14] 俞霭峯，吴淑熙，赵宝礽，等. 口服甾体避孕药物Anovlar后内分泌动态平衡的观察（二例报告）[J]. 中华妇产科杂志，1964，10（6）：449-453.

[15] 彭仁琇，李梧君，吴熙瑞. 五种国产口服避孕药物抗排卵作用和子宫内膜转化作用的比较[J]. 中华妇产科杂志，1964，10（5）：346-348.

[16] 吴淑熙，俞霭峯，赵宝礽，等. 三种国产口服避孕药物109个周期的观察结果初步报告[J]. 天津医学院学报，1964，2（2）：58-61.

[17] 吴淑熙，俞霭峯，赵宝礽，等. 三种国产口服避孕药物109个周期的观察结果初步报告[J]. 天津医药杂志，1965，7（2）：105-108.

[18] 俞霭峰. 口服甾体避孕药物（文献综述）[J]. 天津医药杂志，1965（2）：109-117.

[19] 上海医药工业研究院，上海第九制药厂. 枸橼酸氯菧酚胺的合成工艺[J]. 避孕药科研参考资料，1977（3）：24-25.

[20] 上海市枸橼酸氯菧酚胺科研协作组. 氯菧酚胺治疗避孕药并发月经失调的临床和实验[J]. 避孕药科研参考资料，1977（3）：26-43.

[21] 上海长虹塑料厂. 可溶性纸型药用原料羧甲基纤维素酸（CMC-H）的技术总结[J]. 避孕药科研参考资料，1977（3）：86-88.

［22］1/8量避孕药科研协作组．复方炔诺酮1/8量避孕药工作总结［J］．避孕药科研参考资料，1977（3）：158-161．

［23］上海第二医学院附属第三人民医院计划生育研究室．复方1/8量炔诺酮避孕作用原理的探讨［J］．避孕药科研参考资料，1977（3）：166-176．

［24］上海市口服避孕药协作组．减量口服避孕药的临床与实验［J］．避孕药科研参考资料，1978（1）：77-98．

［25］上海第二医学院附属第三人民医院计划生育研究室．长期注射Ⅰ号避孕针的临床和实验结果分析［J］．避孕药科研参考资料，1978（1）：99-113．

［26］沈政．巴甫洛夫学说的某些进展（文献综述）［J］．国外医学（精神病学分册），1979（3）：160-164．

［27］人类生殖与计划生育考察组，张桂元．人类生殖与计划生育考察报告（一）［J］．中华妇产科杂志，1980，15（2）：125-128．

［28］人类生殖与计划生育考察组，张芭芬．人类生殖与计划生育考察报告（二）［J］．中华妇产科杂志，1980，15（3）：191-192．

［29］邓小平会见萨拉斯一行　中国政府和联合国人口活动基金之间的方案协定在京签字［N］．人民日报，1980-9-10．

［30］史伊凡．为中国药理学奠基的人——张昌绍的一生［J］．自然杂志．1983（6）：216-222．

［31］肖碧莲，张旭玲，颜文清，等．质量控制在放射免疫测定中的作用［J］．生殖与避孕，1984，4（1）：51-56．

［32］朱元龙．中草药化学家朱任宏教授［J］．中国药学杂志，1984（10）：56-58．

［33］上海第二医学院仁济医院妇产科．悼念郭泉清教授［J］．生殖与避孕，1985（1）：3．

［34］张丽珠，等．试管婴儿及GIFT婴儿诞生［J］．北京医科大学学报，1988，20（4），241-242．

［35］周维善．为我国甾体激素药物工业奉献一生——纪念黄鸣龙教授逝世十周年［J］．中国药物化学杂志，1990（1）：1-10．

［36］朱国宏．生育文化论［J］．复旦学报（社会科学版），1992（3）：37-40．

［37］张丽珠．我校试管婴儿研究进展［J］．北京医科大学学报，1992，24（4），285-288．

［38］王志均．巴甫洛夫：一个从神坛上请下来的人［J］．生物学通报，1995（3）：

44-45.

[39] 韩学军,翁梨驹,张力萍,等. 米非司酮、双炔失碳酯单独或联合应用于紧急避孕的临床观察[J]. 生殖医学杂志,1995,4(4):206-211.

[40] 刘云嵘. 生殖健康概念的由来、发展及由此引发的思考与认识[J]. 中国计划生育学杂志,1995(3):183-186.

[41] 生殖医学杂志编辑委员会. 紧急避孕学习班纪要[J]. 生殖医学杂志,1996,5(1):55.

[42] 梅人朗. 美国和前苏联医学教育的比较[J]. 国外医学(医学教育分册),1997(1):7-9.

[43] 肖碧莲. 紧急避孕与着床研究研讨会会议纪要[J]. 生殖医学杂志,1997,6(1):3-8.

[44] 吴尚纯,等. 开展紧急避孕服务保护妇女身心健康[J]. 中国计划生育学杂志,1997(2):100-102.

[45] 王亦洲. 在莫斯科的日子里——刘晓的外交使节生涯[J]. 上海党史研究,1998(3):11-15.

[46] 第三届国际生殖内分泌学术会议纪要[J]. 生殖医学杂志,1998,7(1):3-9.

[47] 刘云嵘. 关于Reproductive Health中文译法的认识及对其内涵的理解[J]. 生殖医学杂志,1998,7(3):176-179.

[48] 生殖医学杂志编辑委员会. 医学辅助生殖研讨会纪要[J]. 生殖医学杂志,1998,7(4):199-203.

[49] 葛嫦月. 中国妇女体育运动的先驱——陈咏声[J]. 体育文化导刊,1998(5):45.

[50] 王盛泽. 50年代我国学习苏联的历史考察[J]. 理论学刊,2000(1):97-101.

[51] 翟振武. 20世纪50年代中国人口政策的回顾与再评价[J]. 中国人口科学,2000(1):17-26.

[52] 童传良. 米非司酮用于紧急避孕国际学术研讨会纪要[J]. 生殖医学杂志,2000,9(6):323-328.

[53] 丁菊红,陆卫群,丁婉华,等. 阿的平栓剂非手术女性绝育术有效性安全性回顾评价[J]. 生殖与避孕,2001,21(2):110-115.

[54] 魏萍. 肖碧莲：工作着是美丽的[N]. 健康报, 2002-12-3.

[55] 米非司酮降低非意愿妊娠和流产合作研究与开发项目临床研究组. 米非司酮配伍米索前列醇用于黄体期避孕的研究[J]. 中华妇产科杂志, 2003, 38（9）: 563-566.

[56] 米非司酮降低非意愿妊娠和流产合作研究与开发项目临床研究组. 低剂量米非司酮用于紧急避孕的临床研究[J]. 中华妇产科杂志, 2004, 39（1）: 35-38.

[57] 李涛. 关于建国初期赴苏留学生派遣工作的历史考察[J]. 东南大学学报（哲学社会科学版）, 2005（5）: 112-117.

[58] 沉痛悼念血防事业的奠基人肖荣炜同志[J]. 中国血吸虫病防治杂志, 2005（6）: 2.

[59] 程乃珊, 许赢洲. 中国白领的摇篮——圣约翰大学（中）[J]. 建筑与文化, 2005（6）: 106-109.

[60] 黄金玉. 广东移民对近代上海城市与建筑的影响[D]. 上海: 同济大学, 2006.

[61] 熊月之, 周武. "东方的哈佛"——圣约翰大学简论[J]. 社会科学, 2007（5）: 147-163.

[62] 无锡日报. 斯诺到过无锡两次[EB/OL].（2007-12-18）[2020-10-08] http://news.sina.com.cn/c/2007-12-18/090013099320s.shtml.

[63] 郭曰方. 走进科学的春天——科学大会纪事[J]. 民主与科学, 2008（1）: 14-16.

[64] 殷国婷. 浅谈中国近代建筑师范文照[J]. 山西建筑, 2008（2）: 86-87.

[65] 王雪峰. 20世纪20年代中国的节制生育思潮与实践——以桑格夫人来华为中心的考察[J]. 鲁东大学学报（哲学社会科学版）, 2008（5）: 34-39.

[66] 梁中堂. "一胎化"政策形成的时代背景[J]. 二十一世纪, 2009, 4: 64-73.

[67] 中广网. 伴随电波"潜伏"的日子[EB/OL].（2009-05-07）[2020-10-08] http://www.cnr.cn/zggbb/jmxs/200905/t20090507_505326071.html.

[68] 胡卫娜, 胡恩燕. 1978, 我在现场[J]. 中国科技奖励, 2009（10）: 20-24.

[69] 王浩娱, 杨国栋. 1949年后移居香港的华人建筑师[J]. 时代建筑, 2010（1）: 52-59.

[70] 陈挥, 魏洲阳. 医学界的"光与真理"——圣约翰大学医学院[J]. 上海交

通大学学报（医学版），2010，30（4）：2-4.

[71] 宋兆杰，周立斌. 巴甫洛夫与布尔什维克：从对抗走向合作 [J]. 自然辩证法通讯，2010（6）：31-35.

[72] 韩广甸，金善炜，吴毓林. 黄鸣龙——我国有机化学的一位先驱 [J]. 化学进展，2010，7（24）：1229-1235.

[73] 洪业应. 洪亮吉的人口思想 [J]. 湖南科技学院学报，2010，31（9）：98-100.

[74] 吴雨. 肖碧莲：美丽人生乐在其中 [J]. 健康必读，2010（5）：22-25.

[75] 深切缅怀叶嘉馥同志 [J]. 中国血吸虫病防治杂志，2011（6）：735.

[76] 中华人民共和国科学技术部. 1963—1972年科学技术发展规划纲要 [EB/OL]. （2005-08-31）[2021-05-15]. http://www.most.gov.cn/ztzl/gjzcqgy/zcqgylshg/200508/t20050831_24439.html.

[77] 中华人民共和国科学技术部. 1963—1972年科学技术发展规划纲要内容及特点 [EB/OL]. （2005-08-31）[2021-05-15]. http://www.most.gov.cn/kjgh/lskjgh/.

[78] 丁倩. 淞沪会战后上海难民的社会救济 [J]. 上海党史与党建，2013（11）：34-36.

[79] 刘骥，德新健，熊彩. "一胎化"的政治学：理念、利益、制度 [J]. 开放时代，2014（3）：45-66.

[80] 陈一心. 茅屋济济教多士——上海抗战时期陈鹤琴与难民教育考略 [J]. 留学生，2015（19）：48-52.

[81] 王春英. 中国抗战时期难民问题研究 [J]. 西华大学学报，2015，34（2）：10-14.

[82] 复方口服避孕药临床应用中国专家共识专家组. 复方口服避孕药临床应用中国专家共识 [J]. 中华妇产科杂志，2015，50（2）：81-91.

[83] 苏静静. 中国与世界卫生组织合作中的身份转变：1949—1978 [J]. 中国科技史杂志，2018，39（1）：73-87.

[84] 陈珍晴，杨海燕. 肖碧莲与中国低剂量口服避孕药的研发 [J]. 医学与哲学（B），2018，39（3）：94-97.

[85] 杨海燕. 石其贤与生殖生理学研究 [J]. 今日科苑，2018（9）：45-51.

[86] 刘久畅. 试论世界卫生组织在华合作中心的意义和作用 [J]. 中国卫生产业，

2018，15（13）：191-192.

[87] 任慧玲. 洪亮吉人口思想与马尔萨斯人口理论的比较及启示［J］. 常州工学院学报（社会科学版），2019（1）：1-8.

[88] 刘庆，顾向应，吴尚纯，等. 她用一生守护我国女性生育自主——记我国计划生育科学研究的开拓者和领军人物肖碧莲院士［J］. 中华医学信息导报，2020，35（14）：20.

中文著作

[1] 马伊斯特拉赫，古埃卓夫. 苏联的保健［M］. 朱滨生，译. 上海：时代出版社，1949，第2版.

[2] 中华人民共和国国家计划生育委员会. 计划生育文件汇编1950—1981.3［G］. 1987.

[3] 李经纬，程之范. 中国医学百科全书·医学史［M］. 上海：上海科学技术出版社，1987.

[4] 郑岗. 新中国预防医学历史经验（第三卷）［M］. 北京：人民卫生出版社，1988.

[5] 栗秀真. 新中国预防医学历史经验（第四卷）［M］. 北京：人民卫生出版社，1990.

[6] 毛泽东. 历史唯心观的破产//毛泽东选集（第四卷）［M］. 北京：人民出版社，1991，第6版.

[7] 上海市陈鹤琴教育思想研究会. 陈鹤琴生平年表：1892—1982［R］. 上海：上海市陈鹤琴教育思想研究会，1992.

[8] 彭佩云. 中国计划生育全书［M］. 北京：中国人口出版社，1997.

[9]《中国计划生育全书》编辑部. 党和国家领导人关于人口与计划生育的论述［M］. 北京：中国人口出版社，2004.

[10] 朱明德，陈佩. 仁济医院155年［M］. 上海：华东理工大学出版社，1999.

[11] 关于计划生育科学研究工作的报告//聂荣臻科技文选［G］. 北京：国防工业出版社，1999.

[12] 熊月之，张敏. 晚清文化（上海通史第6卷）［M］. 上海：上海人民出版社，

1999.

[13] 倪慧芳, 等. 21世纪生命伦理学难题 [M]. 北京：高等教育出版社, 2000.

[14] 蔡景峰, 李庆华, 张冰涣. 中国医学通史·现代卷 [M]. 北京：人民卫生出版社, 2000.

[15] 反对北洋政府和国民党政权统治的青年运动 //《上海青年志》编纂委员会编. 上海青年志 [M]. 上海：上海社会科学院出版社, 2002. [EB/OL]. (2003-11-10) [2020-10-08] http://www.shtong.gov.cn/Newsite/node2/node2245/node66268/node66277/node66326/node66387/userobject1ai62314.html.

[16] 中华人口奖组织工作委员会, 中国人口福利基金会. 功在千秋 [M]. 北京：中国人口出版社, 2003.

[17] 徐以骅. 上海圣约翰大学（1879—1952）[M]. 上海：上海人民出版社, 2009.

[18] 付伟. 执着奉献三十年：纪念国家人口计生委科学技术研究所建所30周年 [Z]. 2009（未正式出版）.

[19] 王尔敏. 近代上海科技先驱之仁济医院与格致书院 [M]. 桂林：广西师范大学出版社, 2011.

[20] 蒋廷黻. 中国近代史 [M]. 武汉：武汉出版社, 2012.

[21] 白吉尔. 上海史：走向现代之路 [M]. 王菊, 赵念国, 译. 上海：上海社会科学院出版社, 2014.

[22]《上海普通教育志》编纂委员会. 上海普通教育志 [M]. 上海：上海社会科学院出版社, 2015.

[23] 张济顺. 远去的都市——1950年代的上海 [M]. 社会科学文献出版社, 2015.

[24] 沃伦·C.罗宾逊, 约翰·A.罗斯. 全球家庭计划革命：人口政策和项目30年 [M]. 彭伟斌, 吴艳文, 等译. 北京：社会科学文献出版社, 2015.

[25] 王伦信, 等. 上海教育史（第一卷）[M]. 上海：上海教育出版社, 2016.

[26] 陈子江. 生殖内分泌学 [M]. 北京：人民卫生出版社, 2016.

[27] 中国避孕药具五十年编写组. 中国避孕药具五十年 [M]. 南京：河海大学出版社, 2016.

后 记

  第一次拜访肖碧莲院士,是2012年春天。当时她已年近九旬,在北京协和医院国际医疗部住院。采集小组带过去一束绯红唐菖蒲,在一片冷色和静谧中,那抹明媚使她眼睛一亮。后来去过她位于京郊顺义的家中三五次,由于她4年前股骨颈骨折,见到她时不是坐在轮椅上就是斜倚在床头。同住的女儿虽已退休,但由于单位返聘仍旧每天出门忙碌,因此肖院士的日常起居由一位乐天爽直的中年保姆照顾。有次偶遇她的儿子从外地回家探望,第一句话便问我们,"老太太话不多吧"。的确,她言语不多,回答访谈问题异常简洁。我们拿着资料长编,希望那些详细信息能引起更多回应,但得到的常常是"对"或"不对"。肖院士的孙女王蕾从芬兰回国探亲,找出来一些家庭老照片。当一张张数字化后的照片在电脑屏幕上呈现出来时,她似乎被带回记忆的更深处,努力搜索着历史的细节。鉴于肖院士的身体状况,对她本人的访谈以及在其家里收集的资料都很有限。演示照片那天,国家卫生健康委科学研究所科技处的刘庆主任也在场,看到她回答提问着实辛苦,因此尽力协调,为采集小组去科学研究所查阅相关档案资料提供了切实帮助。

  至于肖院士在上海圣约翰大学求学以及在仁济医院工作的经历,采集小组四赴上海,在仁济医院、上海市档案馆、上海市卫生局等单位获取资料。此外，采集小组还访谈了肖院士的学生、同事、朋友和家人共 17 人，包括在美国的 3 人。我们希望从历史文本和多角度的口述史中，还原一个全方位的、根植于社会文化土壤之中的科学家。

肖院士给我们留下的直接印象就是低调，对"树碑立传"这样的事情不以为意。谈到"文化大革命"期间她主持的减量口服避孕药研究时，她丝毫没有居功自傲，反而强调当时研究的不完善、不严谨。随着数年间档案、手稿、通信以及口述访谈的积累，一幅较为全面的图像逐渐浮现出来。借由本书，我们希望读者能够认识她，了解她的多重角色，洞悉她学术生涯的关键时刻，并且如同我们一样，被包括她在内的老一辈学者的科学精神和人文关怀所打动。

中国的计划生育政策调整姗姗来迟，在限制放宽、机构调整以及人口形势严峻的现状下，重新审视肖院士构建生殖健康大学科的努力，能给我们带来更多启示。她关于国家计生委科研所应该更名为国家生殖健康研究所的建议，反映出她对国际人口问题新趋势的敏锐感知，以及对生育自主权和生殖健康权的尊重与维护。

2020 年 6 月 30 日，肖碧莲院士在北京协和医院逝世，享年 96 岁。她的学术生涯绵长而丰富，从幼苗破土、开枝散叶、繁花盛放，到孕育果实，伴日影长短，随四季交迭。如今，生命丰美，重回大地，而种子已遍布天涯。

杨海燕　陈　琦
2021 年 5 月

老科学家学术成长资料采集工程丛书
已出版（139种）

《卷舒开合任天真：何泽慧传》　　《此生情怀寄树草：张宏达传》
《从红壤到黄土：朱显谟传》　　　《梦里麦田是金黄：庄巧生传》
《山水人生：陈梦熊传》　　　　　《大音希声：应崇福传》
《做一辈子研究生：林为干传》　　《寻找地层深处的光：田在艺传》
《剑指苍穹：陈士橹传》　　　　　《举重若重：徐光宪传》

《情系山河：张光斗传》　　　　　《魂牵心系原子梦：钱三强传》
《金霉素·牛棚·生物固氮：沈善炯传》《往事皆烟：朱尊权传》
《胸怀大气：陶诗言传》　　　　　《智者乐水：林秉南传》
《本然化成：谢毓元传》　　　　　《远望情怀：许学彦传》
《一个共产党员的数学人生：谷超豪传》《没有盲区的天空：王越传》

《含章可贞：秦含章传》　　　　　《行有则　知无涯：罗沛霖传》
《精业济群：彭司勋传》　　　　　《为了孩子的明天：张金哲传》
《肝胆相照：吴孟超传》　　　　　《梦想成真：张树政传》
《新青胜蓝惟所盼：陆婉珍传》　　《情系梁菽：卢良恕传》
《核动力道路上的垦荒牛：彭士禄传》《笺草释木六十年：王文采传》

《探赜索隐　止于至善：蔡启瑞传》《妙手生花：张涤生传》
《碧空丹心：李敏华传》　　　　　《硅芯筑梦：王守武传》
《仁术宏愿：盛志勇传》　　　　　《云卷云舒：黄士松传》
《踏遍青山矿业新：裴荣富传》　　《让核技术接地气：陈子元传》
《求索军事医学之路：程天民传》　《论文写在大地上：徐锦堂传》

《一心向学：陈清如传》　　　　　《钤记：张兴钤传》
《许身为国最难忘：陈能宽传》　　《寻找沃土：赵其国传》

《钢锁苍龙　霸贯九州：方秦汉传》
《一丝一世界：郁铭芳传》
《宏才大略　科学人生：严东生传》

《我的气象生涯：陈学溶百岁自述》
《赤子丹心　中华之光：王大珩传》
《根深方叶茂：唐有祺传》
《大爱化作田间行：余松烈传》
《格致桃李半公卿：沈克琦传》
《躬行出真知：王守觉传》
《草原之子：李博传》

《此生只为麦穗忙：刘大钧传》
《航空报国　杏坛追梦：范绪箕传》
《聚变情怀终不改：李正武传》
《真善合美：蒋锡夔传》
《治水殆与禹同功：文伏波传》
《用生命谱写蓝色梦想：张炳炎传》
《远古生命的守望者：李星学传》

《善度事理的世纪师者：袁文伯传》
《"齿"生无悔：王翰章传》
《慢病毒疫苗的开拓者：沈荣显传》
《殚思求火种　深情寄木铎：黄祖洽传》
《合成之美：戴立信传》
《誓言无声铸重器：黄旭华传》
《水运人生：刘济舟传》
《在断了A弦的琴上奏出多复变
　　最强音：陆启铿传》

《虚怀若谷：黄维垣传》
《乐在图书山水间：常印佛传》
《碧水丹心：刘建康传》

《我的教育人生：申泮文百岁自述》
《阡陌舞者：曾德超传》
《妙手握奇珠：张丽珠传》
《追求卓越：郭慕孙传》
《走向奥维耶多：谢学锦传》
《绚丽多彩的光谱人生：黄本立传》

《探究河口　巡研海岸：陈吉余传》
《胰岛素探秘者：张友尚传》
《一个人与一个系科：于同隐传》
《究脑穷源探细胞：陈宜张传》
《星剑光芒射斗牛：赵伊君传》
《蓝天事业的垦荒人：屠基达传》

《化作春泥：吴浩青传》
《低温王国拓荒人：洪朝生传》
《苍穹大业赤子心：梁思礼传》
《仁者医心：陈灏珠传》
《神乎其经：池志强传》
《种质资源总是情：董玉琛传》
《当油气遇见光明：翟光明传》
《微纳世界中国芯：李志坚传》
《至纯至强之光：高伯龙传》

《弄潮儿向涛头立：张乾二传》　　　《材料人生：涂铭旌传》
《一爆惊世建荣功：王方定传》　　　《寻梦衣被天下：梅自强传》
《轮轨丹心：沈志云传》　　　　　　《海潮逐浪　镜水周回：童秉纲
《继承与创新：五二三任务与青蒿素研发》　　口述人生》

《淡泊致远　求真务实：郑维敏传》　《采数学之美为吾美：周毓麟传》
《情系化学　返璞归真：徐晓白传》　《神经药理学王国的"夸父"：
《经纬乾坤：叶叔华传》　　　　　　　　金国章传》
《山石磊落自成岩：王德滋传》　　　《情系生物膜：杨福愉传》
《但求深精新：陆熙炎传》　　　　　《敬事而信：熊远著传》
《聚焦星空：潘君骅传》

《逐梦"中国牌"心理学：周先庚传》　《恬淡人生：夏培肃传》
《情系花粉育株：胡含传》　　　　　《我的配角人生：钟世镇自述》
《情系生态：孙儒泳传》　　　　　　《大气人生：王文兴传》
《此生惟愿济众生：韩济生传》　　　《历尽磨难的闪光人生：傅依备传》
《谦以自牧：经福谦传》　　　　　　《思地虑粮六十载：朱兆良传》

《世事如棋　真心依旧：王世真传》　《心瓣探微：康振黄传》
《大地情怀：刘更另传》　　　　　　《寄情水际砂石间：李庆忠传》
《一儒：石元春自传》　　　　　　　《美玉如斯　沉积人生：刘宝珺传》
《玻璃丝通信终成真：赵梓森传》　　《铸核控核两相宜：宋家树传》
《碧海青山：董海山传》　　　　　　《驯火育英才　调土绿神州：
　　　　　　　　　　　　　　　　　　　徐旭常传》

《追光：薛鸣球传》　　　　　　　　《通信科教　乐在其中：李乐民传》
《愿天下无甲肝：毛江森传》　　　　《力学笃行：钱令希传》
《以澄净的心灵与远古对话：吴新智传》《与肿瘤相识　与衰老同行：
《景行如人：徐如人传》　　　　　　　　童坦君传》

《没有勋章的功臣：杨承宗传》　　《科学人文总相宜：杨叔子传》